将心注入

Pour Your Heart Into It

How Starbucks Built a Company One Cup at a Time

一杯咖啡成就星巴克传奇

[美] 霍华德·舒尔茨 多莉·琼斯·扬◎著

文敏◎译

中信出版集团·CHINACITICPRESS·北京

图书在版编目（CIP）数据

将心注入 /（美）舒尔茨，（美）扬著；文敏译. —2 版. —北京：中信出版社，2015.8（2025.5 重印）
书名原文：Pour Your Heart Into It: How Starbucks Built a Company One Cup at a Time
ISBN 978-7-5086-5106-4
I. 将… II. ① 舒… ② 扬… ③ 文… III. ①咖啡馆–商业经营–经验–美国 ② 舒尔茨，H.–生平事迹 IV. ①F719.3 ②K837.125.38
中国版本图书馆CIP数据核字（2015）第 068186 号

Pour Your Heart Into It: How Starbucks Built a Company One Cup at a Time by Howard Schultz and Dori Jones Yang.

Originally published in the United States and Canada as Pour Your Heart Into It. This translated edition published by arrangement with Hyperion.
This edition arranged with through Big Apple Agency, Inc., Labuan, Malaysia.
Excerpt from "If" by Rudyard Kipling, reprinted by permission of A. P. Watt Ltd on behalf of The National Trust.

将心注入

著　　者：[美] 霍华德 · 舒尔茨　[美] 多莉 · 琼斯 · 扬
译　　者：文　敏
策划推广：中信出版社（CITIC Press Corporation）
出版发行：中信出版集团股份有限公司
（北京市朝阳区东三环北路 27 号嘉铭中心　邮编　100020）
（CITIC Publishing Group）
承 印 者：河北鹏润印刷有限公司

开　　本：787mm × 1092mm　1/16　　印　　张：19　　字　　数：272 千字
版　　次：2015 年 8 月第 2 版　　印　　次：2025 年 5 月第 49次印刷
京权图字：01–2010–6291
书　　号：ISBN 978-7-5086-5106-4 / F · 3355
定　　价：48.00 元

服务热线：010–84849555　　服务传真：010–84849000
投稿邮箱：author@citicpub.com

谨以此书献给

我的爱妻雪莉、我的母亲、记忆中的父亲，以及所有星巴克公司的伙伴，特别是玛丽·凯特琳·玛霍尼、安龙·戴维·古德里奇和艾蒙瑞·阿伦·伊万斯，你们一直在我们的心中。

POUR YOUR
HEART INTO IT
目录

03
重塑企业精神

若比他人计较得失——想想明智

若比他人铤而走险——想想平安

若比他人耽于梦想——想想现实

若比他人期望更多——想想概率

那是 1961 年寒冷的 1 月，我父亲在工作时跌断了脚踝的骨头。

我那时 7 岁，正在我们学校后边的操场上起劲儿地打着雪仗。我母亲从 7 层高的公寓窗口探出身子朝我拼命挥手。我赶快跑回家。

“爸爸出事了，”她告诉我，“我得上医院去。”

后来，我的父亲弗雷德 · 舒尔茨在家里吊着伤脚躺了一个多月。我以前从来没见过一个人裹着石膏的样子，所以最初还感觉挺新鲜的。可是那种新奇感很快就消失了。就像生活中已经发生过很多次的情况一样，爸爸一旦不能工作，家里就断了收入。

他的最后一份工作是开着卡车回收脏尿布，再把干净的尿布送回给客户。几个月来，他一直很痛苦，不断抱怨着这份臭烘烘的活计，说这算是世界上最糟糕的工作了。现在不能工作了，他倒又想念它了。我母亲那时已经怀孕 7 个月，不能出去工作。我们一家没有收入，没有医疗保险，没有工伤赔偿，什么都指望不上。

吃饭时，父母在餐桌上叽叽咕咕商量着还得去借多少钱，向什么人借，我和妹妹则默不作声地吃着饭。有时候，晚上响起电话铃声，妈妈就让我去接，如果是要账的，就让我对人家说父母都不在家。

我的弟弟迈克尔出生在 3 月，父母不得不再次借钱来支付医院的费用。

多年来，我父亲的形象——脚上裹着石膏，歪在沙发上，不能出去工作，不能挣钱，被抛入社会底层的那副模样——一直萦绕在我的脑海里。今天回想起来，我对自己的爸爸还是非常敬重的。他虽然连高中都没毕业，但他是个做事兢兢业业的老实人。有时还兼做两三份工作，只是为了让家里的餐桌上能有食物。他对三个孩子都非常关心，周末经常和我们一起打球，他喜欢洋基队。

可他是个倒霉的人。干过的全是蓝领差事——卡车司机、车间工人、出租车司机，他一年从没赚到过两万美元，因而也没有能力拥有自己的房子。我的童年是在布鲁克林①的卡纳西度过的，住在政府提供的廉租公寓里。当我长成一个青涩少年时，我才明白这是自己背负的一种耻辱。

渐渐成年的我，时常和父亲发生冲突。我为他的落魄潦倒和不负责任深感痛苦。我总觉得如果他肯多多尝试的话，就不会这样一事无成。

他去世后，我意识到自己对他的评价有失公允。他也曾尝试过去适应体制，但体制毁了他。由于内心自卑，他不曾有爬出洞穴出人头地的可能。

他死于肺癌，1988 年 1 月去世。那是我一生中最悲哀的一天。他没有积蓄，没有养老金。最糟糕的是，他从来没有从自己的工作中获得过人的尊严和生活的意义。

当我还是个孩子时，脑子里压根儿就不会想到有朝一日自己会成为一个公司的老板，但我曾在心里默默地想，倘若我有出头的一天，我一定不让别人沦落到这种地步。

我的父母亲不会理解星巴克到底对我有什么吸引力。1982 年，我辞去一份报酬丰厚又体面的工作，而去了西雅图那家只有 5 家连锁店的小咖啡店。在我眼里，星巴克并非它原来的那副模样，而是它将来会成为的样子。这家店深深吸引了我（其中既有激情，

① 布鲁克林（Brooklyn），纽约的一个区，是工业区和贫民住宅区。——译者注

也有理性）。我慢慢意识到，如果能把它那充满意大利式浪漫的浓缩咖啡制作技艺和新鲜烘焙的咖啡豆推向全美，就有可能会让一种古老商品重新焕发生命力，吸引成千上万的人，正如它强烈地吸引了我一样。

我于 1987 年成为星巴克的首席执行官，以一个企业经营者的身份四处奔走，说服投资者相信我的眼光，在接下来的 10 年里，我和一群聪明而且有经验的经理人一起，把星巴克从当地一家只有 6 个店铺和不到 100 名伙伴的公司，建成了店面遍布全美各地、有 1 300 多家门店和 25 000 名伙伴的大企业。今天，世界各地的很多城市都有我们的咖啡店。星巴克成了全美认可的一个品牌，这种声望比给我们颁一个开发创新产品的执照更为重要。连续 6 年，我们的销售额和利润每年都增长了超过 50%。

然而，星巴克的历史并不仅仅是一个发展和获胜的历程，它也是关于如何以不同方式来建立一个公司的故事。它完全不同于我父亲工作过的那种公司。它证明了一个以心灵为导向、以自然为灵魂的公司仍然可以赚钱。它表明了一个公司在保证它的股东们能长久赢利的同时，不必牺牲它尊重员工的核心价值——皆因我们有一个领导团队，他们相信这样做是正确的，而且相信这是运作一个企业的最佳方式。

星巴克拨动了人们的心弦，许多人驾车出门时都会从我们的店里买一杯早餐咖啡。我们那令人眼熟的绿色塞壬①标识几乎成了当代美国生活的一个象征，因而在电视和电影里频频出现。我们为美国增添了新的词汇，并为 20 世纪 90 年代的美国社会引入了新的社交礼仪。在某些社区，星巴克的咖啡店已经成为人们不可或缺的“第三空间”——工作和家庭之外的舒适的聚会场所，就像是前廊的一个延伸。

人们与星巴克的依存关系与星巴克所代表的意义有关，这种意义远远超过美味的咖啡。它是人们在星巴克店里能感受到的具有浪漫意味的咖啡体验，是一种温暖和亲切的感觉。这种基调是由我们的咖啡师定下的，正是他们为顾客调制每一杯意大利浓缩咖啡，并介绍它的由来。他们有些人刚来星巴克时手艺不会比我父亲好多少，但他们却是创造魔法的人。

---

① 塞壬（Sirens），希腊神话中半鸟半女人的怪物，后被缪斯女神拔去翅膀，变成美人鱼，常用美妙的歌声给航海者以致命的诱惑。——译者注

如果说星巴克有什么让我最引以为傲的成就的话，那就是我们的伙伴中自信与互信的氛围。这并非一句空话，而是体现在公司的许多行事方式中。我们破天荒地给所有伙伴都提供了一份涉及面很宽的医疗保险，并向他们每一个人提供股票期权，甚至连兼职伙伴也包含在内。我们给予仓库保管员和刚加入的新手更多的尊重，在其他公司，只有高级管理层才享有这样的待遇。

这些方式和态度显然与传统的经营策略背道而驰。一般而言，公司经营以股东利益为重，视员工为流水线上的螺丝钉和人力成本的开支。管理者大幅度地削减员工的利益通常可以获得暂时的股价飙升。但从长期来看，这不仅是一种道德缺失，也是对企业精神和改革创新的牺牲，它伤害的是那些有可能使企业从优秀到卓越的忠心耿耿的员工。

商界至今还有许多人没有领悟到劳资双方绝非在进行零和游戏的道理。仁慈地对待员工并不意味着成本的增加和利润的减少，反而是一种强有力的兴奋剂，它能使企业达到仅凭领导者个人的能力远远不可能达到的高度。星巴克的伙伴们对自己的工作深感骄傲，他们中很少有人跳槽。我们的人员流动率低于一般企业的平均水准，这不仅节省了开支，而且有助于增进我们与顾客之间的联系。

好处不仅限于此，对于善意的运用还有其更深层的意义。如果人们把自己与为之工作的公司联系在一起，在其中投入感情、编织梦想，他们就会倾心于此，并努力把事情做得更好。当雇员有自信、有尊严时，他们就会做出更多贡献——为公司，为家庭，为世界。

虽说我并不是一开始就有意为之，但星巴克已成为来自我父亲的一份有活力的遗产。

不是每个人都能掌握自己的命运，因此那些握有实权登上高位的人不光对公司的日常运转负有责任，还要注意把握正确的方向，还应当保证不让团队中的任何一个人落在后面。

我从未想过要写一本书，至少在我职业生涯的早期没有这种打算。我坚定地相信星巴克最了不起的成就不在过去，而在未来。如果星巴克是一本有 20 个章节的书，我们现在尚在第 3 章。

但出于某些原因，我觉得现在是把星巴克的故事讲出来的好时机。

首先，我想激发人们追求他们的梦想。我是平民，没有任何家庭背景和社会关系可以借助，可以依靠。但我敢于做最大的梦，并将其变成现实。我确信，大多数人能实现他们自己的梦想并超越梦想，只要他们下决心不断尝试。

其次，也是更深刻的原因，我希望激发那些企业的领导团队把目标定得更高些。如果你的目标只是单纯到达终点，那么成功是非常空洞虚无的。最好的奖赏是，到达终点时有众多胜利者环绕在你身边。你身边的胜利者——不管他们是雇员、顾客、股东，还是读者——越多，你的胜利就越会带给你满足感。

我写这本书不是为了挣钱。这本书挣到的所有钱我都会投入新成立的星巴克基金会，这个基金会将代表星巴克公司和它的合作伙伴们致力于慈善事业。

这是星巴克的故事，但并非一个传统的企业发展历程。本书的目的不是与读者分享我的个人生活，或是为挽救破产企业提供意见，或是向读者展现一个公司成长的历史。这里没有企业操作的要点，没有行动方案的公告表，也没有分析为什么有些企业成功、有些企业失败的理论框架。

相反，这个故事讲述的是一个基于自己独特的价值观和行为准则建立起来的成功企业团队的故事。他们的价值观和准则很少能在美国的其他企业中看到。本书想要告诉读者的是，我们如何在自己的经历中学到关于经营企业与生活的某些重要的课程。我希望，这些见识可以帮助那些正在创办企业和追求生活梦想的人。

我的最终目的是希望本书能够让人们重新振奋起来去追寻自己的梦想，追随自己的内心，即使遭人讥笑也无所顾忌。不要轻易就被否定意见打倒，别被失败的可能性吓倒。什么失败的可能性能够吓倒一个在廉租公寓里长大的孩子呢?

一个公司即使不失去激情和个性也可以做强做大，但这只有在以人为本、以自身的价值观为本，而不是以利润为本的情况下才可以做到。

关键是人心。我把心交给了每一杯咖啡，还有星巴克的合作伙伴们。当顾客们感受到这些时，他们就会给予相应的回应。

你如果倾心投入自己的工作，或任何值得为之努力的事业，就有可能实现在他人看来不可能实现的梦想。生活因此会变得很富有意义。

犹太人有一个传统，在亲爱的人去世的周年纪念日前夕，亲人们会点亮一支蜡烛，并让它持续燃烧 24 小时。我每年都会点亮这支蜡烛，为我的父亲。

我就是不想让蜡烛熄灭。

POUR YOUR
HEART INTO IT

01

重新发现咖啡

1987 年以前

POUR YOUR
HEART INTO IT

第1章
想象、梦想和卑微的出身

只有心灵才能洞察一切，用眼睛是看不到事物的本质的。

——安东尼·德·圣埃克苏佩里

《小王子》

直到今天，星巴克都是父母结合生下的孩子。所谓的父亲，是指最初成立于 1971 年的星巴克公司，这家公司以饱满的热情烹制世界级水平的咖啡，而且培育了自己的顾客群，使他们得以一杯一杯地逐步了解到什么是好咖啡。

所谓的母亲，是指我注入公司的价值观和见识：它结合了竞争的驱动力和确保公司内每一个伙伴都能赢的深层意愿。我想要在咖啡中调入浪漫，敢于在其他人认为不可能的事情上付出努力，以创新的观念挑战失败的可能性，并以优雅的方式来做这些事情。

事实上，星巴克是在父母双方的影响下才成长为今天这个样子的。

在我发现星巴克的价值之前，它已经兴盛了 10 年了。我从它的创办者身上了解到它的早期历史，这段故事我会在第 2 章说明。在本书中，我将从自己的早年生活经历开始讲述星巴克的历史，因为公司的许多价值观都可追溯到纽约布鲁克林那幢拥挤的公寓房子。

卑微的出身可养成进取心与同情心

我注意到浪漫而充满幻想的人有一个特点：他们力图创造出一个与单调乏味的日常生活截然不同的更美好的世界。这也是星巴克的目的所在。我们想在我们的故事中创造一片绿洲，一个就在你隔壁的地方，你可以去那儿小憩一番，听听爵士乐，一边喝咖啡，一边思考一下宇宙或是个人，甚至异想天开。

什么样的人会向往这样一个地方呢？

从我的个人经历来看，我得说，越是在起步阶段缺少激励的人，就越有可能以自己的想象去创造一个在旁人看来不可能的世界。

对我来说，当然是这么一回事。

1956 年，我们一家迁出祖母的公寓搬到湾景公共项目住宅区时，我才 3 岁。那个地方位于牙买加湾区的卡西纳中心地带，到机场只需 15 分钟，到科尼岛也是 15 分钟。回想当时，那个公共项目住宅区倒不是什么可怕的地方，而是个怡人的、庞大的、树木环绕的复合区，有着十几幢八层高的砖石楼房，都是新的。那儿有所小学，是第 272 小学。在住宅区的空地上，有运动场、棒球场。但还是没人会为住在这个地方而感到骄傲，我们的父母都是一些给他人打工的人。

但我的童年不乏许多快乐的时光。在平民住宅区长大，使人形成了相当客观的价值理念，也使我结交了各种各样的朋友。仅在我们那一幢楼房中，当时就住了 150 户人家，我们只有一部小电梯。每一个单元房都很小，我们一大家子挤在一个两居室的单元房里。

我父母都出生于工人家庭，在纽约的布鲁克林东区已经住了两代了。我的祖父去世时还很年轻，所以我父亲十几岁时就辍学了，开始了打工生涯。第二次世界大战期间，他是驻守在南太平洋新喀里多尼亚和塞班岛的部队的卫生急救员，他在那儿染上了黄热病和疟疾。这导致他的肺部后来变得非常虚弱，他经常感冒。战争结束后，他做过许多不同的蓝领工作，但从来没有显示出什么才能，也从来没为自己的人生做过什么打算。

我的妹妹罗妮和我年龄相仿，童年时代也和我一样吃了不少苦。不过对于弟弟迈克尔来说，在某种程度上，我觉得自己是他贫困生活中的一个守护者和安慰者，这是我的父母所不能给予他的。我走到哪儿，他就脚步蹒跚地跟到哪儿。我曾叫他“影子”。虽说我们之间有 8 岁的年龄差距，但我们俩总是黏在一起，我尽可能像个父亲一样照顾他。我以极为骄傲的心情看着他成长为一名出色的运动员，一个强健有力的人，并最终在他的职业生涯中取得成功。

我母亲是一名意志坚强又有干劲儿的女人。她叫艾莲，但别人叫她“芭比”。她当过接待员，不过，当我们逐渐长大后，她就整天待在家里，照顾我们三个孩子。

童年时，我和邻居家的小孩们玩游戏，每天都是从一大早一直玩到天黑。父亲下了班或是周末时，一有可能就会和我们一起玩。每个星期六和星期日的早上 8 点，几百个孩子就会聚集在学校的操场上。你必须表现出色，因为你若是不能获胜，就会被淘汰出局，在旁边待着，看别人玩，直到你被允许再次加入。因此，我总是抱着非赢不可的心态去玩。

对我来说非常幸运的是，我是个天生的运动员。不管是棒球、篮球，还是橄榄球，我都学得很快，并努力成为一把好手。我曾把邻居的孩子们组织成一支篮球队或是棒球队——什么样的孩子都有，犹太人的孩子、意大利人的孩子、黑人孩子。没人告诉我们要如何弥合种族差异，我们就那样生活在一起。

我的个性中一直有一种任由自己在喜欢的事情上尽情投入感情的倾向。我最初对棒球有一种激情。那时候，在纽约的街区，每一场谈话都是以棒球开始，并以棒球结束的。把人们联结在一起的纽带不是种族，也不是宗教信仰，而是你支持哪支棒球队。道奇队离开纽约去了洛杉矶（他们伤透了我父亲的心，他永远也不会原谅他们），但我们还有许多了不起的棒球手。我记得在回家的路上，可以听到院子每一扇敞开的窗子里都能传出报道一场场棒球比赛的激动声音。

我是个不可救药的洋基迷，我爸爸带我弟弟和我去看过无数场比赛。我们永远坐不上好座位，但这没关系，只要在那儿就让人很兴奋。米奇·曼托是我的偶像，我的衬衫上、球鞋上以及每一样东西上都有他的号码——7 号。当我开始打棒球的时候，我就模仿米奇·曼托的姿势和打法。

米奇退役时，他忠诚的拥趸们简直不敢相信。他怎么可能不打球了呢？1968 年 9 月 18 日和 1969 年 6 月 8 日，我父亲曾两次带我去洋基体育场观看米奇·曼托的告别比赛。我看着人们对他表示敬意，听见其他队员和他道别，还听到了他的讲话。我感到深深的悲哀。从那以后，棒球对我来说就不再和从前一样了。米奇在我们生活中占据的地位是如此重要，以至于当他去世时，我竟然从几十年音信杳无的童年时代的朋友那儿接到了许多安慰电话。

咖啡在我的童年时代并不占据重要地位。我母亲喝的是速溶咖啡。当家里有客人时，她会买来罐装咖啡，拿出她那老旧的渗滤式咖啡壶。我还记得自己听着咖啡豆倒进壶里的声音，盯着那小玻璃杯子看，直到看到咖啡在里面噗噗地沸腾起来，像是跳舞的豆子一样。

等我再长大一些，我才明白家里的经济状况有多窘迫。我们很少有机会去中国餐馆吃饭，我的父母总是商量着买什么菜，这基本上只能根据那天父亲的钱包里有多少钱来决定。一年夏天，我参加了户外露营，当我后来发现那是由政府补贴专为穷孩子们办的时，心里感到又羞愧又气愤。从那以后，我再也不去那儿了。

当我进入高中时，我明白了居住在湾景公房究竟意味着什么。卡西纳高中离我们家不到一英里①，但我得经过街边的那些带独立庭院的房子和双联别墅。住在那儿的人都看不起我们。

一次，我约一个住在纽约其他地方的姑娘出来。我记得她的父亲在盘问我时，说着说着他的脸就板起来了。

"你住哪儿？"

"布鲁克林。"我回答。

"哪儿？"

"卡西纳。"

"哪儿？"

"湾景公房区。"

"噢。"

他脸部的表情马上对我做出无言的判断，这使我非常恼怒。

作为三个孩子中的老大，我必须快快长大。我很小就开始挣钱了。12岁时，我干过骑车送报的差事，后来又在本地的餐馆打工。16岁时，我在曼哈顿区的成衣区里找到了一份放学后去打工的活计，是为一个皮货商做工，拉拽动物的皮。 这份可怕的工作使我的拇指上生出了厚厚的老茧。我曾在一家运动鞋商店里度过了一个炎热的夏天，在编织

---

① 1英里≈1.609千米。——编者注

工厂里用蒸汽处理过纱线。我总是把我收入的一部分交给母亲——并不是她要我交，而是因为我感到父母持家真是太艰难了。

但是在20世纪50年代到60年代初，美国梦还很是振奋人心的，我们所有人都认为自己有资格从中分一杯羹。我母亲反复向我们灌输这种理想。她自己连高中都没有毕业，而她最大的理想是让她的三个孩子都能接受大学教育。她是个聪明、有见识、做事有条理的人，只是有点儿武断，她为人处世的方式给了我极大的信心，她一直是我的榜样。她反复给我举例，说既然这些名人能成就一番事业，那么我只要尽心尽力做好一件事，也一定会成功。她鼓励我挑战自己，要敢于把自己放在具有挑战性的位置上，从而学会克服困难。我不知道她是从哪儿得来的理念，因为她自己并不以此为生活准则，但她希望我们成功。

多年以后，她到西雅图来，我带她参观我在西雅图支持中心的新办公室。我们四处参观，路过许多部门和工作室，看见许多人在打电话，用电脑工作，我向她介绍这个中心的运作情况和规模。看到最后，她把我拉到边上，凑近我的耳朵小声问："谁给这些人开工资？"因为这完全超出了她的想象。

在我的童年时代，我从来没有做过老板梦。我认识的唯一一个老板是我的叔叔——比尔·法伯。他在布朗克斯区有一家小小的纸厂，一度雇用我父亲做那儿的工头。我不知道自己最终会做什么，但我知道自己必须离开父母终日生活的那种环境，我必须离开廉租房，离开布鲁克林。记得有一个晚上我曾躺在床上思考：如果我有一个水晶球，并且可以从中看见自己的未来，那么它会是什么样的呢？但我很快就打消了这个念头，因为我知道水晶球里面不会有什么对我有利的东西，我怕会吓着自己。

我看到的唯一一条逃离现实的路径是体育。就像电影《篮球梦》（*Hoop Dreams*）里的那些孩子一样，我的朋友们和我觉得这可能是让我们过上好日子的通行证。高中时，我基本上不做功课，除非没办法了才做，因为我觉得课堂里学的东西与我的理想无关。我常在运动场上一玩就是几小时甚至几天。

我永远不会忘记我成为正式运动员的那一天。作为一种荣誉的象征，我领到了自己的字母，一个大大的蓝色的C，那证明我是一个有作为的运动员。但我的母亲连这件印着字母C的运动衫的钱都拿不出来，她要我再等一个星期，或者等到父亲领到钱以后再买这件衣服。我简直要崩溃了。学校里每个人在规定的日子都必须穿上这种衣服，我不可能不穿上运动衫出现在那儿，但我也没有让我母亲太为难。我从一个朋友手里借了钱买来运动衫，穿着去了。但我一直把衣服藏起来不让父母知道，直到他们拿得出钱才告诉他们。

高中时我最大的成功是成为橄榄球校队的四分卫，这使我在卡西纳高中的5 700名学生中成了一个名人。学校太穷，没有橄榄球场地，所有的比赛都不像比赛。我们的球队很烂，但我是其中较出色的一个。

一天，有人来我们队里物色人选，但我并不知道他在那儿看我们的比赛。几天后，我收到一封来自北密歇根大学的信，对我而言，这封信似乎来自另一个星球。他们想为一个橄榄球队招募球员，问我对此是否感兴趣。我简直乐疯了，就像受邀参加全美橄榄球联赛一样兴奋。

北密歇根大学给我提供了橄榄球奖学金，这是我得到的唯一一份奖学金。没有这笔钱的话，我都不知道要怎么去实现母亲想让我上大学的梦想。

我高中最后一年放春假的时候，父母驾车带我去北密歇根大学。我们将行驶1 000英里到达密歇根上半岛的马奎特，我还从来没走出过纽约呢，我的父母被迫卷入了这场冒险。我们驾车穿过丛林密布的山区，驶过一片片广阔的田野，经过像海洋一样的大湖。当我们到达目的地时，那个校园在我眼里就像在电影中才能见到的美国——抽芽的树木，欢笑的学生，草坪上的飞盘。

我终于走出布鲁克林了。

巧的是，星巴克也于同一年在西雅图诞生，这座城市在当时对我来说还是远得超乎想象。

我喜欢大学里开放的空间，虽说我最初感到有些孤独、不合群。大学第一年我就交了一些亲密好友，我和他们在大学里做了四年室友，一同在校园里进进出出。我两次写信把弟弟叫到我们学校来玩。有一年的母亲节，我搭便车回到纽约，给了妈妈一个惊喜。

后来，我并未如愿成为一名优秀的橄榄球运动员。为了维持学业，我贷了款，还做兼职工作和夏季工来负担我的开销。我晚上在酒吧做过侍者，甚至还卖过血。但不管怎么说，大学生活还是很愉快的，因为几乎无须承担什么责任。由于我的兵役号码是332，我也无须担心去越南。[①]

我的专业是传播学，主修公共讲演和人际沟通课程。高年级时，我还选修了一些商务课程，因为我开始担心毕业以后的生计问题。我的成绩一直维持在B的平均线上，只有到了考试或是讲演前才努力一把。

四年后，我成为我们家里第一位大学毕业生。对我的父母来说，我已经得到了最大的奖赏：一张文凭。但我当时还没有人生方向，没人能帮助我看到自己拥有的知识的价值。从那以后我老是开玩笑：如果有人给我指点迷津，那么我肯定会更加大有作为。

我花了几年时间才找到生活的激情。自此以后，我的每一步都迈向众人未曾涉足的领域，而且冒的风险也越来越大。当然，走出布鲁克林和获得大学文凭给了我继续做梦的勇气。

有好几年，我会对人隐瞒自己在布鲁克林长大这件事。我不想撒谎，只是不想涉及这个话题，因为这不是什么有面子的事。可是不管我怎么否认这个事实，早年生活的种种还是在我脑海里留下了不可磨灭的印记。我可能永远也无法忘记它，这是我不敢看水晶球的另一个角度的解释——不敢面对自己的过去。

1994年12月，《纽约时报》报道了星巴克的成功，也提到了我在卡西纳廉租房长大的事实。文章见报后，我收到了来自湾景和其他相邻社区的人的信。大部分是做母亲的人写来的，她们以此鼓励自己的孩子，认为我的故事给了他们希望。

我从小长大的（至今仍对我有影响）那个环境是很难让人看到机遇的，事情究竟是怎么发生的呢?

太阳照到我了，就是这么回事儿，弟弟迈克尔总是这么告诉我。但我的故事中既有天分和运气，更有努力和坚持。我希望事情是这样的。我将人生掌握在自己的手里，尽可能从他人那儿学习，尽可能抓住一切机会，一步一个脚印地踏上成功之路。

最初我总是害怕失败，但当我在一次次挑战中胜出后，原先的焦虑被渐渐形成的

---

① 越南战争期间，美国军队征兵采用摇号抽签形式，霍华德抽到的号码意味着他不用去越南。——译者注

乐观精神取代了。一旦你越过了似乎不可逾越的难关，接下来的小坎儿就比较容易跨过去了。只要坚持下去，大多数人都可以实现并超越梦想。我总是鼓励别人把梦做得大一些，把基础打得好一些，像海绵吸水一样吸收各种信息，不要害怕挑战世俗观点。在你尝试之前，先不要说自己做不到。

我不可能给你们一个关于成功的法则，这世上也没有什么能让你一举成功的不二法门。但我自身的经历证明了，白手起家并取得超乎自己梦想的成就是有可能的。我最近又回了一趟纽约，回到了卡西纳——在离开将近 20 年之后，我第一次回到湾景。说真的，重回故乡给我的感觉不坏，除了进门处的子弹孔和蜂鸣器上烧焦的痕迹。我们住在那儿时，窗子无须安装铁栏栅，也没有空调。我看见一群孩子在打篮球，就像我小时候一样。我看见一个年轻的妈妈推着儿童车，一个小男孩仰头看我。我想：不知道这些孩子当中有谁能打破命运的枷锁，实现自己的梦想。

我在卡西纳高中校门口停住了，那儿有一支橄榄球队正在训练。秋日温暖的天气，眼前蓝色的统一服装和哨声，让我回忆起振奋人心的往昔岁月。我问教练在哪儿，一个戴红帽子的小个子从那群高大健壮的人中间钻了出来。令我非常惊奇的是，站在我面前的人竟然是迈克·卡马代斯，他曾和我在一个球队一起打球。他向我介绍了球队的近况，告诉我学校的橄榄球队如何终于有了自己的场地。凑巧的是，他们正准备在那个星期六举行一个以我的一个老教练——弗兰克·莫罗基耶罗——的名字命名这个橄榄球场的仪式。就在那一次，我制订了一份赞助球队的五年计划。若没有莫罗基耶罗教练的话，我今天会在哪里？也许我能够给予母校的礼物就是像我当年一样，去激励运动员们超越自我，去争取某种无人敢想的成就。

我听说有些教练面临一种两难境地。他们球队里那些有着世界级水平的运动员——他们有着最好的技术和比赛经验——关键时刻却状态不佳。可是另外一些家伙，平时训练时并非最出色的队员，但在紧要关头被教练派上场后，非常努力奋进，拼了命地想要取胜。

我非常认同后者。我也曾是非常努力想要取胜的一个人，所以在关键时刻我特别兴奋，肾上腺素会加速分泌。其他人都已经停下来休息恢复体力许久了，但我还在奔跑，追逐着某种没人看得见的东西。

够了并不是足够

每一段经历都为你的下一步做了铺垫，只是你不知道下一步是什么。

1975 年大学毕业后，就像许多人一样，我不知道下一步该怎么走。我不准备回纽约，就留在了密歇根，在那里的一家溜冰场工作。我没有导师，没有榜样，也没有专门的老师来点拨我。所以我只能自己花时间去思考，但一直没有什么灵感。

一年后我回到了纽约，在施乐公司的营销部门获得了一份工作。我很幸运地在工作上有了一些突破，我进入了美国最好的销售培训学校——施乐公司以 1 亿美元在弗吉尼亚州的里斯伯格建造的培训中心。我在那儿学到的关于工作和生意的知识远比大学时代学到的要多。他们在销售和市场营销方面，在展示和表现技巧方面对我进行培训，使我能带着相当健康的自尊心外出工作。施乐公司是一家口碑很好的公司，每当向别人介绍它时总能赢得许多敬意。

培训课程结束后，我在 6 个月的时间里，每天打 50 个推销电话。我在曼哈顿中城从 42 街跑到 48 街，从东河跑到第五大道，敲开许多办公室的门。那是一个非常奇妙的地区，但人家不让我进门坐下来推销，我只能飞快地介绍产品的种种好处。

打推销电话对于做生意是一个很好的训练，它教会我即兴思考的本事。那么多扇门在你面前砰地关上，你必须厚着脸皮，用最简洁的话把新上市的所谓文字处理机介绍清楚。但这份活计还是挺吸引我的，并且有助于我一直保持自己的幽默感和冒险精神。我努力去竞争、比拼，尝试着成为最出色、最抢眼的人，成为销售队伍中的佼佼者。我想赢。

最后，我成功了。我成为这一领域中的全职销售员。我干得相当不错，穿着套装，上门推销，三年来挣得的佣金相当可观。我卖出许多机器，比我的许多同行都干得出色。因为我在工作中证明了自己，也就越来越有信心。我发现，做销售在许多时候是需要靠自尊心的。当然，我不能说自己对文字处理机特别有激情。

我还清了大学学费贷款，和一个人在格林尼治村合租了一套公寓。我们一起出游，过得很愉快。有一年夏天，我们 8 个人在汉普顿租了一幢周末别墅，在那儿的海滩，在 1978 年 7 月的第四个周末，我遇上了雪莉·凯尔斯。

一头波浪般的飘逸金发，浑身上下充沛的精力，雪莉以她无可挑剔的风度和品位吸引了我。她在研究生院攻读室内设计，夏天的周末，她也跟朋友们一起到海边来玩。她非常美丽，学识甚广，具有中西部人那种坚定的价值观。我们都刚刚开始自己的职业生涯，无忧无虑。我们开始约会，我对她了解得越多，就越意识到她是个多么好的姑娘。

那是1979年，当时我自己的工作还没有稳定下来，我想要做更加具有挑战性的事。一个朋友告诉我，有家名叫柏士德的瑞典公司，正筹划为他们的汉默普拉斯特家庭辅助用品在美国建立分公司。这是个令人兴奋的机会，能在一家公司从头做起。柏士德公司雇用了我，派我去瑞典接受三个月的培训。柏士德公司坐落在一个到处铺砌着鹅卵石的迷人的瑞典小镇上，我住在那儿，周末去哥本哈根和斯德哥尔摩。欧洲以其悠久的历史感和富有情趣的生活吸引了我。

公司一开始把我派到一个专售建筑用品的部门，后来又把我调到了北卡罗来纳，让我去卖厨房用品和家具。我讨厌那些东西，谁会对那些塑料膜挤出件产生兴趣呢？挨过了郁闷的10个月后，我实在忍不下去了。我打算放弃这份工作，重回学校，回到纽约去，跟雪莉在一起。当我威胁说要离开时，柏士德公司不仅把我派回了纽约，还提拔我当了汉默普拉斯特公司的副总裁和总经理。我负责公司在美国的运作，管理大约20个独立的销售代表。他们不但给我开出了7.5万美元的年薪，还给我配了车，以及一个开销账户和随意支配的差旅权限，其中包括一年四次前往斯德哥尔摩的费用。最后，我销售的是我所感兴趣的东西：瑞典设计的风格鲜明的厨房设备和家居用品。我自己是做销售出身，所以知道怎样促进我的销售团队的业务。我很快就让我们的产品打入了高端零售商店，设立了销售专柜。

我这样干了三年，干得很起劲儿。到28岁时，我已小有成就。雪莉和我搬到了曼哈顿上城东区，我们在那儿买下了自己的公寓。雪莉的工作也蒸蒸日上，她为一家意大利家具制造商设计和制作家具。她把我们家的墙壁刷成淡红色，并利用专业知识把阁楼式的空间设计成温暖的家。我们过上了非常好的生活，经常去剧院看演出，去饭店吃饭，邀请朋友们参加我们在家举行的派对，我们甚至在汉普顿租了夏季度假屋。

我的父母无法相信我这么快就过上了好日子。大学毕业才6年，我就在职场上取得了成功，获得了高薪，有了自己的房子。我过的日子是父母想都不敢想的，已经远远超出了他们对我的期盼，可能大多数人会就此满足于这样的生活。

所以，没有人——特别是我的父母——能够理解为什么我还要折腾。但我感到自己好像老是在惦记着什么东西，我想把命运掌握在自己的手中。这可能是我的一个弱点：我总在想我下一步该怎么办。够了并不代表足够。

直到我发现了星巴克，我终于意识到什么才是能攫取你的心灵和想象力的工作。

POUR YOUR
HEART INTO IT

第 2 章

丰盛的“遗产”

每天，我都提醒自己几百次，我的物质生活和精神生活都取决于他人的劳动，无论逝者还是生者，我须尽一切努力使自己配得上我的所得。

——阿尔伯特·爱因斯坦

正如星巴克并非我开创，浓缩咖啡和重烘焙咖啡也并非由星巴克引入美国。我们都只是一个伟大传统的继承者。在欧洲以及美国，咖啡和咖啡屋成为社会生活有意义的组成部分已经有几个世纪的时间了。在威尼斯、巴黎和柏林，咖啡馆是和政治风潮、文学运动以及知识分子的辩论联系在一起的。

星巴克之所以能在人们心中激起共鸣，是因为它继承了这种传统，它从自己的历史中汲取了能量，与更遥远的过去发生了联系。这样的历史背景使它不仅仅意味着它是一家人气很旺的公司，或是 20 世纪 90 年代的狂热时尚。

这就是星巴克能够持续发展下去的理由。

抓住你想象的东西，同样能使别人着迷

1981 年，在为汉默普拉斯特忙活的同时，我注意到了一个奇怪的现象：一个西雅图的小小零售商竟订购了大批咖啡研磨机。机器上有一种简单的装置，一个装在保温瓶上的塑料圆锥筒。

我去做了调查，购买者原来是星巴克咖啡、茶和香料专卖店。当时星巴克只有 4 家店铺，但购买的咖啡研磨机的数量超过了梅西百货公司。为什么美国其他地方煮咖啡是

用电热滤煮机或是滴滤机，而西雅图却用这种咖啡机呢？

于是，有一天我对雪莉说：“我得去看看这家公司，去实地考察一下。”

那些日子，我频繁地在各地出差，可从未到过西雅图，当时谁会去那儿呢。

我在一个晴朗的春日到达那里，空气那么清爽，樱桃树和海棠树上的花含苞待放，香味沁人心脾。在市中心的街道上，你可以看见环绕城市东面、南面和西面的山上覆盖着积雪，映衬着蓝色的天幕。

星巴克的销售规划经理琳达·克劳斯曼到我入住的旅馆来和我会面，带我去他们的星巴克旗舰店，该店位于历史悠久的派克市场区。在那儿，我们走过摆放着新鲜大马哈鱼的摊位，摊主们大声地吆喝着、叫卖着，把鱼从顾客的头顶上甩过去；走过果蔬摊位，有一排排新鲜的擦得干干净净的苹果和码放得整整齐齐的卷心菜；走过面包店，新鲜烤制的面包散发出阵阵诱人的香味。这是本地菜农、果农、园艺师和小摊小贩的“胜地”。我立刻就喜欢上了这个市场，现在依然很喜欢。它是如此质朴，如此真切，如此老派。

最老的星巴克店是一个朴实无华的地方，但个性十足。一个狭窄的店堂，有人正在入口处用小提琴演奏莫扎特的曲子，琴盒敞开着接受馈赠。推门的一瞬间，一股咖啡的香味扑面而来，吸引了我。我走进去，看见那里面似乎是个膜拜咖啡的殿堂。在磨损的柜台后面放着一罐罐来自世界各地的咖啡豆：苏门答腊、埃塞俄比亚、哥斯达黎加。请记住，当时大多数人还以为咖啡是罐装的粉末，而不是用咖啡豆研磨出来的。这个店卖的是用咖啡豆磨出来的咖啡粉。在另一面墙上，陈列着汉默普拉斯特的咖啡机，有红、黄、黑三种颜色。

在介绍我和柜台后面的人认识后，琳达开始说起为什么顾客会喜欢那种保温瓶加圆锥筒的咖啡壶装置。“有一部分享受其实来自仪式。”她解释道。星巴克向顾客推荐人工煮制咖啡，因为电咖啡壶会让咖啡溢得到处都是，还会烘焦。

我们说着话，店员舀出一些苏门答腊咖啡豆，研成粉末，然后通过过滤网倒进圆柱里，再用热水冲。虽说这只是几分钟的事情，但他把活儿干得一气呵成，像是在做艺术表演。当他把满满一大杯刚煮好的咖啡端给我时，诱人的香气扑面而来，里面肯定加了奶和糖。我微微啜了一小口。

哇！只是啜了一小口，我就可以说这是我喝过的最浓烈的咖啡了。看到我惊讶的表情，星巴克里的人都笑了。“是不是太浓了？”我咧嘴一笑，摇摇头，接着又啜了一口，然后又啜了一口。这次，咖啡充满了我的口腔，我可以品出更多的味道了。喝完第三口，我完全上瘾了。

我感觉像是发现了新大陆。相比之下，我以前喝咖啡都像是在灌咖啡水。我急切地想了解更多，于是向他们询问关于这家公司、来自世界各地的咖啡豆，以及各种不同的烘焙工艺等诸多问题。我们离开咖啡店之前，他们又磨制了一些咖啡粉，作为礼物送给我。

琳达开车送我去星巴克的烘焙工厂，给我介绍了公司的老板——杰瑞·鲍德温和戈登·鲍克。他们在一幢狭小的厂房外面干活，那楼房有一扇金属门，旁边是一家航空食品包装厂。

在踏进工厂的那一刻，我就闻到了一股烘焙咖啡的奇妙芳香，香气弥漫了整个厂房。房间中央，是一台厚重的银色烘焙设备，前面有一个很大的浅盘。琳达告诉我，这就是烘焙咖啡豆的机器。我很惊讶，这么小的一台机器竟然可以供给 4 家咖啡店的需求。一位扎着红头巾的烘焙工高兴地向我们挥了挥手，他从机器里抽出一个被他称为“试勺”的金属大勺，检视着里面的咖啡豆，嗅了嗅，又插了回去。他解释说这是在检查色泽和听声音，听听咖啡豆是不是噗噗地爆了两次，以防烘焦。突然，一阵噼里啪啦的闷响传出，他打开机器的盖子，把一堆热烘烘、熠熠发亮的咖啡豆倒进大浅盘子里晾着。金属臂开始转到冷咖啡豆那边，一股咖啡香气一下子把我们包围了——这是我闻过的最香的咖啡。这深深地打动了我。

我们走上楼，穿过几张办公桌，到了老板的漆黑的办公室，办公室安有高高的厚玻璃窗。杰瑞·鲍德温是总裁，他在汗衫外打了条领带，显得很随意。他长得挺帅，一头黑发。他微笑着和我握手，我马上就喜欢上了他，因为我觉得他挺谦和，也挺聪明，很有幽默感。显然，他对咖啡有一种激情。他从事的是指导顾客如何享受世界一流的咖啡，如何烘焙和烹煮咖啡的事业。“这是从爪哇运过来的新鲜咖啡豆，”他说，“我们刚刚烘焙出来的，让我们尝尝看。”他自己开始煮咖啡，用一个他介绍说是法国出品的玻璃壶。他轻轻地把压滤柄压向底部的咖啡豆，然后倒出第一杯咖啡，这时，我注意到有人站在门口，瘦高个子，留着小胡子，一绺黑发遮住了他的前额和棕色眼睛。杰瑞向我介绍说这是戈登·鲍克，星巴克的合伙人，并邀他和我们一起喝咖啡。

我感到惊奇的是，这两个人怎么会如此专注于这项咖啡事业。他们早在10年前就建立了星巴克，而今估计都有30多岁、将近40岁了。他们之间的合伙关系可以追溯到20世纪60年代在旧金山大学做室友的时候。但是，两人看上去很不一样。杰瑞显得比较内向而拘谨，戈登却是个离经叛道的具有艺术气质的人，和我以前遇到过的任何人都没有相似之处。在与他们谈过话后，我得说他俩都是非常聪明的人，都去过许多地方，对优质咖啡都有着狂热的激情。

杰瑞负责星巴克的运作，戈登则是一部分时间花在星巴克上，其余时间花在广告和商店设计上，他创办了一份周刊，还打算开办一家微型酿造厂，名叫红钩啤酒厂。我问什么叫微型酿造厂，显然，戈登比我们所有的人都前卫，他的脑子里满是稀奇古怪的想法和很棒的念头。

我完全被迷住了。呈现在我面前的是一种全新的文化形态，有很多东西可以学，有许多空间可以开拓。

那天下午，我在旅馆给雪莉打了个电话。“我在上帝的国度！”我说，“我明白我应该在哪里生活了，就是华盛顿州的西雅图。今年夏天，我要带你到这儿来，看看这个地方。”

这是我的麦加，我已抵达。

怎样把对咖啡的激情转化为事业

那天晚上，杰瑞请我去一家意大利小酒馆吃饭，这家小酒馆位于派克市场附近的一条石子铺砌的小斜坡上。我们吃饭的时候，他告诉我关于星巴克最初创办的一些事情，以及经营上的一些传统。

星巴克的创办者们和所有的生意人都迥然不同。杰瑞的专业是文学，曾当过英语教师，戈登曾是个作家，他们的第三个合伙人泽夫·西格教过历史。泽夫在1980年卖出了公司股份，他是西雅图交响乐团首席小提琴手的儿子。他们几个人对拍电影、写作、广播、古典音乐、美食、烹饪、醇酒和优质咖啡都有着共同的兴趣爱好。

可是他们没有一个人想把企业做大做强，他们创办星巴克只有一个理由：他们喜欢咖啡和茶，想要煮制西雅图最好的咖啡。

戈登是西雅图人，杰瑞则是大学毕业后跑到那儿寻找机会的。杰瑞来自旧金山湾区，在那儿，1966 年伯克利就有了“毕特咖啡与茶”，他在那儿发现了咖啡的浪漫，从此咖啡成为他的一生所爱。

星巴克的精神之父是阿尔弗雷德·毕特，一个向美国人推介了烘焙黑咖啡的荷兰人。他现在已经 70 多岁了，头发灰白，个性固执、孤僻、耿直、坦率，根本没有耐心跟人虚与委蛇，却愿意花几个小时指导那些对世界上最好的咖啡和茶有真正兴趣的人。

作为阿姆斯特丹一个咖啡商的儿子，阿尔弗雷德·毕特从小到大都浸淫在印度尼西亚、东非和加勒比海地区的异香奇物之中。他记得父亲的外套口袋里曾装回一袋袋咖啡。母亲有时要拿三只罐子按不同口味分装贮藏，同时发表着她的见解。十几岁时，阿尔弗雷德就成为本城一家大咖啡进口商的实习生了。后来，他成为一个咖啡培训师，曾远渡重洋到爪哇和苏门答腊，不断训练自己的味蕾，直到能够分辨来自不同国家、不同地区的咖啡的最细微的区别。

当毕特 1955 年来到纽约时，他大吃一惊，美国是全世界最富裕的国家之一，可这儿的咖啡却糟糕透顶。大多数美国人喝的咖啡是由爪哇出产的一种罗布斯塔咖啡豆制作出来的，这种咖啡豆被伦敦和阿姆斯特丹的咖啡商视为低劣的品种。很少有精良的阿拉比卡咖啡豆能够进入北美，大部分都进入了欧洲，那儿更讲究咖啡的品位。

20 世纪 50 年代，在旧金山，阿尔弗雷德·毕特开始往美国进口阿拉比卡咖啡豆，但要货量不多，很少有美国人听说过它。1966 年，他在伯克利的维尔斯街上开了一家小型咖啡店，取名“毕特咖啡与茶”，这家店他一直经营到 1979 年。他甚至自己进口烘焙机，因为他觉得美国公司不懂得怎么烘焙小批量的阿拉比卡上等咖啡豆。

毕特的与众不同之处在于，他烘焙出来的咖啡是黑色的、具有欧式口味，他觉得只有用这样的方式，才能把他进口的咖啡豆的风味完全展现出来。他总是在分析每一袋咖啡豆，并针对它们不同的特性采取相应的烘焙方式。

最初只有欧洲人和一些对此有兴趣的美国人光顾他的小店。但渐渐地，一个接一个，阿尔弗雷德培育出了一批对咖啡有良好品位的美国人。他卖出咖啡豆，教他的顾客怎样在家里研磨、煮制咖啡。他视咖啡如美酒，研究着它们的出处（栽种的农场、年份和收获情况）。他开创了自己独特的咖啡风味，这是成为真正的鉴赏家的标志。正如每一个纳帕谷葡萄酒生产商确信自己的技术是最好的一样，毕特也一直保持着他那浓郁型咖啡的风味——这种风味在红酒中可被称为大勃艮第浓烈酒，会让你浓香满口。

杰瑞和戈登是最初的皈依者。他们写信从毕特在伯克利的店里订购咖啡，可他们似乎从来就不满足。戈登在加拿大的温哥华发现了另一家店，叫作默契斯，那儿也有挺棒的咖啡，他经常驱车三个小时去北边买几袋默契斯的咖啡豆。

1970 年 8 月的一个晴朗日子，在一段咖啡旅程结束后，驱车返家途中的戈登突然灵感乍现。后来他对《西雅图周刊》说，他就像塔尔苏斯的扫罗①一样盲目而自信，被照耀在撒米希湖上的阳光晃得目眩，突然间他福至心灵：何不在西雅图开一家咖啡馆呢？杰瑞马上欣喜地对这个主意表示赞同，还有戈登隔壁的室友泽夫。他们每人投资了 1 350 美元，另外又向银行贷款 5 000 美元。

在当时的西雅图，经营零售店可不是好时机，从一开始，星巴克就在和赔本做不懈的斗争。

1971 年，这个城市正陷于被称为“波音崩溃”的经济大衰退。从 1969 年开始，波音公司——西雅图最大的企业，因为经济不景气而大量裁员，三年里公司从 10 万人裁减到不足 3.8 万人。国会山一带美丽的社区几乎搬空了，许多人都失业了，只好搬出西雅图。在靠近飞机场的一块广告牌上有这样一句玩笑话：“最后一个离开西雅图的人——别忘了关灯好吗？”

这个日后影响深远的预示出现在 1971 年 4 月，星巴克在这个月里开了第一家店，在同一时间，一项城市改建工程威胁说要拆了派克市场，一帮开发商想在这地方建一个包括旅馆、传统式样的展厅和停车场的商业中心。在公民复议投票中，西雅图的市民们支持派克市场维持原貌存在下去。

在那些日子里，西雅图成了美国的一个另类而孤立的角落，只有冒险家才来这里，他们抛家别孥，有从数千英里外的东海岸或中西部来的，还有从加利福尼亚来的。有时候，那些去阿拉斯加矿区、山区和渔场的人们也在这儿中转。这个城市没有受到东海岸

---

① 扫罗（Saul，约公元前 11 世纪），古代以色列第一代国王，有骁勇善战之名。——译者注

人那种惯做表面文章的陋习影响。一些大家族仍然留下来经营木材采运和板材生意。由于深受20世纪从挪威和瑞典来的移民的影响，西雅图人一般都很文雅，也很真诚。

20世纪70年代初，少数美国人，尤其是西海岸人，开始摒弃袋装或盒装食品，那些加了香料和防腐剂的玩意儿时常让人觉得味道不正。人们开始选用新鲜蔬菜和鱼类烹制食品，吃新鲜面包，买来新鲜咖啡豆自己研磨。他们拒绝加工食品，喜欢真正的天然食品；拒绝粗劣平庸的食品，追求精致食品。对于星巴克的创办者们来说，这一切都正中下怀。

按市场分析那一套来看，也许该说这不是着手做咖啡生意的好时机。1961年，美国曾达到人均日饮用咖啡3.1杯的高峰，从那以后，咖啡消费量就开始走下坡路了，这种颓势一直持续到20世纪80年代。

但星巴克的创办者们没有研究过市场趋势，他们的心里满是向往——自己的向往，对优质咖啡的向往。在20世纪60年代，众多的美国咖啡品牌开始打价格战，为了削低价格，它们用廉价的咖啡豆来制作咖啡，这一来便牺牲了品质。它们的罐装咖啡长年累月地搁在超市货架上，一直到变质为止。这样年复一年，罐装咖啡的名声越来越差，尽管在广告大战中那些公司依然大肆吹嘘它的好味道。

它们愚弄了美国大众，但它们愚弄不了杰瑞、戈登和泽夫。这三个人决意要开咖啡店，哪怕只能聚拢一小批咖啡爱好者也在所不惜。在20世纪80年代以前，美国只有很少一些城市有这样的咖啡店。

戈登和他的合伙人、艺术家泰瑞·海克勒一起商议新店的名字。戈登想把店名取作“皮廓德”，这是梅尔维尔的《白鲸》（*Moby Dick*）中那条船的名字。但是泰瑞坚决反对：“你疯了！没人愿意来撒尿监狱喝上一杯！”①

合伙人都同意这个店名要有某种西北部特色。泰瑞查了雷尼尔山矿工村的名字，查到“星波”（Starbo）这个词，在头脑风暴会议上，这个词一来二去就成了星巴克。作为曾经的文学爱好者，杰瑞还是要把它跟《白鲸》拉扯到一起：“皮廓德号”那条船的

---

① 英文中“皮廓德”（Pequod）这名字很像“撒尿”（pee）和“监狱”（quod）两词的组合。——译者注

第一个伙伴的名字就叫星巴克。这个名字彰显了早期咖啡经销商远渡重洋和航海的浪漫情怀。

泰瑞还捧着那些年代久远的海事图书冥思苦想，最后设计出的星巴克标识的灵感来源于一幅16世纪斯堪的纳维亚的木刻画：两条尾巴的美人鱼，或是塞壬，被星巴克最初的名字——星巴克咖啡、茶与香料——围绕起来。最初的塞壬头像是一个袒露胸部的具有鲁本斯风格的女人像，象征咖啡本身对人的诱惑。

1971年4月，星巴克店几乎是悄无声息地低调开张了。店面设计成传统的航海风格，像有几十年历史似的。所有的设备都是手工制作的。一面开阔的墙壁整个儿用木格子遮住，另一面墙上都是整颗整颗的咖啡豆，共有30多个品种。星巴克不卖一杯杯煮好的咖啡，只是有时也提供一些样品供人品尝，一般盛在瓷杯里，因为盛在瓷杯里的咖啡会更美味一些。喝着咖啡可以使顾客在店里逗留更久，听听关于咖啡的故事。

起初，雇员只有泽夫一人。他穿起伙计的围裙，忙进忙出为顾客舀咖啡豆。另外两个人继续保留他们的全职工作，只是午饭时或是下班后过来搭一把手。泽夫开始成为零售的专家，而杰瑞当时在大学里修了一门会计课程，他读了许多书，对咖啡也越来越在行。戈登呢，用他自己的话来说，是个“神神秘秘、充满浪漫念头的人”。对他来说，显而易见的是，创建星巴克就是去追求一个通往遥远世界的信念。

从开张那天起，销售情况就出乎意料的好。《西雅图时报》当红专栏的介绍在咖啡店开张后的第二个星期六把大量顾客带进了星巴克，店铺的名气在口口相传中越来越大。

刚刚开始的那几个月，每个创办者都会前往伯克利拜访阿尔弗雷德·毕特，在他那儿学习咖啡知识。他们在他的店里打工，观察他和顾客间的交流，他也一刻不停地向他们传授咖啡和茶叶的知识。

一开始，星巴克从毕特处订购咖啡。但还不到一年，他们就从荷兰买到了二手烘焙机，并在靠近渔人码头的一处摇摇欲坠的老房子里安装使用上了。整个安装过程完全是依靠人工完成的，只有一本德语手册做指导。1972年年末，他们又开了第二家店，靠近华盛顿大学校区。渐渐地，他们在湾区一带培养了一批对好咖啡有了品位的忠实顾客。

对星巴克的创办者来说，品质就是一切。杰瑞尤其坚持他的立场，在企业的宗旨问题上决不妥协。他和戈登显然很明白他们的市场，因为星巴克每年都赢利，不管经济是萧条还是景气。他们是咖啡纯粹主义者，他们从不希望把生意做到对咖啡有鉴赏力的小圈子以外的人群中去。

“我们除了提供最优质的咖啡外，没办法把生意做到最大。”杰瑞·鲍德温那天晚上在餐馆里这样告诉我。说到这儿，我们已经用完了主食，开始吃甜点了。侍者给我们一人上了一杯浓咖啡，杰瑞骄傲地说这就是星巴克的咖啡。

我还从来没听到过一个人像杰瑞谈论咖啡一样谈论产品。他没去算计怎么实现市场最大化，他只是向人们提供他认为应该好好享受的东西。这种做生意、进行销售的方法，对我来说非常新鲜奇特，就像我们正在喝的星巴克咖啡一样。

“告诉我怎样烘焙，”我说，“为什么将咖啡豆烘烤成黑色的深度加工是至关重要的？”

杰瑞告诉我，正是这样的烘焙方式使星巴克与众不同。阿尔弗雷德·毕特反复向他们灌输，深度烘焙咖啡豆至黑色可以让咖啡的味道完全释放出来。

最好的咖啡全都是阿拉比卡咖啡，杰瑞向我解释道，尤其是生长在山上的阿拉比卡咖啡树。那种超市里廉价的罗布斯塔咖啡豆是不能用重烘焙法加工的，因为这样一来它就会被烘焦。但是最优质的阿拉比卡咖啡豆可以耐住高温，咖啡豆被烘制得越黑，味道就越浓郁。

成品食品公司一般倾向于把咖啡豆烘焙得淡一些，因为他们想要有更高的产出。咖啡烘焙时间越长，分量就越轻。公司使用大烘焙炉时常在面对收缩 1/10 还是收缩一半时斟酌不定。烘焙得越轻，他们就可以省下越多的钱。而星巴克关心口味更甚于产量。

从一开始，星巴克就别出心裁地进行重烘焙加工。杰瑞和戈登对毕特的烘焙风格佩服得不得了，他们对此有相似的态度，称之为“正规都市烘焙法”（现在叫作星巴克烘焙法）。

杰瑞拿出一瓶啤酒，是健力士黑啤。他解释道，把正规都市烘焙的咖啡和你在超市买的罐装标准杯咖啡比较，就好像是拿健力士啤酒和百威啤酒做比较。大多数美国人喝的是百威这种淡啤酒，但你一旦爱上了口味浓烈的像健力士一样的黑啤，就很难再喝淡啤酒了。

虽然杰瑞没有谈市场营销计划，我还是能意识到他有一套我不知道的商业哲学。

首先，每个公司必须代表某样东西。星巴克代表的不仅是优质咖啡，还有让创办者们陶醉其中的烘焙咖啡豆至黑色的深度加工法，它使产品超凡脱俗而且货真价实。

其次，你不能仅仅向顾客提供他们想要的东西。如果你能给予某种他们并不熟悉而又超乎他们品位的东西，就能给他们带来全新发现的兴奋感，并将他们与你结为一体，培养他们的忠诚度。这样所花费的时间会长些，但如果你的东西确实绝佳，你就能吸引顾客喜欢上你的产品，而不必向大众市场顶礼膜拜。

星巴克的创办者们明白销售的基本准则：要使顾客对某样东西有兴趣，就应该赋予它知识和经验的内涵，并让那些想要知晓的人知道。如果你这样做了，就会形成一个似乎被供起来的市场，其被人追捧的程度将超乎你的想象。

最初我还没有足够的聪明才智去充分理解我在星巴克所发现的一切，我花了几年时间才深入地理解了这些道理。

虽然星巴克的生意蒸蒸日上，它的产品质量却始终保持一流。每当决策遇到难题，或公司官僚主义思想盛行时，我就会到派克市场的创始店走走。我的手抚过磨损的木质柜台，抓一把被烘成黑色的咖啡豆，让它们轻柔地滑过手指，留下淡淡的油脂芳香。我一直提醒我自己及我周围的人，我们对那些曾登门造访的人是有责任的。

我们可以创新，我们可以重新发掘企业的全部潜在价值，但星巴克的优质咖啡，及其新鲜烘焙原粒咖啡豆的原则不变。这是我们的精神财产。

在第二天返回纽约的5小时飞行途中，我片刻不停地在想星巴克，它就像一块闪闪发光的珍宝。我喝了一口寡淡无味的航空咖啡，马上就倒掉了。我伸手在自己的手提箱里摸索着，摸出一袋苏门答腊咖啡豆，打开束口，嗅着香气。我向后靠了靠，思绪开始漫游。

我相信命运。在意第绪语里，他们称之为“bashert”。在那一刻，在离地面3.5万英尺的空中，我似乎还能感觉到星巴克对我的吸引力。它带给我一种魔力，那是我在生意场上从未体验过的激情和真切之感。

也许，只是也许，我应该成为星巴克的一部分，我可以帮助它成长。去把一个杰瑞和戈登正在经营的企业做大做强，会是什么感觉？拥有自己的股东权益，而不只是领取一张薪金支票，会是什么感觉？如果我能让星巴克比现在更好，会是什么感觉？机会似乎就像我脚下的大地一样无限宽广。

当我乘坐的飞机降落在肯尼迪机场时，我从心底知道，就是它了。我跳上出租车，回到我和雪莉的家。

这就是我与星巴克相遇的故事，从那以后，我和星巴克都在变。

POUR YOUR
HEART INTO IT

第 3 章

对意大利人来说，浓缩咖啡就像一曲咏叹调

有些人只看见事物的表面，他们问的是“为什么”，
而我却在想事物从未呈现出来的一面，我问“为什么不”。
——乔治 · 萧伯纳
这段名言经常被罗伯特 · 肯尼迪引用。

如果你说你从未有过机会，那可能是你从未抓住过机会

我时时刻刻都在琢磨着星巴克的事儿。虽说它比我在纽约工作过的跨国企业小得多，但它却诱人得多，就像一段在你脑海中萦绕的爵士乐。我觉得自己有许多方式可以为它做些事情。

后来，杰瑞和他的妻子简到纽约来了。雪莉和我约他们去吃饭，去剧院看演出，我们很合得来。我开玩笑地问他："你觉得我和星巴克有没有合作的可能？"

那时他正好在考虑雇用一个专业的市场营销高管，便表示会考虑这个问题。我们商议了一些我将在市场营销方面对星巴克予以提升的可能性。

我花了一年时间才说服杰瑞·鲍德温雇用我。我的想法很吸引他，但是，另外几个人却对引入一个他们认为很强势的纽约人感到不安。引入一个并非和公司价值一起成长的经理人总是一桩有风险的事。

在一段时间里，我几乎不能相信自己竟能接受这样的想法。接受星巴克的工作就意味着要放弃年薪 7.5 万美元的工作，放弃很多待遇，包括汽车和公寓，为了什么？搬迁到 3 000 英里外之地，投身一个只有 5 家店铺的小公司——我的朋友和家人都认为这是不明智的。我的母亲尤为担忧。

“你干得好好的，很有前途，”她说，“别去那个谁也没听说过的小公司折腾了吧。”

第二年，我又找机会往西雅图跑了几次，每次都跟杰瑞泡在一起。我们相处得很好，一起商议着星巴克该卖什么，哪些商品该挂上或不该挂上星巴克商标，如何加强消费者的忠诚度。每一次去，我都有一大堆想法，同时也听取杰瑞对我的想法的评估，帮助我理解他对星巴克未来的构想。

杰瑞私下和我谈过他的想法，他觉得星巴克总有一天要做到西雅图以外去。他考虑过在最近的一座大型城市——俄勒冈的波特兰市开一家店。他知道公司能做得更大，但又对做大后公司可能发生的变化心存担忧。我对他说这其实是一个非常好的机遇。

我对此考虑得越多，越觉得公司扩张大有希望。星巴克是大有潜力可挖掘的，我在纽约的所有朋友一尝到这种咖啡就大加赞赏，全美国的人民会不会有同样的反应呢？当然，比起西北部数千个咖啡爱好者，这个市场就大多了。杰瑞对咖啡有一种传教士般的热忱，把星巴克对咖啡豆的狂热传播到西雅图之外的地区，在他看来是顺理成章的事。我还没看见纽约或其他城市有什么高档的咖啡店呢。

其实，当时我还没有那么大的魄力去做一个大企业家，我对星巴克着迷，只是觉得这是一个我能够使之发展壮大的公司。如果能在这样一个大有前途的公司里持点儿股份，我情愿削减自己的薪水。我还从未持有过任何公司的股份呢，可我知道，如果杰瑞答应给我一点儿股份，那么我会以前所未有的热忱投入这项工作。

雪莉喜欢我的这个想法。我们准备结婚并安顿下来，她看到了我对西雅图和星巴克是何等的兴奋。尽管这对她设计师的工作并无益处，但她还是做好了离开纽约的准备。作为一个俄亥俄州企业家的女儿，她很了解冒险和追随梦想的价值。

接下来的几个月，我主动找杰瑞商讨加入星巴克，以及我想在星巴克负责市场营销和开拓海外零售店的工作的事。我告诉他我想要一小部分股权，他表示可以考虑和接受我这个建议。

1982年春天，杰瑞和戈登邀请我去旧金山面见他们沉默寡言的合伙人、股东和董事会成员史蒂夫·多诺万，我们一起吃了饭。因为前期的大量游说工作，我确信我得到这份工作是十拿九稳的，我甚至开始盘算着飞回纽约时自己应该已经拿到想要的东西了。

这次晚餐对我来说，是和杰瑞关于工作问题周旋将近一年后达到的一个巅峰，所以我希望一切都能进展顺利。我穿上最讲究的套装，从我住的旅馆走到餐馆去，那是一个叫作当娜泰拉的意大利餐馆，在金融区的坡上。

我经过餐馆，绕街区走了一圈，给自己打气，尽管当时天正下着小雨。从某种意义上说，我等待着的这次晚餐将决定我的整个职业生涯。我知道杰瑞和他们说过我想把公司做大的想法，这次晚餐是戈登和史蒂夫对我的资本进行评估，以及商量如何让我在公司里发挥作用的机会。

在当娜泰拉用餐是一个古怪的选择，那餐馆比我想象的还要单调，桌子上铺着亚麻桌布，侍者们系着蝴蝶结。我等在桌边时，杰瑞、戈登和史蒂夫都到了。史蒂夫个子很高，白肤金发，是一个典雅的传统美男子。他们三个都穿着运动外套，比我随意多了，但考虑到他们起码都要比我大十来岁，我还是庆幸自己穿得比较正式。

晚餐的气氛很好，可以说是特别好。我喜欢史蒂夫，他是一个聪明人，他的兴趣广泛，涉及从日常操作、招募新人到潜心沉思等。他也像杰瑞和戈登一样，游历过许多地方，读过许多书，有着许多有趣的见解。正如我说过的，我还是对自己能给他留下深刻印象信心十足。我一直在注意着杰瑞，看见他眼睛里流露出赞许的意味。在中西部读完4年大学后，我知道怎样削弱自己身上的纽约风格，在喝开胃酒和汤时，我很轻松地谈论着意大利、瑞典和旧金山。

我们要了一瓶巴罗洛葡萄酒，很快就熟络得像多年的老友。主菜上来时，我把话题转到了星巴克上。“你们有一颗真正的宝石。”我说。我告诉他们我怎么用星巴克咖啡招待我在纽约的朋友，他们又是怎么被其浓烈的、丰富的口味迷倒的。纽约人会爱上星巴克咖啡的，芝加哥人、波士顿人、华盛顿人，以及每个地方的人也都会喜欢星巴克咖啡的。

星巴克也许会做到很大，我说。可能会迈出西北地区，发展到西海岸一带去。甚至会成为全国性的公司，会有几十家，甚至几百家门店。星巴克的名字也许会成为优质咖啡的代名词——这个名牌就是世界级水平的保证。

“想想看，”我说，“如果星巴克在全美和加拿大都开了店，你们就可以把咖啡的知识和热情与更多的人分享了。你们可以让许多人的生活变得更加丰富多彩。”

晚餐快结束时，可以说我身上的年轻人的热情和精力深深地吸引了他们。他们微笑着，看起来被我的想法打动了。分别时，我们握了手。在回旅馆的路上，我难掩兴奋，我打电话叫醒了雪莉。"真是太妙了，"我告诉她，"我想一切都步入正轨了。"

虽说只有三小时的时差，我那天晚上还是无法入睡。我生活的每个方面好像都要发生变化了，我开始考虑如何通知亲友雪莉和我要结婚的消息。我们要搬到西雅图去，也许我们可以买一座带庭院的房子。星巴克——甚至连名字都带有某种魔力，我已经被它折服了。

24 小时后，我回到我在纽约的办公室，这时我的秘书通知我杰瑞来电找我，我急切地接过电话听筒。

"我很抱歉，霍华德，我得告诉你一个坏消息。"我几乎不敢相信这闷闷不乐的声音是他的，也不敢相信他的话。那三个人商量以后，决定不雇用我。

"但这是为什么？"

"因为太冒险了，改变太多了。"他停顿了一下，很显然，他通知我这个消息时心里也不好受，"你的计划听起来真不错，但这不是我们对星巴克的设想。"

原来我没有迷住他们，而是吓坏了他们。他们怕我会把事情搞乱，认为我对星巴克而言并不合适。我就像一个在半路上被抛弃的新娘，眼睁睁地看着新郎转身离去。

极度的震惊让我无法清楚地考虑问题。我看见自己的整个未来在眼前闪过，然后粉碎、破灭。

那天晚上我回到家里，把自己的绝望情绪全倒给了雪莉。我对星巴克的未来仍然抱有信心，我不能接受"不"作为最后的回答。我想，这是我生命中的一个转折点。我必须加入星巴克，我想改变杰瑞对我的看法。

第二天，我给杰瑞打了电话。

"杰瑞，你们犯了一个可怕的错误，"我说，"经过这样一段时间，我们彼此应该很了解了。告诉我，你们不雇用我的确切理由是什么？"

我们心平气和地在电话里交谈着。问题的症结在于，他们这几个合伙人不想给我权力去改变公司。他们担心雇用了我以后，他们的星巴克就会不按原来的方向前进了，他们担心我做事的风格会摧毁公司现有的文化。

我积聚起所有对星巴克的热情、对咖啡的热情、对机会的热情，从内心深处拿出所有的信心来向他表明我的态度。我告诉他，凭着在汉默普拉斯特培养出来的才干，以及从专业的市场营销到对国内营销的广阔视野，我都是一个不可多得的人才，我可以为他做很多事情。我曾在更大的商场中周旋，在商定的范围内不管什么样的扩张战略我都能完成。

“杰瑞，”我说，“这不是我的问题，这是你的问题，是关系到星巴克生死的大问题。关于星巴克的前景我们已经谈论过许多次了，这是你的公司，是你的愿景。你是唯一可以实现这个愿景的人。人是需要有点儿勇气的，你也是。别让他们动摇你的信心。”

杰瑞听完我的话，沉默了。“让我睡一觉再说，”他说，“我明天再给你打电话。”

那天晚上，他睡没睡着我不知道，但我没睡着。

第二天一早，我接到了他的电话。“你说得对。”他说，“对于前 24 个小时的僵局，我很抱歉，我们继续吧。你得到了这份工作，霍华德，你来做这些事吧。你什么时候可以来呢？”

一个全新的世界在我面前打开了，就像是《绿野仙踪》里的场景那样，黑色与白色全部变成了彩色。几乎不可思议的事情变成了现实。

虽然我不得不大幅削减自己的薪水，但杰瑞同意给我一小部分股权。这样星巴克未来的发展也有我的一小份了。

自那以后的 15 年里，我一直在想，如果我当时就此认命，接受他们的决定，那会怎么样？大多数人被一份工作拒绝时都会转身离去。

同样的事情在我的生活中陆续发生着，只是问题不同、表现形式相异而已。有许多次，我一遍遍地被告知已经没有可能了，但我还是会使出浑身解数去争取、去辩说，最终让事情获得转机。

生活往往是一连串的错失组成的。这里面被我们归结为运气的东西，说到底并非完全出于运气。其实，该做的就是抓住当下，为你的未来负责。你得有这种精神，敢于直面人所不见，追涉人所不逮。无论谁说不行，都要坚持自己认定的路。

在日常生活中，你会遇到来自朋友、家人和同事的种种压力，要求你走一条容易走的路，遵从一种符合常规的明智做法，如果你不想简单地接受现状，做大家都期待你去做的事情，就会变得很难。然而，你如果真的认准了——在你自己的内心，在你的梦想中，你觉得有把握，就必须应该去做能使自己的愿景成为现实的事情。

没有一桩伟大的成就仅靠运气就能行。

乌云乍现

既然得到了自己想要的东西，我就开始谋划自己的活动。当然，雪莉是我主要的牵挂。“这是我不能错过的一个机会，”我告诉她，“我要你跟我一起去西雅图看一下。在你做决定之前，你得亲自去看一下那个城市，亲身体验一下。”

我们在周末飞到那儿，当时正是春天的好时候，盛开的杜鹃花随处可见，满城色彩缤纷。雪莉喜欢西雅图，喜欢星巴克，她也很高兴再次见到杰瑞夫妇，后者非常热情地接待我们并给予我们生活上的帮助。他们在食物和酒类方面很有见地，还说起周游世界的许多有趣故事，并且与我们分享我们即将开始探索的广阔世界中的各种知识与见闻。雪莉回去时已经打定主意要来这儿了。

当然我们俩都明白，搬到西雅图对雪莉的职业来说是一种牺牲。纽约是室内设计的世界中心，而西雅图在这方面就差远了。可她意识深处却一直有个想法：某一天能搬出纽约。她想要孩子，打算让孩子在不同的环境中成长。很少有女人会情愿放弃光明的职业前景，只因为丈夫想去 3 000 英里之外的一家小公司里工作，就搬到那个完全陌生的城市去。但她丝毫没有犹豫，她百分之百地支持我，一如既往。这种持续的鼓励对我一直至关重要。

虽说急于投入星巴克的工作，我还是决定先打理好别的事儿。我们用很少的预算租了一套汉普顿的夏季小别墅，我们的初次见面就在那儿。7 月时，我们结婚了，享受着工作间隙的浪漫时光。

我们计划把东西打包塞进奥迪车，带上我们的金毛狗，驱车 3 000 英里跋山涉水而去。我们打算在 8 月中旬离开，赶在周末的劳动节抵达西雅图。

东西都装上车了，我们准备第二天就出发，这时我母亲打来电话，告诉我一个可怕的消息：我父亲患了肺癌，估计只能再活一年。我的心顿时沉重无比。他才 60 岁，我弟弟迈克尔还在上大学。这是非常折磨人的疾病，我母亲对我已经形成习惯性的依赖。我要是去了西雅图，她要怎么撑过这段时间呢？

生活中有许多时刻，你会觉得自己像要被撕成碎片一样，此时我正有这样的感觉。我已经准备好 9 月份开始在西雅图工作了。但现在我怎么离得开呢？我和家人商量了一番，看起来别无选择，我必须走。

我去医院看了爸爸。我只能跟他道别，不知道什么时候，也不知道是否还能再见到他。我母亲坐在我身边，哭泣着。她很害怕，但她竭力不表现出来。这很可能是我和父亲最为交心的一次谈话了，以前从未有过。

“去西雅图吧，”我爸爸说，“你和雪莉在那儿会开始新的生活。这里的事我们能应付。”

我坐在他床边时，两种情绪涌上我的心头——难以遏制的悲伤和无法排遣的痛楚。我父亲从来没有给家人带来好日子，他做了一辈子毫无想法的苦力活儿，总是对制度不满。他从来没掌握过自己的命运，而现在他的生命也许就要终止了。

我紧紧攥住他的手，艰难地和他道别。

“我不知道我应该怎么做。”在等电梯的时候，我对母亲说。

“霍华德，你必须走。”她坚决地说。

电梯来了，母亲拥抱了我，坚定地说：“你必须走。”

我走进电梯，转过身来，见妈妈哭肿的面庞涨得通红，勇敢地想对我微笑一下。电梯门一关上，我就崩溃了。

雪莉和我还是按原计划驾车去西雅图，但忧虑的阴云一路跟随着我们。我每一站都打电话回家。后来得知父亲的病比我们想象的要好些，紧张的心才稍稍放下，我们可以全力以赴地去那个城市开始新生活了。

让自己浸入文化中

我们到达西雅图时，恰逢一年一度的户外艺术和音乐节，名曰“降落伞”。人们兴高采烈，疯狂地玩出各种新花样。

我们在西雅图的国会山那里选好了住宅，那栋房子有一个大大的露台，但里边还没布置好，不能马上入住。在西雅图的第一个星期，我们住在杰瑞家里。他们把我们照顾得无微不至，每天都为我们烹制美味佳肴，开车带雪莉在城里四处兜风。他们甚至容忍我们那只重达上百磅的金毛犬在他们的游泳池里嬉水。

雪莉花了一年时间才完全适应了在西雅图的生活，而我大概只花了 20 分钟，就全身心地投入了星巴克的事业。

我一做事就会全身心投入其中。最初那几个月里，我眼睛一睁开就会在星巴克的柜台后面忙碌，接待那些来星巴克的人，熟悉不同口味和类型的咖啡，跟顾客交谈。杰瑞对我进行了咖啡知识方面的强化训练。

我的最后一项训练——也是最重要的——是学习如何烘焙咖啡。他们不让我插手这项操作，直到 12 月才开始教我。我在烘焙机旁观察了一个星期，学着听那第二声“噼啪”，检视着咖啡豆的颜色，学着分辨不同品种的咖啡的微妙差别。经过这样的强化训练，我觉得自己成了咖啡方面的专家。

让人惊讶的是，星巴克的人对我掌握咖啡知识这事儿真是极为热心。当我在柜台后面忙活的时候，他们总是不停地来测试我的知识水平，看我对此有多少把握。我在盲样测试中总能表现出良好的鉴赏力，这事儿后来还流传开来了。

当然，对于杰瑞·鲍德温雇用了一个外来者，公司其他成员就算心有不满也不足为奇。我可以感觉到这一点，所以我必须证明自己，证明我是星巴克完美的一部分。我努力融入其中，可是一个人高马大、精力旺盛的纽约人要融入这个安谧、低调的城市并非易事。我已习惯穿着精致而高档的套装，而在星巴克，人们的着装以休闲型的高翻领毛衣和勃肯鞋为标志。我花了好长一段时间才让别人建立起对我的信任。作为一个为了某个目的被雇来工作的人，我脑海里全是关于经营公司的想法。我想在这上面发挥积极主动的影响。

在那段时间里，星巴克的气氛非常友好，我们工作也非常卖力。圣诞节是我们做生意的旺季，每个坐办公室的人都要到店里去帮忙。一天，我在派克广场店里忙着。店里搁满了咖啡袋，我站在柜台后忙着收款，把现金塞入出纳机里，抽空将咖啡豆盛入包装袋。

突然，有人喊了起来："嗨！那家伙把什么东西拿走了！"很显然，有个顾客伸手拿起两台贵重的咖啡机正往门口走去，一只手拎着一台。

于是，我一个剑步迈出柜台追赶他，根本就没停下来想一想他是否有可能带着枪，一直追着他向着坡面很陡的鹅卵石街道跑去，嘴里喊着："快放下那东西！放下！"

小偷吓坏了，赶紧扔下东西跑了。我拎起咖啡机走回店里，就像拎着战利品一样。每个人都为我鼓掌。那天下午，我回到烘焙工厂，我的办公室在那儿，发现里边挂着一面大幅锦旗，是给我的，上面写着："你让我高兴。"

对公司的了解越多，我对隐藏在它背后的激情就越欣赏，但我也渐渐地了解到它的不足之处。它的咖啡毫无疑问是最出色的，但它的服务有时候却显得有点儿傲慢，这态度实在是出于星巴克咖啡对自己的骄傲和优越感。顾客们喜欢尝试新品种、新口味，他们喜欢和我们讨论新学来的咖啡知识，但我注意到那些第一次来的顾客有时会有被轻视的失落感。

我想弥补这种缺憾。我对星巴克真是太认同了，以至星巴克的任何缺憾在我看来就像是我自己的缺憾一样。于是，我和大家一起致力于与顾客建立良好的关系，在技巧和物质条件方面做了许多工作，使顾客能更好地了解关于咖啡的知识。我仍然想把这种上好的咖啡努力推广到咖啡精英顾客以外的人群中去。

所谓见解，就是见人所未见

要使人品味生活的浪漫之处，没有比意大利更好的地方了，这是我获取灵感和见解之处，这些灵感和见解推动了我自己的生活和星巴克的发展——从安谧的西雅图的门店发展为一个全美知名品牌。

我的灵感是在1983年的春天迸发的，当时我甚至没有刻意去寻找这样的灵感。我在星巴克工作了一年，公司派我去意大利参观一个国际性的家居用品展。我独自一人去了那儿，住在一个离展览中心很近的廉价旅馆里。

当我走出旅馆，走进秋日温暖的阳光里时，意大利的风情扑面而来。我从没想过来意大利，但我觉得自己属于它。

意大利人在享受日常生活方面无人能及，他们把生活安排得恰到好处。他们明白工作的意义是什么，也明白休闲和享受生活的意义所在。他们对每件事都充满激情，在他们眼里，没有一件事是平庸乏味的。意大利的基础设施很糟糕，几乎没有什么东西是完备的，但意大利的食物好得令人难以置信，建筑美轮美奂，时装之优雅在全世界独树一帜。

我特别喜欢意大利的灯具，那简直令我心醉，给我留下了难以磨灭的印象。

那灯光映照下的景象也让人心驰神往。你走在某住宅区隔壁一条不起眼的小街上，突然，透过一扇半掩的门，你一眼瞥见令人难以置信的明亮景象：一个女人正在花枝环绕的庭院里晾着色彩斑斓的衣服；或者某处一个商贩卷起了金属门，露出一幅绚丽夺目的图景：新鲜的水果和蔬菜，一排排完美地闪着光。

对待零售细节，尤其在食品的售前准备上，意大利人有一种心存敬意的固执——不把事情做到完美绝不肯停手。比方说，每年夏秋之交，新鲜的无花果在任何一处水果摊上都可以买到。商贩们会这样问："要白的还是黑的？"① 如果顾客各要一半，商贩就会拿出一个简易的硬纸盘，上面覆盖着三四片无花果树叶，然后一个一个地挑选无花果，轻轻摁一下，保证每一个的成熟程度都正好符合顾客要求。他们会把无花果摆成四排——三个白的，三个黑的，再三个白的，再三个黑的，然后把盘子里的无花果轻轻倒进包装袋，以一种艺术家的自豪感递给你。

我到达意大利的第二天早上，就打算去看交易展，从我的旅馆走过去只需 15 分钟。我喜欢走路，米兰是步行者的天堂。

刚出门，我就留意到一个小小的浓缩咖啡吧，我进去转了一圈。门口一个收银员朝我点头微笑，柜台后面一个瘦高个男人愉快地和我打招呼，他手里正压着一根金属棍，蒸气咝咝地冒出来。他把用小瓷杯盛的浓缩咖啡递给站在柜台边的三个男人中的一位，接下来再递过去的是一杯手工调制的卡布奇诺，上面浮着一层诱人的白色乳沫。咖啡师傅的动作非常灵巧优美，磨咖啡豆、压进浓缩咖啡、蒸牛奶，这一连串动作就像是同步完成的，做这些的同时，他还能和顾客友善地聊天。真是一出了不起的表演。

① 即熟一点儿的还是生一点儿的。——译者注

"浓缩咖啡？"他问我，随即递出一杯刚做好的咖啡，一边朝我眨着他的黑眼睛。

我无法拒绝。我接过咖啡啜了一小口，一股浓烈的味道滑过我的舌头。喝了三口，杯子里的咖啡就没了，但我还能感觉到它的暖意和力量。

再走过半个街区，穿过一条岔路时，我又看见一家浓缩咖啡吧。这一家的店面更加逼仄。我注意到，柜台后面头发灰白的老者和每一个顾客打招呼时都称呼他们的名字。他似乎既是老板又是伙计，他和他的顾客一起笑着，聊着，享受着这一刻的好时光。这些顾客都是常客，他们对这儿很熟悉，在这儿感到很惬意。

再走过几个街区，我又看到两家浓缩咖啡吧。我完全被迷住了。

就在那一天，我发现了意大利咖啡吧的仪式感和浪漫风情。它们是如此普及，如此美好生动。每一家都有自己的特色，但又有着共通之处：顾客之间的熟识和相知，他们彼此非常了解，而那个咖啡师傅则以其特别的天赋进行着完美的操作。当时，意大利有20万家咖啡店，仅米兰一地（其城市规模相当于美国费城）就有1 500家，几乎每一个街道拐角处都有一家咖啡吧，所有的咖啡吧都很受欢迎。

早上，到处都是熙熙攘攘的人群，到处都供应着一杯杯精纯的浓缩咖啡。几乎没有椅子，即使有也很少。所有的顾客都站在那儿，就像站在酒吧的吧台前一样。几乎每个男人都在抽烟。

你的周围都是动人的音乐节奏，意大利歌剧正在上演。你可以听到人们初次见面时彼此打招呼的声音，听到每天在咖啡吧里见面的朋友们互相问候。我看见的那些咖啡吧，给大家提供的是一个舒适的、社区似的、从家庭扩展出去的空间。也许顾客彼此本不是很熟悉，但一到咖啡吧里，他们就熟络起来了。

刚过正午的时候，店里的节奏慢了下来。我注意到母亲带着孩子来了，退休的老人一边悠然地喝着咖啡，一边跟咖啡师傅聊着天。晚些时候，那些浓缩咖啡吧都把一张张小桌子摆到人行道上，并开始供应一些小吃。每一处都是邻居们聚集的地方，有些是日常聚会。

对意大利人来说，咖啡吧不是餐馆，不像20世纪五六十年代咖啡吧刚传入美国时的情形，它是家庭前廊的一种延续、一种扩展。每天早上，他们都会聚到自己最喜欢的咖啡吧里，在那儿享用着以传统方式制作的咖啡。在美国人眼里，站在柜台后面的人只是一个毫无技艺的工人，但在意大利，他能制作出一杯杯完美的咖啡，被视为艺术家。意大利的咖啡师傅在自己邻居的眼里是一个值得敬重的人。

看到这一切时，我心里产生了新念头：星巴克错失的正是这一点——完全错失了。我觉得，这才具有强大的吸引力，这是一种纽带关系，把喜欢咖啡的人们聚集在一起，并不一定非得在家里，他们在这儿也可以磨咖啡豆、蒸煮咖啡。我们要做的首先是揭开咖啡吧的神秘和浪漫的面纱。意大利人懂得人与咖啡可以产生怎样的关系，这是他们社会生活的一个方面。我现在几乎不能相信，从事咖啡事业的星巴克竟然忽略了其最核心的意义。

就像一道闪电直击心灵，我全身都为之震颤了。

显然，星巴克向顾客出售的只是优质的咖啡豆，却并没有提供一杯杯可让人品尝的咖啡。我们只是将咖啡视为一种产品，像杂货铺似的向顾客售出一袋袋咖啡豆，以供他们居家消费。我们离咖啡的精神和灵魂还差了一大截——实际上它们而已经存在好几个世纪了。

然而，若以意大利的方式来供应浓缩咖啡，或许与星巴克的宗旨不符，但如果我们能够在美国重新开发一种纯正的意大利式的咖啡吧文化，那么，打动了我的这种咖啡形态也会在其他美国人心中引起共鸣。星巴克也许会成为人们生活中的卓越体验，而不仅仅只是一家零售店。

我在米兰大约待了一个星期，持续探索着这个城市，每天都为一些事情所陶醉。一天早上，我坐上火车去了维罗纳，从工商业城市米兰坐火车去那儿只需 40 分钟，那个地方给我的感觉像是自 13 世纪以后时光就停滞了。那儿的咖啡吧和米兰的很像，我学着当地人的样子要了一杯拿铁咖啡，这是我第一次喝这种咖啡。起先我还以为牛奶是直接兑进去的，但我发现咖啡师只是做了一小杯浓缩咖啡，再蒸出泡沫高高浮起的牛奶，把两样东西倒入杯中，一堆蓬松的奶白泡沫即刻浮在咖啡上。

这种蒸出来的牛奶是咖啡的最佳伴侣。把浓缩咖啡（咖啡中的精华）和蒸出来的牛奶调和在一起，而不是像通常调制时那样加糖。这是完美的咖啡喝法。我见过的所有咖啡专家都没有提到过这种喝法。我估计，在美国，没人知道还可以这样喝咖啡。我要把这种咖啡的喝法带回去。

我每天晚上都给雪莉打电话，告诉她我的所见所思。“这里的人对于咖啡真是太有激情了！”我告诉她，“他们把咖啡提升到了一个新的高度！”

那天，在米兰的露天广场，我并未预见到星巴克会有今天的成功，但我感受到了那种难以言表的浪漫情怀和社区情结的召唤。意大利人把喝咖啡变成了一曲咏叹调，这种感觉是对的。星巴克也在同样的大厅里演奏，但我们的演奏少了弦乐部分。

我带着这种感觉回到了西雅图，向我周围那些人灌输这些想法，我们要把意大利的咖啡精神传播给美国人。如果没有意大利浓缩咖啡的浪漫情怀，星巴克就只能是它原来的那个样子——一个窝在西雅图本地的、受人喜爱的咖啡豆商铺。

POUR YOUR
HEART INTO IT

第 4 章

好运气只眷顾有规划的人

每当你看见一个成功的企业，都必定有人做出过勇敢的决策。

——彼得 · 德鲁克

布兰奇·里基是布鲁克林道奇队的总经理，就是他签下了黑人棒球手杰基·罗宾逊，打破了种族歧视。他经常说的一句话是："好运气只眷顾有规划的人。"

人们有时会说阳光总是照耀在星巴克身上，我们的成功似乎是来自好运气。当然，我们赶上了北美第一波社会热潮——广泛流行的咖啡馆文化，这是实情。我不能说自己早已预见了这股热潮，但我确实是在意大利看出了咖啡杯中的浪漫风情的诱惑力，经过三年的深思熟虑，把它介绍到美国，使之成为美国社会生活的一部分。

但凡一个企业或是个人从群体中脱颖而出、飞黄腾达，其他人很快就会把这归结为好运气。

当然，那些成功者则认为这是天赋与勤奋的结果。

我同意布兰奇·里基的话，坏运气的到来往往像晴天霹雳，说来就来，让你措手不及；而好运气呢，却更像是有意为之的结果。

好主意，我们干点儿别的吧

你是否有过这样的经历？你有一个绝佳的主意——一个让你自己激情迸发的主意，但那些能够使之成为现实的人却告诉你这不值得做。

这样的事就发生在我从意大利回到西雅图以后。我觉得自己的想法绝对是一流的，我们可以建立一个全新的企业机制，改变美国人喝咖啡的方式。但在我的老板们的眼里，我却成了个过分热心的市场经理。

星巴克是一个零售企业，不是餐馆或酒吧——他们不屑地说。供应浓缩咖啡会使星巴克转变成做饮料的企业，他们害怕这种变化会有损他们视为使命的咖啡店的尊严。他们也向我指出星巴克目前的成功：企业虽小，但运作有序，很私密，而且每年有盈余，干吗要破坏现状呢？

可是据我所知，我的主意不受欢迎还有更直接的原因：杰瑞一直在考虑另一个能让他更兴奋的机会。

星巴克的历史上有着某些意料之外的转折和变化，但最奇特的是接下去的一步：1984年，星巴克买下了“毕特咖啡与茶”。

这已经成为星巴克很少被提及的一段历史，因为现在星巴克和毕特咖啡在旧金山湾区成了竞争对手。大多数顾客对两家曾有过的纠葛并不知情。

星巴克的创办者们毕竟是从毕特那里得到灵感，并在阿尔弗雷德·毕特手把手的指导下学会了咖啡烘焙技术的。但毕特于1979年卖掉了他的企业，新的老板在1983年又准备将其卖掉。

对杰瑞·鲍德温来说，这是他一生中的一个重要机会，是更有希望的扩张方式，这比新开一家浓缩咖啡吧要让他兴奋得多。作为一个咖啡纯粹主义者，他还是把毕特公司奉为最代表咖啡本质的咖啡供应者。毕特公司的规模和星巴克差不多大，也有5家店铺。但在杰瑞脑子里，毕特一直是真正有权威的人，是美国重烘焙咖啡的鼻祖。他觉得，西雅图的市场已经经营得很好了，而旧金山和北加利福尼亚是更为广阔的地区，有很大的发展空间。

因为收购企业，星巴克陷入了债务危机。我记得，我们收购毕特的那一天，债务与股值的比率是6∶1。只有在快速发展的20世纪80年代，银行才会允许这样的负债率存在。

背上这个包袱后，我的心一下子沉了下去，这些店束缚了我们的手脚，使我们丧失了尝试新点子的余地。公司背上了沉重的举债经营的包袱，没有钱来发展和创新了。

星巴克和毕特公司的联盟后来被证明比我们想象的还要困难。尽管我们都推崇重烘焙咖啡，但两个公司的文化并不相容。星巴克的人对毕特的馈赠心存感激和敬意，而毕特公司的人则害怕星巴克的新贵暴发户会把他们吞了。更糟糕的是，收购动摇了我们经营的重心。1984 年的大部分时间里，星巴克的经理们都忙着在西雅图和旧金山之间飞来飞去，而我几乎每隔一个星期就要去监管一下毕特公司的市场和零售状况。

一些星巴克的雇员感到被忽视了。在第一季度，他们没有拿到应有的奖金。他们到杰瑞的办公室去，要求更平等的工资待遇和福利，尤其是为了兼职雇员，并且要求恢复奖金。但当时杰瑞的心思不在这儿，根本未予答复。后来愤怒的工厂雇员们发出了请愿书，请求工会介入。管理层还没有意识到他们的不满有多深，情况恶化的程度有多严重。门店的雇员们似乎没什么不满，他们的人数要超过工厂雇员，所以杰瑞盘算着他们会在投票中让工会退出。但在正式投票的那天，工会却以三票的优势胜出。

杰瑞大为震惊。这个公司是他创办的，是他所钟爱的，而现在雇员们却不再信任他了。在随后的几个月里，他的心似乎已经不在这里了，他的头发白了许多，公司失去了主心骨。

这次事件给了我一个重要的教训：没有什么贵重的商品能比得上公司雇员的信任和信心。一旦人们觉得管理层奖赏机制不公正，他们就会产生疏离的感觉。一旦他们不信任管理层了，公司的发展就会受到危害。

从这次事件中我学到的另一个教训是：举债创办公司并非最佳方式。许多经营企业的人喜欢从银行借钱，因为这让他们有全权掌控大局的感觉，而通过出售股票来筹集资金，会使个人对整个运作失去控制力。我相信对于企业经营者来说，维持掌控力的最好方式是以经营绩效来取悦各大股东，他（或她）自己的份额哪怕在 50% 以下也没关系。这比背上沉重债务的危险要有利得多，大肆举债会限制公司未来发展和创新的可能性。

我得说，当时我能吸取这样的教训是幸运的。在那段日子里，我从未想过我将来会去领导什么公司，更别提星巴克了。但因为我目睹了管理层和雇员间的信任危机导致的后果，所以我明白了维护这种信任有多么重要。我看到了大肆举债的坏影响，所以日后我才能正确选择以入股或卖股票的方式为星巴克筹措资金。这两个策略后来在星巴克的成功中起到了至关重要的作用。

我已经证明了自己，让我们放弃吧

在许多公司里，中层经理们，甚至那些刚进入公司的雇员们，在大胆、冒险的激进计划面前往往是充满激情的狂热鼓吹者。但重要的是，管理层要能听取新的想法，愿意进行尝试并采纳这些想法——而一般来说，他们总是持保守态度。我在1984年是星巴克的雇员，后来我成为星巴克总裁时很快就明白了这个道理。作为老板，如果你对新想法充耳不闻，就可能错失许多大好机会。

说服杰瑞让星巴克供应浓缩咖啡着实花费了我一年工夫。由于收购毕特公司，再加上担心这样一来会改变星巴克的核心价值观，杰瑞并不赞同我的这个想法。在那段时间里，我的挫折感与日俱增。

最后，在星巴克第6家店开张时，杰瑞同意尝试开一家浓缩咖啡吧，那家店设在西雅图市中心“独立日与春天”的一角上，于1984年4月开张。这是星巴克第一个被设计为既供应成磅的咖啡豆也供应咖啡饮品的店铺，也是公司第一家开设在闹市区的门面——位于西雅图的商业区中心地带。我确信，星巴克的雇员们也会像我在米兰时一样迷上浓缩咖啡吧。

在那1 500平方英尺的营业面积中，我要求划出一半用作意大利风格的咖啡吧，可是后来我只得到了300平方英尺。我的伟大的试验只能被挤进一个狭窄的角落里，后面立起一排吧台，前面就没有地方摆放桌椅和货品了，只有柜台上那点儿小小的空间可以搁置一些牛奶和糖。梦想是实现了，但这规模跟我想象的大不一样。虽然如此，我还是本能地坚信结果一定会不错。

我们没有筹划开业前的任何广告营销，甚至都没打出“现在供应浓缩咖啡”的告示牌。我们只是决定开门纳客，然后看看情况如何。

1984年4月，天气反常地冷，天空中还飘着雨，好在下得不大。计划是早上7点钟开门，比通常早了两个小时。我6点半左右到达那里，紧张不安地从落地玻璃窗向外面的街上望去。这个时间，在西雅图闹市街道顺着坡往上走的只有最勤于工作的公司职员。

我在店里踱着步，努力打起精神帮着把最后的准备工作再安排一下。左边是咖啡豆柜台，陈列着一罐罐咖啡豆。柜台后面是系着星巴克棕色围裙的咖啡师，他正检查着金属勺子、天平和咖啡研磨机。他核实了每一罐咖啡豆的牌子是否与所装的货品相符，准备好一排橡皮印章，以便随时印在售出的不同种类的咖啡袋上。他把那些大咖啡杯和咖啡机、茶叶小罐摆好，星巴克的狂热爱好者对星巴克的货品已经很熟悉了。

店堂右侧后面的角落里，我的试验将要开始。如同米兰的咖啡大师傅那样，两个充满热情的雇员正在操作闪着光泽的镀铬机器，挤压着一股股浓缩咖啡，练习着他们新学到的把牛奶蒸出泡沫做卡布奇诺的技术。

7 点整，我们打开店门。一个接一个，上班的人们好奇地走了进来。许多人点了普通咖啡，也有人点了以前没见过的、出现在意大利文饮品单上的浓缩咖啡。咖啡师傅快活、麻利地调制着新饮品，笑逐颜开地向顾客介绍。他们向顾客推荐我在维罗纳喝过的咖啡，许多顾客压根儿都没听说过拿铁咖啡——由蒸牛奶配浓缩咖啡制成。据我所知，拿铁是这天早晨才被介绍到美国来的。

我观察着顾客是怎么啜他们的第一口咖啡的。就像我以前一样，许多人把眼睛睁得大大的，这是对不熟悉的、如此浓烈的风味的初次反应。他们犹豫一下，再喝一口，品味着牛奶温暖的甜意。我看见满口含着浓烈咖啡的人们开始微笑了。

早高峰时的销售节奏比较快，后来就慢了下来。在那么狭窄的店堂里供应咖啡真是很糟糕的事，顾客们挤在那处狭小的空间里，零售柜台那边却空着。如果这家店是一艘船，那么这艘船就要倾覆了。

从我们开门的那一刻起我就非常清楚：星巴克已经进入了另外一个领域，不可能再走回头路了。

到打烊时，大约有 400 名顾客进了这道门——远远高于星巴克最好的门店日接待 250 名顾客的平均数。更重要的是，我分明感觉出曾在意大利感受过的人与人之间的那种温情。那天回到家，我兴奋得就像当初在意大利一样。

一个又一个星期过去了，生意越来越好，而且几乎都集中在饮品区。两个月内，门店里的日客流量超过 800 人。咖啡师傅们做咖啡的速度都跟不上了，排队的人一直排到了门外的人行道上。每次我去店里查看我的试验状况时，顾客们就会过来急切地要与我分享他们对咖啡的热情，一片叫好声。

“独立日与春天”店堂成了一个聚会场所，那儿的气氛很有凝聚力。我成功了，同样还有星巴克里那几个支持我的人，比如盖·尼文，他从1979年开始在星巴克做货品采购员，还有德勃拉·蒂帕·霍克，他是我在1982年雇来管理门店的。

这正是我追求的效果。因为第一家浓缩咖啡吧的成功，我开始憧憬未来的许多可能性。我们开始在城里各处开设咖啡馆，所有的咖啡馆都供应浓缩咖啡饮品，这对于星巴克不仅是一种激励，也是建立更为广泛的新顾客群体的一个途径。

我想当然地认为“独立日与春天”门店的人气会打消杰瑞·鲍德温心里尚存的怀疑，他会像我一样看到星巴克发展到一个新的高度的生动景象。

但我的梦想又一次破灭了。

对杰瑞来说，这个咖啡吧的成功给他的感觉是不对的。虽然我还是一如既往地非常尊重他，但杰瑞和我对咖啡事业与对这个世界的理解是不一样的。对他来说，浓缩咖啡是对销售阿拉比卡优质咖啡豆事业核心价值观的扭曲，他不想看到顾客来星巴克只是很快地喝上一杯咖啡就走。

而对我来说，浓缩咖啡是咖啡体验的灵魂和精神。咖啡店的意义不仅在于教顾客如何懂得优质咖啡，而且在于教顾客如何享用咖啡。

在“独立日与春天”门店开张的那几个月里，我在杰瑞的眼里一定非常可恶。我每天都冲进他的办公室，告诉他销售业绩和顾客的反应。他不能否认这一尝试是成功的，但他还是不想往前推进。

在我们的整个合作期内，杰瑞和我从来没有争吵过，但彼此都意识到我们之间已经搞僵了，我们的分歧并不仅仅在于企业的某种不合常规的新做法，还包括针对一种潜在的大转变的不同思路。精明的他知道，我内心正燃烧着一团火，而这团火找不到出口。

我花了几个星期的时间试图说服他。一天我走进杰瑞的办公室，想要和他对这个问题做最后一次讨论。

“顾客的反应应该说明问题了吧，”我说，“这是一个大好机会，我们应该继续下去。”

“我们是咖啡烘焙商，我不想做成餐饮企业。”他疲惫地说，我意识到我们又在老地方开始兜圈子了。

“这并不是办餐饮企业！”我坚持自己的意见，“是让人们用我们提供的方式去享用我们的咖啡。”

“霍华德，听我说，我只是觉得这样做不行。如果我们太注重供应成杯的咖啡，就会成为又一家餐馆或食品店。也许这么做有道理，但到最后，我们会失掉咖啡之源。”

“但我们会重新找到咖啡之源的！”我争辩道，“它会把更多的顾客带到我们的店里来。”

看到我那么固执，杰瑞在桌子后面默不作声地坐了几分钟，最后他说：“也许我们会再多开一两家浓缩咖啡店。”

“还可以更多一些，把规模做得更大一些，”我又说，我知道如果我接受了他的让步，这就是我能把公司带到的最远的地方了。

“星巴克不需要做得比那种规模更大，如果你让更多的顾客进进出出，我们就不可能用以前那样的方式来了解他们了。”

“在意大利，咖啡师傅都认识他们的顾客。”我回答。

“再说，我们对实行这个计划也着实负担不起，我们负债太多了。”他站起来，准备回家去了，可是见我不肯结束谈话，便又强调说：“我很抱歉，霍华德，我们不能这么干，你得明白这一点。”

我郁闷了好几个月，被不确定的情形弄得几乎崩溃。我似乎被两种情感撕成了两半：一边是对星巴克的忠诚，一边是对意式浓缩咖啡吧前景的信心。

我每天的工作很繁忙，经常在旧金山和西雅图之间飞来飞去协调两个公司的运作，这弄得我心烦意乱，就把这个念头暂时丢在一边了。但我不会完全放弃这个想法。浓缩咖啡吧的事业太有前途，这一点我深信不疑，我不会轻易放弃。

大约是在一个周末，我跟往常一样到位于闹市区的运动俱乐部去玩球，这次和一个肌肉结实的瘦高男士搭档，此人白肤金发，跟我年纪相仿。他比我高一些，是个篮球高手。

比赛结束后，我们聊了起来，他说他叫斯考特·格林伯格，是城里一家大公司的律师。知道我的身份后，他告诉我他很喜欢星巴克的咖啡。于是后来每次篮球比赛时我都给他带上一磅咖啡。我们有时会约彼此喝上一杯啤酒，在此期间，我发现自己和他竟有相似的遭遇。

斯考特当时是一个法人律师，他的工作是为企业的诸多事务提供咨询服务，从私募资金到公募资金。当我告诉他我正考虑自己独立出来开一家浓缩咖啡馆时，他说他很有兴趣投资这样一家店。

在我与斯考特和雪莉的不断交谈中，我越来越意识到我该做什么事了。这是我的机会，如果我不抓住这个机会，如果我不走出这个舒适的安乐窝去承担风险，如果我把太多的时间花在内耗上，我的机会就会过去。我明白，如果这次不抓住机会，余生我都会不停地追问自己：如果我做了会怎么样？为什么我没去做？这是我的机会。哪怕做不好，我也得先试一下。

我下决心离开星巴克去创立我自己的公司。我的想法是开几家供应成杯的咖啡和咖啡饮料的店面，选址就在闹市区的交通要道附近。我要重新创造如同意大利那般充满温情的浪漫与有艺术感的气氛。

经过几个月的计划，我最后还是决定要试一试。我内心有深深的挫败感，还好杰瑞和戈登都支持我的想法，他们让我保留自己的工作，直到1985年下半年我的办公室完全弄好后，我才搬了出去。

从某些方面来说，离开原来的公司去开自己的公司真是需要莫大的勇气。我下决心离开的时候，雪莉怀孕了。如果我没有工资收入，我们就得靠她的收入过活，直到我的新公司建立起来并开始运转。她愿意在1986年1月份生完孩子后就返回工作岗位，但我讨厌这样做，因为我做出了这样一个决定，致使她无法选择，只能回去工作。

可是在某种层面上，我感到自己前半生早已对走出这一步有所准备。具有讽刺意味的是，这与父母教给我的价值观是相悖的。从我父亲身上，我知道丢了工作会导致家庭的不稳定甚至瓦解。我母亲挂在嘴边的口头禅则是：“你有一份好工作，为什么放弃呢？”

问题是，我觉得这个改变与我的梦想完全一致，也符合我最早的向往：即为我自己和家人做些事情，做些独特的事情，把命运掌握在自己手里。那段时间里，失去工作的不安全感，对出人头地的渴望以及想永远摆脱父母在苦境中挣扎带给我的影响的急切需求，各种情绪同时在我的脑海里交织。

我的密友肯尼·基后来对我说了他自己与此相似的一段经历。1980年，他在一家小有名气的管乐队任职，有着稳定的工作和收入（那是远在他成为一个著名的萨克斯演奏家之前的事）。但他认识到，如果他想寻找自己的乐风，就必须离开乐队。从音乐的角度考虑，他应该离开乐队，他也那样做了。如果当初他舍不得离开，那么他现在可能还只是小乐团里的萨克斯乐手而已。

如何识别一个有天赋且已经表现出来的人和一个更有天赋却还没有机会表现出来的人呢？瞧瞧纽约那些列在候补名单上的志向高远的演员们吧，他们许多人也许并不比大明星罗伯特·德尼罗或苏珊·萨兰登天赋差。

时运好坏或许是成功与否的要素之一。可我们大多数人必须给自己创造机会，并且在别人尚未看到机会的时候就做好起跳的准备。

这是一件可以实现梦想之事，在时机来临之际，你就得做决定离开原来熟悉的环境去发现自我。这就是我在 1985 年做的事。如果我不这么做，星巴克就不会是今天的样子。

POUR YOUR
HEART INTO IT

第 5 章

说“不”者难成大业

我们判断自己，是根据我们能够做到的事情；
而别人判断我们，乃根据我们已经做成的事情。

——亨利·华兹华斯·朗费罗

《卡瓦纳》(1849 年)

这是一个典型的美国故事，每个企业家的梦想都是：想出一个伟大的点子，吸引一些投资者，创办一家可以持续赢利的企业。

但麻烦在于，一开始你必须做一条夹紧尾巴的狗。

如果你想知道做夹紧尾巴的狗是什么滋味，就去为一家新企业筹集资金吧。人们把你关在门外，用怀疑的眼光看着你，会把你的底气全都抽光——给你举出一千条可以想象出来的你不可能成功的理由。

虽说是一条夹紧尾巴的狗，但我是有明天的，所以在面对逆境时仍然能信心十足。就我当时的情况而言，我的苦处在于有那么多人说我的计划行不通。但不管人们多少次拒绝我，我都坚定地相信自己一定会实现这个梦想。我的信心是那么足，以至我简直是在享受人们对我过低的评价了，因为我确信自己能够赢给他们看。

没有一个人会只因为对“传统”投了否决票就获取成功，也很少有人在已被证明的领域中再去证明自己而获得成功。

只有那些敢于走很少有人走的路、创立新兴事业的人，发明新产品的人，建立持久企业的人，激励自己周围的人和发挥自己才能的人，才能攀上成功的制高点。

如果你不去做一条敢打敢斗的夹紧尾巴的狗，不去拼搏一次，你就会得到最糟糕的下场：平庸。

“不”并不意味着不行

杰瑞·鲍德温让我感到震惊。当我拿到自己新公司的执照，计划募集资金时，他打电话把我叫去他的办公室，给了我15万美元，作为星巴克给我的咖啡馆的投资。

“这不是我们自己想要做的公司，”他解释道，“但我们会支持你。”

有趣的是，就因为这几句话，星巴克成了我的第一个投资人，对于一个负债累累的公司而言，这可是一大笔投资。杰瑞还同意担任我新公司的顾问，戈登也同意做6个月的兼职指导。这表明我的转折获得了有力的认同。

也许杰瑞是希望避免我成为星巴克的竞争对手，也许他想确保我一定用他的星巴克咖啡，虽然这本来就是我的首选。不过有一点很清楚，杰瑞想对我表示支持，我对此非常感激。

戈登的闯劲儿几乎跟我不相上下，他把自己的创意都贡献出来，帮我完善计划。“它不应该像普通的咖啡馆一样，”戈登说，“你需要提升顾客的期望值，对于新店的每个细节——店名、布置、样式、精心选用的咖啡制作方法，每件事情上都应该让顾客期待得到更好的东西。”

戈登建议我把公司名字取为“天天”，其意大利文的写法是Ⅱ Giornale。“天天”是意大利一家最有名的报纸的名字，giornale就是“每天”的意思，你每天要看报，每天要吃饼，每天要喝咖啡。如果我们能以意大利的优雅方式每天提供优质咖啡，就大可期待人们每天光顾我们的店。

有了杰瑞和戈登的支持，我天真地以为，6个月以内就可找到我需要的全部投资了。对于新开公司做生意的人来说，没有比成功地筹集到第一笔投资更美好的事了。但是，第一个“不”也会像打在脸上的一记耳光，我在意大利的所有地方都尝过这种滋味。

1984年12月，是我离开星巴克的日子，戈登和我出发去意大利开始募资之旅，同时也再去考察一下意大利的咖啡吧。在过去的三年里，我越来越喜欢戈登以及他的折中风格了。我希望能带回100万美元的资金。

我们的最大期望是“飞马”公司，它是米兰的浓缩咖啡机生产商。我曾在电话里把自己的想法告诉他们，他们也显得挺有兴趣。我们在米兰的第一天——也只在那儿待了一个整天，我把自己的想法展示给大家，觉得自己做得很好。我向他们解释了我们打算如何把意大利的浓缩咖啡体验在美国进行一番新的改造，最后将要扩张到 50 家店铺。我尽可能发挥自己雄辩的才华，对美国潜在的市场机会和意式咖啡的魅力做出分析（我和他们说，这些好东西在美国还不怎么为人所知）。对于一个出售浓缩咖啡机的厂商，我估计这会使他们动心。

然而，在一番短暂讨论之后，令人惊讶的是，他们拒绝了我们的要求。他们坚持说，美国人永远也不可能接受意大利人享用浓缩咖啡的方式。

虽然我也知道对于吸引外国投资者来加盟一个名不见经传的美国小公司，不能抱过于乐观的态度，但“飞马”的拒绝还是差点儿让我泄了气。这就意味着我得挨门挨户地去筹集开业所需要的 170 万美元的资金。我明白这有多难。

但不管怎么说，意大利不可能让我沮丧的心情持续太久。戈登和我在米兰和维罗纳光顾了将近 500 家咖啡吧。我们记笔记，拍照片，记录下咖啡师傅们的操作流程。我们还观察当地人的习惯，他们的饮品单，咖啡吧的装饰布局，制作浓缩咖啡的技术。我们喝了许多咖啡，尝了许多意大利美酒，吃了许多美味佳肴。我们坐在户外的咖啡座椅上，在灯光下勾画着不同的设计草图和计划，盘算着如何能够把意式浓缩咖啡吧原原本本地复制回美国。

回到西雅图时，我们对那个计划的信心仍与出发时一样足，而对于如何为我的“天天”筹集资金，我的脑子里有了新的想法。

我自己没有什么资本可以投入，对于风险基金我也一无所知，向朋友和家人募集更是行不通。我的想法是：如果我的主意不错，那么那些有经验的投资者会考虑入股。如果这行不通，那他们会告诉我这一点。

后来他们让我明白了某些事情。

直到很久以后我才懂得与长期募资相关的名堂。跟微软那种以知识产权为主导的企业不同，零售业是资金密集型产业，当它们迅速扩张公司麾下的店铺时，需要一再为扩建设施、增加库存和店面租金投入资金。每次募到的资金越多，创办者的股权份额就越小。我从来就没有像许多软件公司的执行总裁那样有过 50% 以上的股份。今天，我倒希望能够在公司中拥有更多的份额。但在那时，我似乎没有其他选择。如果当时手持高比例股份，星巴克就不会有今天这样迅速而平稳的发展势头。

我从意大利回来后，我的朋友斯考特·格林伯格和我坐在厨房的桌子旁，谈论着“天天”的筹资计划。我们兴致勃勃地谈论着种种可能性，我俩是很好的互补搭档：我有眼光，他了解募集资金所需的那些信息，知道如何勾勒出计划的轮廓。

既然我们要把新东西引入西雅图，我盘算着至少先得开一家店，让人们瞧瞧意式咖啡吧的实际操作和艺术魅力。为了实现这一点，不管怎么说，我都要募集到 40 万美元的种子基金。走出这一步以后，我盘算着，总共需要 125 万美元以保证起码开出 8 家浓缩咖啡吧，这样才能证明我的想法在更大的区域内甚至西雅图以外的地区都是行得通的。如果有这样的开端，那么“天天”咖啡馆将会成为一家大企业，而不仅仅是一家店铺。

诚意，有时胜过企业营销计划

“天天”咖啡馆的第一个外部投资者是罗恩·马格利斯——从某种意义上说，他是你压根儿不会想到的投资者。罗恩是一个内科医生，他把自己的储蓄大多都投入了股票市场，剩下的就投给自己觉得有把握的那些新创立的企业。

在跟他因为钱的关系接触之前，我们素不相识。雪莉因为工作方面的接触认识了他的妻子卡罗尔。在一个秋日里，这三个人在满地落叶的西雅图公园里遛狗时碰到了。他们带着一个婴儿，雪莉正怀着孕，罗恩以前当过产科医生，于是三个人就围绕着孩子聊开了。当雪莉提到我想开一家自己的公司时，罗恩告诉她：“如果霍华德想开一家公司，那么我相信他一定会成功的，所以我想了解一下情况。”没多久，雪莉就安排我和卡罗尔见面。

在最初阶段，我还沉湎在自己的想法带来的兴奋之中，来不及考虑别的。我带来了斯考特和我花了几小时制订的计划。我们搞了一个标准的资金计划：需要募集多少资金，需要多久才能开出这家新店，需要多久才能赢利，投资者将会得到多少回报。我甚至已经请建筑师为我的第一家店画好了蓝图。

可是罗恩根本没有给我机会来炫耀我的宏图大略。

我们进了罗恩的家，坐在餐桌旁。“把你的新企业计划告诉我吧。”稍稍闲聊了几句之后，他便这样提议。

我马上兴奋地站了起来，把自己在意大利获得的灵感说给他听，包括在意大利浓缩咖啡吧如何成为人们日常生活的一项内容。我描述了咖啡师傅们如何以优美的动作为顾客调制每一杯咖啡，我谈及要在报纸上刊登“天天”咖啡馆的广告，让顾客们都能知晓。既然浓缩咖啡吧能够风靡意大利，也一定能风靡西雅图——风靡其他任何地方。

说得越多，我越兴奋，突然，罗恩打断了我滔滔不绝的发言。“你需要多少钱？”他问。

“我正在募集种子基金，”我回答，一边打开我的计划书，“我给你看我的财务计划。”

“不必啦，”他说着把计划书推到一边，“我不懂这些。你需要多少？ 10万美元够吗？”罗恩取出支票簿，写下了这个数字。

我真希望我的资金募集都能这么容易。

罗恩不是根据财务计划来投资的，他看重的是诚实、真诚和激情，他只为自己信得过的人投资。这一天他做出的举动是要冒风险的，这可是在店铺开张以后开始赚钱的4年之前。罗恩和卡罗尔根本不知道他们的投资是否能得到回报，然而，当公司慢慢成长起来，股票价格节节攀升之后，他们的投资最终获得了回报——当年他们10万美元的投资如今已增值为1 000万美元了。

光有激情还不能保证得到有价值的回报。罗恩自己会告诉你们，他出于同样的本能在其他地方的投资，并非都能得到良好的回报。有些企业经营失败是因为他们的想法最终被证明是行不通的；还有一些是因为经营者眼光不够长远，而且总是不肯放弃控股权。从创办者的激情到投资者获取回报的这一进程中，诸如此类的任何因素都有可能坏事。但是，激情终归是不可或缺的要素。假如没有激情和尊严作为基础，即使是世界上最好的企业计划也无法带来有价值的回报。

有趣的是，虽然罗恩对“天天”咖啡馆投了赞成票，他自己却是个不喝咖啡的人。他投资的是我，不是我的想法。他是个医生，不是生意人。但他的意见值得大家记住。

“我看到获得成功的人大都有着不可思议的动力，”罗恩评论道，“他们花费大量的精力去拼搏。在这个世界上，一般来说，已经很少有人愿意这样去拼搏一番了。”

仔细听好了，如果你发现有这样一个人，并对他施以援手，那么你将在一个伟大梦想中占有重要的位置。

世界如何看待一条夹着尾巴的狗

我的儿子出生在1986年1月，其时我已筹集到40万美元的种子基金，每股92美分（由于后来两次股票拆分，如今每股是23美分），其中大部分来自星巴克和罗恩·马格利斯，其余部分来自阿尼亚·普林蒂斯和他的客户。

阿尼亚·普林蒂斯是一家金融服务公司的联署董事长，他既知道星巴克，也了解浓缩咖啡，是第一个认准我的计划能获得成功的人。他为我组织了早餐会和午餐会，向他的客户介绍我的想法，并以自己的信誉为我做担保。他成了“天天”咖啡馆的董事会成员，如今仍在星巴克董事会中占有一席。

种子基金到手，我总算能在西雅图哥伦比亚中心最高的摩天商务大楼租到铺面，开出“天天”咖啡馆的第一家店。就在那时，戴夫·奥尔森跟我成为搭档（我会在下一章里更具体地说到他），我们两人在1986年4月开始共同打理这家店铺。

但我还得继续筹集剩下的125万美元，大部分时间和精力还得花在那上面。我们在第一大道租了一间小办公室，我开始在街头踯躅。我的每一分钟都花在找投资上，从一个会面赶赴另一个会面，努力使自己的说法保持新鲜和活力。我不断地打电话，第一家店铺开张后，我便开始寻找第一个潜在的投资者。

那几年里我还算不上一条夹着尾巴的狗，而是一条“低贱的夹着尾巴的狗”。这是我生命中最艰难的一段时光。每次去敲别人的门时，我总觉得自己要被人踹开并挨一顿打。

那时我32岁，来到西雅图只有三年时间。我已经有过做市场营销的经验了，但还从未经营过自己的公司。我还从来没有在西雅图富有的精英们面前展示过自己。

我对筹集资金的事一无所知，我相当天真地以为我可以和任何人谈这件事。其实这里有一个“合格投资者”的法定标准，即某人的净资产值跟他投资风险的比率问题，他的资产必须大于那家新开张的小型企业的投资风险额度。每当我找到符合这样条件的人，我都会想办法去跟他（或她）套近乎。我猜想我有一半时间是在跟那些不具备这种资格的人瞎侃，他们即使愿意投资也无能为力。可我只能降格以求。

我遭到过许多傲慢者的拒绝。当我还是个中学生时，我曾在一个夏天在一家位于猫山的孟加拉餐馆做侍者。我记得某些客人对我的粗鲁态度真是太可怕了。他们总是出言不逊地把我吆来喝去，我颠来跑去地尽自己最大努力来讨他们的欢心，可当他们离开时，留下的小费总是少得可怜。作为一个来自布鲁克林的穷孩子，我以为有钱人就是这个样子了。我记得我曾对自己说：如果我以后有钱能到这样的地方来度假，我要做一个大方的付小费者，我要做一个慷慨的人。

在我筹集基金的那段时间里，我又有了同样的体验，我对自己发誓：如果我能处于成功的地位，如果有别的办企业的人来请求我帮助，尽管我可能觉得他们的想法并不现实，我也要对他们的创新精神表示敬意。

许多我接触过的人都直截了当地跟我说我正在出售一个疯狂的念头。

“Ⅱ Giornale？你能发出这个音吗？”

“你为什么要离开星巴克？真是太蠢了。”

“你为什么认定这个想法会成功？美国人怎么也不会为一杯咖啡付出 1.5 美元！”

“你根本没用脑子想想，这完全是发疯的举动，你应该去找份工作。”

在筹集资金的那几年，我和 242 个人谈过话，其中有 217 个人对我说“不”。想想看，有那么多人说你的计划不值得投资，你会多么伤心。有些人听我讲了一个多小时，就再也没有回音了。我给他们打电话，但他们不接我的电话。当我终于打通时，他们会告诉我为什么对这计划不感兴趣。那真是一段让人感到非常低贱的日子。

最难的还是要保持自己不气馁的精神。你不是去拜访一位非常有希望的投资者，也不是去向一个对你的计划充满热情的人展示你的全部规划。当你和一个地产业主商谈租赁店面时，你不能表现出沮丧。但如果你在一个星期的奔忙中有四分之三的时间是无功而返的，那么你还怎么给自己打气呢？实际上，你必须成为一条变色龙。在那些让你沮丧到极点的人的面前，你还得表现出像你的第一次会面时一样的新鲜感和满怀信心的样子。

但我从来不相信自己的计划行不通，从来没有。我确信意大利式浓缩咖啡的精华所在——团体聚会式的、艺术感很强的、联结顾客日常生活关系的要素，这是让美国老百姓知道怎样更好地享用咖啡的关键。

在自我怀疑和自信之间有一条界线，有时你甚至会同时体会到这两种情绪。在当时，哪怕是现在，我也经常有这种感觉，既有一种强烈的不安全感，但同时有很强的笃定之感和信心。

坦白说，当我开始操作时，我不觉得我在募资方面是个懂行的人，因为我花了很长时间去找寻目标。但经过操练，我在自我表达和对目标的预期估算方面有了很大提高。

与此同时，我用光了种子基金。4 月，我们的第一家“天天”咖啡馆成功开业，看着西雅图人在上班途中发现了手工制作的浓缩咖啡的乐趣，那真是太让人兴奋了。从第一天起，销售情况就超出了我们的预期，店里的气氛正是我们所期望的。问题是要赢利可能还需要很长一段时间，同时我还得付租金、雇人，需要花费我还没募集到手的资金。

我们每个月都在担心要如何支撑下去，因为钱还没能按计划到位。有时候，我们都不能确定能否发得出工资或能否支付房租。戴夫·奥尔森和我总是坐在一起问对方：“这个星期该付谁的钱了？”事实上，我们从来没有拖欠过别人的钱，但我们很担心会有这一天。

出于某些原因，在我身边的人从不怀疑我有把他们带出困境的能力，他们相信我一定有办法解决问题。他们的信心增强了我的决心。计划实现的可能性看起来微乎其微，投资者要有相当强的信心才会在我们的成功上下赌注。

我继续向我的伙伴们给出承诺，但我没有资金可以运作，直到我拿到那笔所谓的“保证金”才出现转机。保证金是一个企业要达到运作水平的最起码的现金规模。对我的企业来说，在募集的投资总额达到 90 万美元之前，我不能动用任何资金。

“天天”咖啡馆的关键性转折发生在 6 月份，当时让我大大松了一口气的是，我终于筹到足够的保证金了。一个名叫哈罗德·戈利基的投资者给我们投了 20 多万美元，这是我收到的数额最大的一张单张支票。我真是愣了好长时间，不知道是有什么魔力还是他有什么意图让这个投资者有这样的信心。哈罗德是阿尼亚·普林蒂斯的客户，他是一个不同寻常的人，一个白手起家的人，他把自己的资金投在生产水暖设备的企业上。他性子有些急躁，但我后来非常喜欢他。

几年后，哈罗德把我介绍给他的侄子，一个小有名气的爵士乐萨克斯演奏家，人们叫他肯尼·基。我们都是年轻人，都想在各自的领域出人头地，当彼此都面临相似的挑战时，我们的友谊便更深厚了。肯尼最终也投资了我的企业，还帮助我们的雇员搞活动，为我们的工厂和店铺开张进行义演。他的音乐成了公司文化的一部分。

有了保证金，我就能处理先期的应付款项，减轻直接的经济压力。但 125 万美元似乎还是遥遥无期，但已经没有多少扇门可以让我去敲了。

没错，你可以彻底改造一种商品

整个夏天，经济上的紧张情况仍在日益加剧。我面临的最大障碍是，当投资者们还有其他更具吸引力的投资项目可考虑时，我的想法在他们看来显然就缺乏可行性了。

我接触过的企业中有一家资本资源公司，这是一家小型的企业投资公司，他们有15~20个搭档把钱凑在一起投资某些有发展前途的新建企业。当时，第一家店的成功已经有目共睹，我的调子也定得越来越高了。我估算着，“天天”咖啡馆开出的意式咖啡吧要达到50家，在西雅图起步，然后在全美铺开。

这个投资公司有一个勤勉的成员，名叫杰克·罗杰斯，他推荐了这个投资项目，但遭到其他成员的否决。根据他们的章程，投资对象应该是高科技项目，而咖啡显然不是什么高科技产品。

按传统的生意经，人们通常认为最有吸引力的新兴企业是那些具有专利权的公司，或是有技术的，也就是具有别人所没有的优势。最典型的例子是苹果公司的电脑、英特尔的芯片和微软的操作系统。如果你对你的产品拥有专利权，就会好得多。你可以筑起准入门槛，防止一大堆竞争者蜂拥而上，在树立牢固的地位之前先霸占市场，这样就可以降低风险。最有发展前途的是具有前瞻性的企业，比如生物技术企业、软件设计企业，或通信企业。

“天天”咖啡馆跟这些条件一样也挨不上，即便是今天的星巴克也挨不上。我们不可能封锁世界优质咖啡的供应，不可能持有重烘焙的专利，也不可能把拿铁从美国普遍流行的词汇中分离出去。你也可以明天在我们隔壁开出一家意式浓缩咖啡吧和我们竞争，说不定你已经这么干了。

我听到的所有关于咖啡的争论，都是说这玩意儿不可能成为有发展前途的事业。这是世界上第二大普及的贸易商品，仅次于油。在美国，自20世纪60年代中期以来，咖啡的消费量就一直在减少，因为那些铺天盖地的软饮料成了美国人的最爱。咖啡店四处开花的景象已成为无法追忆的陈年往事了。

我一再向他们解释特种咖啡的升值前景。在像西雅图和旧金山这样的城市里，越来越多有品位的人开始学着在家里或在餐馆里享用优质咖啡，但他们几乎没有或很少有机会在工作场所享用优质咖啡。既然在越来越多的城市里，售卖整颗咖啡豆的商店与日俱增，那么在隔壁的一小块地方，类似餐后喝一杯的地方用来售卖浓缩咖啡应该行得通。因为没有浓缩咖啡吧的存在，也就没有什么人可以在街头闹市服务高效的店面享受优质的浓缩咖啡了。

我告诉他们，我们对“天天”咖啡馆的设想是重新改造一种商品。我们会让咖啡——这种老掉牙的普通的东西——融入新的浪漫情怀，帮助加强人际关系；我们要重新发掘咖啡散发了几个世纪之久的迷人特质和神秘气息；我们要让顾客对咖啡吧的气氛和风格以及它的知识着迷。

据我所知，耐克是与我们具有某种可比性的一家公司。当然，以前运动鞋只是一种纯粹的商品——便宜、普遍、实用，但总的来说不上档次。耐克的战略方针首先是设计出世界水平的跑步鞋，然后在你周围展示出一种有质感的运动人生，营造出一种妙趣横生的随心所欲之感。他们到处宣扬这种运动精神，引发无数不怎么运动的人忙不迭地穿上了耐克运动鞋。回到20世纪70年代，一双不错的运动鞋一般售价是20美元。谁会想到如今人们竟愿付140美元去买一双篮球鞋呢？

那么，你怎样来评判一个好的投资机会呢？你怎样来确认一个有发展前途的创意呢？当人们拒绝“天天”咖啡馆时，他们错失的是一个什么样的机会呢？

回答这个问题并不容易，但是出于本能还是有许多话可说。最好的创意是那些创造了新的精神状态，或在他人意识到之前就捕捉到人们的需求，并能让精明的投资者意识到这一创意不仅很超前，而且前景很好。回头再看1985年，虽然资本资源公司拒绝了我的要求，但杰克·罗杰斯和公司中其他几个投资者用他们自己的钱投资了“天天”咖啡馆。他们没有被传统的生意经拦住脚步，我常常在想他们在高新领域的投资是不是也有这么好的回报。

破局绝非易事

到了8月份，我感到好像是到了第12局[①]。店铺开了4个月，生意很好。但我只筹

① 这是援用棒球比赛的说法，第12局是棒球比赛中延长期的最后一局。——译者注

到我需要的款项的一半。我已经签下租赁第二家店铺房子的协议，我不知道怎么来付这笔钱。我必须尽快拿下胜利的一局。

有一扇最大的权力之门我还没去叩拜过，西雅图三个非常有名的企业的领导者还不知道我的创意。这三巨头是杰克·贝纳罗亚、赫尔曼·萨可夫斯基和赛姆·斯特鲁姆。在当地，他们是巨擘，他们开发了西雅图最高的建筑大楼、最成功的住宅区，创建了最稳固的企业。这三个人在犹太社区非常活跃，对慈善事业也非常热心，他们是朋友，经常共同投资一些项目。

赫尔曼的儿子史蒂夫跟我年纪差不多。一天，他把他父亲带到"天天"咖啡馆介绍给我认识，赫尔曼同意我向他们三人陈述一下我的创意。这也许是我最后的机会了。如果这三位大投资家拒绝了我，我就不知道西雅图还有谁可以帮助我。我必须成功。

当时我已经陈述过上百次了，但在这次关键性的会面之前，我还是一遍又一遍地反复练习。没有准备充分我不能踏上舞台。就算他们只投资一点点，他们的行动也会起到一个无价的示范作用，其他投资人就会循踪而来。

会面地点定在西雅图最高的商务大厦顶层，我绕着街区走了三圈来使自己平静下来。我的展示做得很出色，他们显然有意投一大笔钱。但集团有着苛刻的要求，他们要求价格再低一些，而且还要求获得期权和董事会席位。我们花了两个星期才谈妥具体细节。他们决定作为集团投资，砸下了 75 万美元。这已经超出了我的要求，我总算筹到足够的钱了。

最终，我从大约 30 位投资者那儿筹到了 165 万美元，包括种子基金，其中最大的一笔投资来自三巨头。在阿尼亚·普林蒂斯、哈罗德·戈利基和杰克·罗杰斯之后，史蒂夫·萨可夫斯基成了我的顾问，在后来的经济困难时期，他给了我强有力的支持。如果你今天问任何一个投资者为什么当年愿意冒这样的风险，几乎所有的人都会告诉你他们投资的是我，而不是我的创意。他们信我所信，这是因为他们没有在其他任何人身上见过这样的自信。

"天天"咖啡馆如今已淡出历史，只有少数几个老顾客还记得它。但那些最初的投资者从他们的投资中已获得了 100 倍的回报，其间有着多少不平常的命运转折啊。

POUR YOUR
HEART INTO IT

第 6 章

铭记企业的价值

衡量一个人的最终尺度，不是看他顺顺当当的时候待在哪儿，
而是看他在受到非难和争议的时候如何应对。

——马丁·路德·金

一对有了新生婴儿的夫妇一般不会坐下来想一想：我们作为父母的使命是什么？我们可以给孩子提供什么有价值的东西呢？大多数刚做父母的人满脑子想的只是如何把这一晚上太太平平地对付过去。

同样的道理，大多数创业者也实在没法把眼光放得长远一点儿，他们太专注于眼皮子底下的那些问题了，无法从容地思考企业的价值理念。我很清楚我自己也是这样。

但无论是作为父母还是创业者，从第一天起你就开始把自己信念的印记打在你的孩子或你的企业身上了——不管你是否意识到这一点。一旦你的孩子或你的企业员工接受了这样的印记，你就不可能用一堂伦理课来轻易改变他们的世界观。

要彻底改变企业文化，即便不是不可能的，也非常困难。如果你 5 年来已经在以一种错误的方式来运作企业，就不可能突然之间以一种不同的价值观取而代之。到那时，水已经在井里了，你只能喝它。不管你的教养、你的价值观、你的指导原则是什么，你必须在初期阶段反复灌输这些原则性的东西，使得它们能够指导每一个决定、每一次招聘、每一个你所设定的阶段目标。不管你是公司总裁还是底层雇员，你每一天在工作中所做的最重要的一件事情就是与他人交流你的价值观，特别是新来的雇员。不管企业规模如何，在企业初创阶段确定正确的基调，对于企业长期的成功是至关重要的。

分担使命

我不想误导你们。当开始为“天天”做规划的时候，我并没有拟出一套试图关注企业实际运作的价值使命宣言。不过，基于我在星巴克看到的正确或不正确的做法，我有许多关于自己想创办一个什么样的企业的好主意。

即使今天看来，我还是觉得这是最不可思议的事情：当我最需要的时候，一个非常理想的人来到我身边，帮助我明确有力地表达我们共同的价值观，使公司在这种理念指导下得以发展。也许这就是命运。

1985年年底的一天，我坐在办公桌旁，埋头于“天天”创办计划的具体事项中。我已经离开了星巴克，但还在使用那儿的办公室，地板上到处都是文件草稿、图表、平面设计图和设计文案等。

我接了一个电话，是一个名叫戴夫·奥尔森的人打来的，我和他见过几次面，对他非常尊敬。星巴克的人说起戴夫时都非常敬畏，因为他的咖啡知识非常渊博。他来自蒙大拿州，高个子、宽肩膀，一头略长的卷发，一双深邃的眼睛在小小的椭圆形镜片后面闪闪发光。他曾在大学区开过一家迷你时髦小店，名叫“咖啡快节奏”。学生和教授们常去那儿泡吧，讨论哲学、争辩美国的外交政策或只是去喝卡布奇诺。从某种意义上来说，“咖啡快节奏”是星巴克后期的一个样本，一个邻近地段的人们前来聚会之处，虽说它的风格过于波希米亚，而且不销售成颗的咖啡豆和相应的商品，它也不是那种满足都市人早上需要的“外出喝一杯”的经营模式。它更接近欧式咖啡传统，而不像是意大利米兰那种浓缩咖啡吧。

“我听说你想要在市中心开一家咖啡吧，”戴夫说，“我自己也一直考虑在市中心找一两处地方。也许我们可以谈谈看。”

“好极了，赶快安排一下吧。”我说，我们约定几天后见一次面。

我放下电话转向唐·比诺德，她正在帮我筹办“天天”的开张事宜。“唐，”我说，“你知道是谁来的电话吗？”

她停下来，期盼地看着我。

“戴夫·奥尔森！他也许会加入我们！”这真是一个令人振奋的好兆头。虽说他刚才只是开玩笑似的扯了几句，说他只是个穿牛仔裤的、开一家小咖啡吧找点儿乐子的人，可我知道若是有戴夫加盟，就会让“天天”更加正宗，他的专业知识比我三年来的积累还要多得多。从他那谦逊的态度、明确的表达、深沉的思索和朗朗的笑声中，我就明白他对这项工作一定充满兴趣。

我们会面那天，戴夫和我坐在我办公室的地板上，我摊开规划书和蓝图，谈着自己的想法。戴夫马上就理解了，他已经在柜台后面穿着围裙摆弄了 10 年浓缩咖啡了。无论在意大利还是在他自己的咖啡吧，人们对于浓缩咖啡的兴奋之情，他都有着亲身体验。我不必在这方面说服他，他骨子里就能够理解。

这样的联手实在太好了，简直让人不敢相信这是真的。我更擅长处理外部事务：沟通意见、吸引投资者、筹集资金，寻找店址、设计店面，打出品牌，为未来的发展做打算。戴夫对内部管理非常在行：咖啡吧运作的具体细节，雇用人手和培训咖啡大师傅，如何确保咖啡品质等。

我们俩根本不会成为竞争对手。虽说戴夫曾有意寻找发展机会，但当他看到我正在做的计划时，便觉得和我联手会更有意思。他愿意和我一起让“天天”落地生根。

因为我手头一直缺少现金，戴夫同意一周工作 24 小时而只拿 1.2 万美元的微薄年薪。事实上，他在开张那段时间里经常整天都在店里忙活。后来，他在股权分配上自然得到了丰厚的报酬。但戴夫加入进来不是为了钱，他和我们一起干是因为他相信这一事业能成功。他喜欢意大利咖啡吧，他要保证我们能够供应最好的浓缩咖啡。他是公司的咖啡良知。

即便在今天，作为星巴克咖啡业务的资深副总裁，戴夫也会向人解释他既非高级雇员，也非管理者或是创办者，他只是个“心甘情愿的、热心的、幸运的参与者”。“就跟我的登山爱好差不多，”戴夫说，“只不过我挺幸运还能拿工资。如果什么事我做不来，我就不做。但我会做许多能做的事。”

如果每一个企业都有一个记忆中心，那么戴夫·奥尔森应该处于星巴克记忆中心的中心，与他同在的还有星巴克的核心目标和价值观。只要看见他的办公室，我就觉得有了主心骨。

如果你正在建立一个机构，你很快就会意识到你不可能单打独斗。如果你能找到完全信得过的同伴——他们具有不同的能力，但又和你有一样的价值观，多股力量合成一股，你就能建立一个强大得多的公司。戴夫在登上乞力马扎罗山顶时非常兴奋，而我在篮球比赛时精力旺盛；戴夫对来自苏拉威西的咖啡风味欣喜若狂，我则能用自己对企业未来由衷的激情点燃满屋子人的热情。

戴夫·奥尔森和我来自不同的世界。他成长于一个安谧的蒙大拿小镇，穿着他的李维斯T恤和勃肯鞋。当我还在曼哈顿中城为施乐公司做电话销售时，他已经在着手打理自己的小咖啡馆了。戴夫迷上咖啡是在1970年，他去伯克利看一个朋友。散步时，他偶然走进街边一家不落俗套的“毕特咖啡与茶”小店。他从荷兰人那儿买了可自制咖啡的摩卡壶和半磅重烘焙咖啡豆，开始摆弄起来。那天煮制的浓缩咖啡完全征服了他，于是他养成了用这种方式喝咖啡的习惯。

他因服兵役来到西雅图，退役后先是在西雅图做木匠。1974年的一天，他放弃了那份工作，把所有的家什装上自行车，一路骑了差不多上千英里来到旧金山。在这儿，他发现了“北岸”咖啡，它的意大利咖啡吧气氛相当浓厚，波希米亚式的、喧闹的、刺激的糅合在一起。他们把浓缩咖啡视为意大利的一门精美艺术。戴夫把自行车停在餐馆窗台下，和他们的老板聊起了食物、美酒和咖啡。

有许多人曾梦想开一家咖啡吧，但很少有人真的会去做。而戴夫·奥尔森在1974年秋天回到西雅图时就真的行动起来了。他在西雅图的大学区租了一个店面，就在正对校门口的一条小巷里，那儿是行人进出最多的地方。

“咖啡快节奏”成为意式浓缩咖啡的圣地，门面和店堂中央都放着亮闪闪的咖啡机。当时还很少有美国人知道“拿铁咖啡”这个词。他做出相似的饮品，并改了名字叫“奶咖”。戴夫寻遍西雅图去找最好的咖啡豆，很快就发现了星巴克。当时星巴克还在成磅地销售咖啡豆，他跑去结识了创办者和烘焙者，和他们一起品尝咖啡。他和他们一起发展了烘焙咖啡的技术，使之符合他所要的口味，他指定的烘焙程度比星巴克其他大多数品种的烘焙程度要深，但比星巴克烘焙度最深的咖啡要浅一些。

这种烘焙法是专为“咖啡快节奏”提供的，而今天星巴克店里出售的每一杯浓缩咖啡都是用这种方法烘焙的。这就是戴夫与星巴克的关系如此紧密之缘由。

我们两个出身背景不同的人于1985年开始经营“天天”咖啡馆，我们有着不可撼动的共同基础：我们对咖啡的热情，以及对成就此事的决心。我们扮演不同角色，但无论我们面对的是谁，无论是在什么情况下，我们传达出去的信息都并无二致，当然两人的方式是不一样的——两种声音，一个观点。像戴夫和我这样携手同心打拼的搭档在生意场上不多见，生活中却不少见。

我第一次见他时，他只有一件休闲西装，那还是因为他的妻子在航空公司工作，要求雇员家属在免费搭乘飞机时必须着西装领带。那时，他只是个普通人。今天，连他自己都感到惊奇，他竟然成了一家价值10亿美元的公司的主管，然而他仍然保持着艺术和创新的精神。

如果不是戴夫·奥尔森在“天天”时期加入我的团队，星巴克便不会有今天的这番成就。在确定企业价值理念方面他起了很大的作用。他将自己对咖啡浓烈的、浪漫的爱、不可动摇的尊严感，还有善解人意的真诚和体现在企业各个方面的忠诚都倾注于“天天”中。在人事方面，他和我有着同样的看法：人们既能保持自我，又能同心协力组成一个有激情的团队。他使我放心去外面打拼，永远无须为咖啡的质量而担忧。戴夫是岩石，是公司基石的一部分。

当你开始创办一家企业时，你不可能意识到那些早期的决定有多么重要，它们不仅与企业自身组建有关，而且与为未来打下基础有关。当你在创业初期时，你根本就不知道哪一项决定将最终成为企业的奠基石。每一项决定都在逐渐为企业的价值增添砝码，而在当时你却没有这个认知能力去分清孰轻孰重。

不要小看你创业初期所做出的每一个决定，也别小看由此而烙下的企业印记的重要性。当你寻找一位搭档，挑选你的雇员时，应该选择那些与你有同样的激情和行动目标的人。如果你能与心意相通者共同承担使命，就会产生巨大的动力。

每件事都重要

在当时，我们的计划似乎过于野心勃勃。甚至在没人听说过“天天”这个咖啡馆的时候，我就已经萌生要在北美建立最大的咖啡公司的梦想，要在每一个大城市开连锁店。我雇了一个懂得如何在电脑上使用电子表格的人来做计划，起先要求他建立一个5

年内开出75家店铺的计划模板。当我看着那些数字时，又叫他把规模压缩到50家，我估计没人会认为75家店铺是现实的计划。但事实上，5年后，我们真的达到了这个目标。

我租来的小办公室只能搁下三张桌子，大家挤在一起工作，还有一个小会议室在阁楼上。当我们开始销售意大利三明治时，戴夫曾在办公室里离我的写字台30英尺远的地方切肉，当时我正在和一个潜在的投资者打电话，那些烤肉片就在我鼻子底下散发着香味。戴夫把肉装进他那辆破自行车上的老式红色货箱送到店里去。

1986年4月8日，是“天天”咖啡馆开张的日子，我早早来到店里，就像当初星巴克的咖啡吧开张首日一样。早上6点半，第一个顾客已经等在门外了，她进来后径直付钱买了一杯咖啡。

真的有人来买东西了！我释然地想。

我在那儿待了一整天，我实在太紧张了，在柜台后面都没法好好干活，只是踱着步左右张望。那天还有不少星巴克的人跑过来看我的店。到打烊时，我们接待了将近300个顾客，多数是上午来的。他们指着饮品单问了许多问题，我们便向大家讲解有关意式浓缩咖啡的各种知识。

在最初的几个星期里，我盯着咖啡质量、服务速度和卫生状况。我不想出任何岔子。这是我的一个梦，每件事情都得做得十全十美才行。每件事情都很重要。

戴夫在柜台后面忙碌着，从开门一直忙过整个早高峰，然后回到办公室。通常，戴夫和我一起回到店里吃午餐，并且付全价，我们尽一切努力抬升营业额，喝大量的咖啡、吃一大堆食物，要使那些潜在的投资者看见上升势头强劲的销售额。这已成为我们的传统，直到现在我们在星巴克店里就餐也一概付全价。

我们也犯了不少错误，在这第一家店里，我们存心要全盘复制意大利风格咖啡吧。最初的目标只是把生意做得正宗，我们不想因为店开在西雅图而有损正宗的意大利的浓缩咖啡吧风味。店里的音乐，我们只挑选意大利歌剧，而且让咖啡师傅身穿白衬衫，打上蝴蝶结。店里没有一个座位，所有人都站着接受服务。墙上还挂起了报夹，放一些国内外的报纸。饮品单上全是意大利文，甚至连装饰布置也全是意大利风格。

渐渐地，我们意识到有许多细节并不适合西雅图。人们开始抱怨不熟悉的歌剧；蝴蝶结也显得有些浮夸；没有座位也不行，那些不急着走的顾客总想找把椅子坐下来；有些意大利食品和饮品名称还需要翻译成英语。

我们慢慢接受了这个现实：必须让这个店满足本地顾客的需要。我们添了许多把椅子，饮品单上也增加了一些花样。不过这些改动都很小心，我们不想过多地牺牲自己的风格和优雅。甚至针对是否要供应纸杯盛装的外卖咖啡，我们也有过一番争议，而这会是一笔不可小觑的收入。虽说将浓缩咖啡盛入瓷杯品尝起来更地道，但我们好像别无选择：如果我们不做外卖咖啡，生意就会大受影响。

但核心创意仍然在起作用。6 个月内，我们曾创下一天接待 1 000 名顾客的纪录。我们这个不起眼的 700 平方英尺的店铺，成为毗邻西雅图最高的商务大厦的一处聚会场所，我们填补了人们生活中的空白。一些常客学着拼读店名的发音：Il Giornale，甚至对此颇觉自豪，好像自己也成为这个“俱乐部”的一分子了。第一家店是一方小小的风水宝地，它的品位绝对超前。

我们还意识到，快速是我们的竞争优势。我们的顾客大多在市中心这一带的写字楼里上班，总是来去匆忙。海珀·海威特是一个具有革新精神的工程师，过去为星巴克的烘焙工厂制作了传送装置，他还发明了可同时供应三种不同咖啡的滴滤式系统专用设备，其原型是啤酒龙头。

我们的公司标识也反映着快速的宗旨。“天天”的字样被设计成绿色的环形，围绕着墨丘利[①]的头像，它是快速传递信息之神。后来，我们创造出一种轻便的配有龙头的背负式系统，以便让雇员背着出门，带上杯碟，在顾客的办公室里出售咖啡。我们称这些雇员为“水星人”。

我们现在仍然认为成功的关键是我们所雇用的人。戴夫训练他们使用咖啡机，我指导他们销售和管理方面的技巧。更重要的是，我们向他们反复灌输要实现一个伟大梦想的渴望，把这些因素结合在一起，我们就能做成大事。

唐·比诺德是“天天”的第一个雇员。她帮着我一起创办公司，后来去管理哥伦比亚中心店。詹妮弗·埃姆斯·卡勒曼是 3 月份来的，从第一天开始就担任咖啡师傅，她过去是广告客户代表，愿意和我们一起把公司做大。

---

① 墨丘利的英文（Mercury）和“水星”的英文相同，故下文有“水星人”的说法。——译者注

唐和詹妮弗非常热心地创设了一套新的系统，虽说这种方式对于单个的店来说太超前了点儿，却向我们展示了一幅非常精确的企业发展图景。我们一直都很认真地把售出的咖啡、面点和现金流向以及损耗等都记录下来，借此跟踪分析产品销售形势，看哪一样卖得最好。我们总是根据需要来做预算。有了这些信息，我们就能够在高歌猛进之前确立目标。

11 月时，我雇用克里斯汀·戴来做我的助手，那时她刚刚结束产假。她有企业管理学位，也有在金融公司工作的经历。结果却是她什么事情都得做：行政、财务、电脑、发工资、人事管理，还有采购物品、银行事务、打字等。最初，她甚至还要做财务收支报表，负责轧平账单以及盘存和销售的审计工作。她完成了所有的簿记工作，没有借助任何工具。就像戴夫和我一样，克里斯汀立刻投入了一天 12 个小时的工作，她很快被我们的激情和信心感染了。

一天，克里斯汀在和索罗——一个纸杯供应商砍价，想把进价压低些。因为我们几乎算不上什么大客户，对方觉得没有理由为我们破例。“总有一天，我们会成为你们最大的客户。”克里斯汀这样告诉人家。我不知道对方是否相信这一点，但克里斯汀对此确信不疑。我们全体人员都对成为世界一流企业信心十足，没有人怀疑这一点。

从许多方面来说，我们这些人就像一个大家庭。我曾邀请每一个人来我家吃过比萨，他们看着我儿子学会爬、学会走。在我 33 岁生日那天，他们订了一个蛋糕，拿到店里给了我一个惊喜。顾客们也都围上来，和咖啡师傅们一起唱“祝你生日快乐”，弄得我大为窘迫，但同时又因大家齐心打拼带给彼此快乐而深深感动。

第一家店开张 6 个月后，我们又在西雅图信托投资大厦开了第二家店，那是市中心的一幢高层建筑。等到开第三家门店时，我们已经走出国门了，到了加拿大的温哥华，店铺开在一个大轮渡站内，时间是在 1987 年 4 月。这对于只有两家门店的小公司来说，也许是一个有点儿冒险的非理性之举。但我觉得，考虑到我要扩张到 50 家门店的野心，考虑到投资者对于我把门店扩张到西雅图以外的能力的担心，我需要借此尽快证明我的计划是可行的。这件事不能等到有了 10 家门店才去做，我必须尽快去做。

我们对于货币兑换汇率、海关手续和不同的劳动成本估算的复杂性一无所知，也从未考虑到在国外运作一桩生意的诸多规矩，譬如必须分设银行账户，必须有专门针对加拿大政府的企业报告，以及账面上根据外币汇率所做的调整——所有这一切只是为了一个小小的咖啡吧。

戴夫去温哥华张罗开店并在当地培训雇员。当戴夫着手开始那项工作时，你就知道不仅所有的事情都会被妥帖地搞定，而且都会在十分严格的要求下完成。戴夫在西雅图有自己的家，可他在温哥华一待就是整整一个月，住在廉价旅馆里，一心想把哥伦比亚中心店弄成西雅图店的完美复制品。这三家“天天”咖啡店的人气都特别旺。到 1987 年年中，我们每家店的年均销售额都达到了 50 万美元。虽然还在负债，但对于我们雄心勃勃的目标来说，这意味着我们已经上轨道了。作为一个团队，我们为已获得的成功兴高采烈，我们的顾客也很高兴。我的梦想成为现实。

当你看见生命中的机遇，赶快抓住

1987 年 3 月，不期而遇的变数改变了我的生活，这变数跟星巴克有关。杰瑞·鲍德温和戈登·鲍克决定把西雅图的店铺、烘焙工厂和星巴克的名字都卖掉，只保留毕特的资产。戈登想要提现，退出咖啡事业转做其他生意，而杰瑞成天奔走于西雅图和伯克利之间，打算集中精力只做毕特留下的那部分生意。

他们一直没有声张，但对于认识他们的人来说，这件事情并不意外。关于他们那边遇到的麻烦事儿我也有所了解，也知道他们公司两个部门之间的紧张关系。我一听说这件事就明白自己应该买下星巴克。这好像是我的命运，也又一次验证了 Basbert（意第绪语：命运）。

当时，星巴克的规模要比我们的公司大得多，他们有 6 家门店，而“天天”只有 3 家。并且我的公司运作还不到一年，所以星巴克的年度销售额远比我们的高。这好比一条鲑鱼要吞下一条鲸鱼，亦如戴夫所说，“儿子要做爹的主”。然而对我来说，这一改变则是顺理成章、理所当然的：不仅是因为“天天”需要自己的烘焙工厂，而且星巴克的整颗咖啡豆生意和“天天”的饮品事业之间也正好形成完美的优势互补。更重要的是，我理解和珍视星巴克所代表的一切。

不久前，我使尽浑身解数才筹到 125 万美元。而这时，我得想办法筹到 400 万美元才能买下星巴克。我最初的支持者对“天天”短期内取得的进展印象深刻，我已经对其中的一些人许诺增加他们的股份。而其他那些最初说“不”的投资者，看到事情已发展到我要把星巴克买下来的程度，便也想及时跟进。如果这回我们能够做成，所有的投资者都会受益。

很快，我们齐心协力凑够了钱。我雇用罗恩·劳伦斯打理融资方面的会计事务，起草针对星巴克拍卖的招股计划书，他曾在一家餐馆做过几年财务工作。

“罗恩，”我对他说，“我们需要一份包括预期募资计划和完成情况的一揽子报表，还有星巴克所有的财务情况，这是要拿给投资人看的。你能在一两个星期内完成吗？”

他答应了，我们开始努力地谋划如何筹集足够的资金和增量资本。在和本地银行签订了信用协议之后，我们准备了给所有“天天”的投资人和其他一些募资对象的公开招股说明书。

我向我们的董事会陈述了情况，董事会通过了计划书。看来我们赢定了。

攥住他们想从你手里抢走的东西

可是有一天，事情差点儿全盘崩溃。就在快要得手时，我却差点儿失去星巴克。

当我们正在构建理想时，有消息说我的一个投资人打算抛开我自己去收购星巴克。他这种安排对“天天”的股东们一点儿好处也没有，倒是会给他自己和他的某些朋友带来很多利益。我看出此人是想把我从一个创办者和主要持股人的位置上拉下来，降格为一个公司职员，他要按自己的意愿来建立一个在他控制之下的新的董事会。在我看来，他的计划对我那些早期投资者也很不公平，他们正是出于对我的信任才投资“天天”的。

这样的压力几乎让我难以承受。此人是西雅图的业界领袖，我猜想他早已跟城里其他支持者串通一气了。我怕我所有那些有影响力的支持者都会离我而去，屈从这个新的安排，因为没有选择的余地。我去找斯考特·格林伯格，他带我去会见他的一个老搭档比尔·盖茨，就是微软的创办者，他身高两米左右，是城里有名的高个子。我们带着新的方案做了新的准备去见这个投资者。比尔·盖茨答应和我一起去。

那天的会谈是我生命中最艰难、最痛苦的一次。我当时简直不知道该怎么摆脱困境，我的职业生涯危在旦夕。我走进去时，感到自己就像那个胆小狮，和伟大的奥兹魔法师一起哆嗦着走向观众。我的对手坐在会议桌的一头，摆出一副不可一世的架势。还没等我开口说话，他就开始猛烈地攻击我。

“我们已经给过你机会了，”我记得他这样吼道，“你一无所有的时候，我们向你投资，到现在你还是一无所有。现在你有机会买下星巴克了，可那是我们的钱，是我们的创意，我们的生意。不管有没有你，那都是我们打算要做的事。”他向后一靠，发出最后通牒，“如果你不接受我们给你的职位，你就永远也别想在这城里混事，你别想筹到一美元，你会成为一堆狗屎。”

我惊呆了，但也非常气愤。难道我就要这样被打翻在地，接受这样的结果吗？“听着，”我说，我的声音颤抖着，“这是我生命中的机遇，是我的创意！我把这创意带给你，你却想拿走。我们会筹到钱的，不管有没有你。”

“我们没什么要跟你商量的。”他说。房间里的其他人要么不开口，要么对他表示支持。

会议结束后，我走出去，哭了起来，就在大堂里。在这之前，比尔·盖茨曾试图安慰我一切都会好起来，但他也被会议室里的情形吓住了，我敢肯定他从未遇到过这样的情形。

那天晚上，我回家后，似乎感到自己的生命都要终结了。“没有希望了，”我对雪莉说，“我不知道到哪儿去筹钱，不知道接下来该怎么办。”

不管怎么说，这是我生命中的一个转折点。如果我接受这个投资者的要求，他就会把我的梦想彻底碾碎，他会很快以莫须有的罪名把我从星巴克炒掉。我所有的激情、一切的努力以及为之奉献的事业，将全部烟消云散。

两天后，在史蒂夫·萨可夫斯基的支持下，我和其他一些投资者见了面，我把自己的意向告诉他们：每一个“天天”的投资人都有资格对购买星巴克进行投资。这个计划对他们所有的人机会都是均等的，对我也一样。他们看到了事实，并对我说很敬佩我抵制那个不公平的计划，那是以牺牲小投资者的利益来为资本大鳄谋利，他们大家和其他一些投资者都支持我。在几个星期内，我们想办法筹齐了 380 万美元，这样一来，事情就不一样了。

我们许多人都曾在生活中遭遇这样的危急关头——你的梦想眼看就要破灭。你也许根本没想到会出现这种情况，但你对此做何反应是至关重要的。重要的是，记住你的价值观：勇敢去面对，但也须有公平之心，不要屈服。如果你周围的人也有同样的正直感，你就一定能赢。

当一个球冷不防重重地击到你的脑袋上，眼看机会就要失去的那种时刻一定会让你格外脆弱。显然这也是考验你能力的时刻。

我不能说我一生中事关企业的每一项决策都是正确的，但不管我取得了多少成就，不管有多少人要听命于我，我都不可能想象自己会以那天会议上所遭受的粗暴方式去对待任何一个人。当我们说星巴克的信条是“给人以敬重和尊严”时，持怀疑态度的人嘲笑说这不过是空话或自欺欺人的大话，那是因为有些人并不以此为生活准则。如果我感到某个人缺乏正直感和原则，我就不再和他有任何来往。从长远来看，与这种人交往是不值得的。

那些最初的投资者信任我，他们后来都得到了丰厚的回报。他们伴我一起走过了困难时期，他们信任我的正直品格。我一直努力不辜负这种信任。

1987年8月，星巴克是我的了。这令人振奋，却也让人心惊胆战。

当月的一天早上，我很早起床去散步，走了很长一段路。眼下，巨大的工作压力和责任都开始落到我的肩上了。我为有机会实现理想而高兴，但充满希冀的心又有些害怕，因为我得对将近100人负责任。我走过茂盛的植物园，看见面前一条细长蜿蜒的小路伸向前方，渐渐隐入一旁的小山顶，消失在浓浓的晨雾中。

今天的星巴克就是“天天”咖啡馆，就是我在1985年成立的那家公司。而后我于1987年买下了星巴克，并将公司更名为星巴克公司。杰瑞和戈登把他们创建的那个星巴克公司连名字一起卖给了我们。现在人们只知道他们的公司是“毕特咖啡与茶”。

34岁时，我又开始了新的冒险。我并非靠自己手里持有的股份来把握公司的方向，而是靠着我内心的价值观，以及不断为我们的股东们创造利润的承诺。每走一步，我都努力做到少许诺而多做事。就长期发展而言，这是确保任何一项工作顺利进行的唯一途径。

POUR YOUR
HEART INTO IT

02

重建咖啡体验

（自募资金，1987—1992 年）

POUR YOUR HEART INTO IT

第 7 章

睁大眼睛实践梦想

那些在可怜巴巴的夜梦中使用心智的人，醒来时会发现一切都很虚空；
而白日做梦的人则面对风险的挑战，因为他们睁着眼睛实践梦想，使之变为可能。

——劳伦斯[①]

① 劳伦斯，英国考古学家、作家。——译者注

1987年8月的一个星期五，那个阳光灿烂的下午。在律师楼里签署完收购星巴克的成堆文件，我走了出来。街上的行人熙熙攘攘，就好像只是一个平常日子，我觉得浑身轻松，因为杰瑞和戈登都已在合同上签字了，我也签了——一份接一份。核对表也给在座的人传阅过了。我和每一个人握手，接受他们的祝贺。现在星巴克是我的了。

我和斯考特·格林伯格不由自主地走到街对面的哥伦比亚中心，走进我们的第一家“天天”咖啡店。那会儿是下午两点，夏日的午后，里面只有一个顾客，一个凝神沉思的女子靠窗而立。我和咖啡师傅打了招呼，他还不知道我们刚刚完成的企业转变。他给我做了双份浓缩咖啡，上面加了发泡奶沫，高高地堆在咖啡杯上，给斯考特做了卡布奇诺。我们坐在靠窗的吧凳上。

我们两人都是30岁出头，几年前才在篮球场上相识，现在却在一起做着400万美元的大生意。很明显，这对作为律师的斯考特来说是一个重大的决策，而我从一个刚加入时的雇员变成了星巴克公司的总裁。

斯考特把公司的计划书摆在我俩之间的桌面上，厚达100页的机密文件是我们用来募集资金的，上面印有对“天天”和星巴克来说是一个重大决策的两个标识。当初我们以十二分的细心来起草这些文件，清清楚楚地列出“天天”收购星巴克的条款。有好几个月，这份计划书几乎成了我们的“圣经”，现在看来算是完成历史使命了。这是一个令人振奋的时刻，是你几乎不敢相信自己曾身历其中的时刻。斯考特举起手里的咖啡杯表示祝贺，他的眼睛闪闪发亮。“我们做到了。”我们一起感慨。

回归星巴克大家庭

接下来的那个星期一早上，1987年8月18日，新的星巴克诞生了。

我再次穿过老式的咖啡烘焙工厂的前门，以前也曾多少次经过这道门，然而，这一次是以一个拥有者和公司总裁的身份穿过这道门。我径直走向咖啡烘焙机，那位烘焙工人微笑着在我背上拍了一下，然后转身去侍弄冷却盘上的咖啡豆，那上边都是新烘焙好的咖啡豆。我把手指伸进温热的、芳香的咖啡豆里，抓起一大把，慢慢地在手指间捻弄着。触摸咖啡豆会提醒我注意所有关于星巴克的现实问题，这后来成了我的一个习惯。

我走进工厂，人们向我微笑，拥抱我，欢迎我，就像是回到家里一样——这香味，这声音，以及所有这些熟悉的面庞。盖·尼文在那儿，一头明亮的金发，还有德勃拉·蒂帕·霍克，他现在管理着5家店。我很高兴见到德夫·西莫尔和汤姆·沃尔茨，他们是烘焙工。虽说表面上他们都向我表示祝贺，但我知道，一些人的内心会忐忑不安。他们的生活被改变了，他们在决策过程中没有说一句话的份儿。他们知道星巴克将会发生变动，但他们不知道它会变成什么样子。我会使咖啡的质量下降吗？我会让一些雇员离开吗？或者，我会忽视他们在职业上的升迁要求吗？我那个快速增长计划行得通吗？

10点钟左右，我把每个人都召集到烘焙工厂的一个大会议室里。这是我买下星巴克后的第一次会议。

我的兴奋多于紧张。我在一张卡片上写下了几个要点，以提醒自己在大会上讲话时应该注意的事项。

这些要点是：

1. 发自肺腑的讲话。
2. 设身处地为他们着想。
3. 与他们一起分享一个大梦想。

但我一开始讲话，就发现自己根本用不着这张卡片。

“回来的感觉真好，”我一开口就这样说，屋子里的紧张气氛开始缓和，“5 年前，我为这个公司改变了自己的生活。我这样做是因为在这儿看到了你们的激情。一直以来，我所有的努力都是为了成为有着共同理想和远见的团体中的一员，成为这样的公司中的一员。我在你们身上看到了这种远见和理想，我敬佩你们。”

“我今天来到这里，是因为我热爱这个公司，我热爱这个公司所代表的一切。”我告诉他们，我们要携手打拼，我们星巴克在西雅图人心里，并以多种形式发展到全美范围内。我们有能力把咖啡买卖做成一个非常大的生意。

“我知道你们心里有些不踏实，我知道你们的担忧，”我说，“你们当中有些人甚至还会有些愤怒。但是如果你们愿意与我同行，那么我向你们保证，我永远不会丢下你们不管，我不会让任何一个人落在后面。”

“我要你们相信，如今我在这儿不会做任何有损公司尊严的事。”

对于我来说，和他们讲这番话并不困难，因为我曾是他们中的一员。

我宣布我的目标是建立一家全国性的公司——我们所有的人将来都会为它的价值和行为准则而骄傲的公司。我谈到了自己对公司发展的见解，并保证我的方式只会给星巴克带来增值，不可能让其贬值。我坦率而真诚地向他们解释，希望在座的人能参与这个进程。

“5 年后，”我告诉他们，“我要你们回忆起今天，并且能够说：‘我一开始就在这里，我参与了把这个公司建设成一个伟大企业的过程。’”

最重要的是，我要他们相信，不管有多少投资者，别人拥有多少股票，星巴克都是他们的公司，而且一直会这样。无论在精神上还是实质上，星巴克都属于他们。我告诉他们，星巴克最好的时光已经到来。

我一边说话一边看着他们的脸。一些人看上去愿意相信我所说的话，但还有一些戒心。另一些人则不打算买我的账——至少目前还不打算，他们露出不屑且怀疑的神色。

这是我从里到外都非常了解的公司，回到这儿我又有了不可思议的优势。我了解所有的环节，无论是它的缺陷还是长处。有了这种洞察力，我就可以预见什么是可能的，什么是不可能的，以及我们可以走多远。

可是没过几天，我发现了自己的认识中有一条沟壑：星巴克公司目前的人心非常涣散。在我离开的那20个月里，公司内部的分歧日益加剧。人们变得愤世嫉俗、心怀戒意，那是一种才华不被赏识而无以施展的沮丧。他们感到被前任的管理层抛弃了，对于我的到来又有一种焦虑心理。我最初加入星巴克时那种无处不在的信任和共识已被消磨殆尽了。

一个又一个星期过去，我对这种毁坏程度有了全面的了解。显然，建成一个管理层和雇员之间相互尊重的人际关系良好的新公司，成为我的当务之急。如果不能解决这个问题，我所有的目标和梦想将会化为乌有。

这对我来说是一个极大的教训。一个企业的计划不仅是写在纸上的那些文件，如果公司的员工不买账，即便是最宏伟的企业计划书也只会是一纸空文。公司员工与领导层若没有同样的行动目标和忠诚程度，那么发展公司的计划是不可能持久的，甚至不可能正确地实行。员工们会不接受这个计划，除非他们相信领导层的判断力，并且相信他们的努力能得到认可和重视。

从“天天”那个小小的团队就可以看出，如果大家相信自己所做的事，并以由衷的热情去做，以很少的人手就能取得很大的成就。我知道，如果星巴克人的热情能够被激发出来，成就一定会大得多。

要赢得星巴克雇员的信任，唯一的方式就是真心对待他们，与他们分享我的计划，展望未来的兴奋；接下来，就要兑现我所说过的话，把我向他们保证过的东西给他们——即使不能更多，起码也要有基本的保证。如果不能让他们看到我的实际行动，那些保证在他们看来就是空话。

但这需要时间。

开上快车道

“缺乏管理经验”是我们写进收购文件的风险因素之一。这是一个过低的评估，我有至少两年掌管一般性公司的经验。戴夫·奥尔森打理过一家小小的咖啡吧，有11年的经验。我们的财务总监罗恩·劳伦斯，在好几家机构做过会计和财务总监。克里斯汀·戴能够应对任何交给她的事情，只是她从未当过经理。

我们4个人现在完成了把星巴克并入“天天”的大动作，而且将在5年内开125家门店——这是我们对投资人的承诺。我们计划随着自己专业水平的提升，能在第一年开15家门店，第二年开20家，第三年开25家，第四年开30家，第五年开35家。这应该没有问题。销售额做到6 000万美元，利润也会随之增长。这计划看上去不错。

我从来不会将就着做事情，我要做就要做到完美。为了实现这一目标，我抓紧时间边学边干，尽快聘用有经验的经理，采取有效步骤赢得星巴克雇员对我的支持。

意识到该做什么、必须做什么，使我在心理上对事业的艰巨性做好了充分的准备。在那些日子里，我感到自己就像顶着狂风穿越隧道。那些我从未遇到过的紧迫性问题接踵而至，其中任何一个麻烦都让我十分头疼。

第一个星期一，一大早我便被告知，一个关键岗位的星巴克烘焙工兼采购员决定辞职。对我们来说，他的离去不仅仅意味着我们失去了一个有经验的烘焙工和采购员，毫不夸张地说，这让戴夫·奥尔森不得不没日没夜地琢磨采购业务和研究复杂的烘焙技术。但幸运的是，他干得兴致勃勃。

这一变故对于戴夫来说倒是一份意外之喜。他和我一样有付出也有所得：掌握了一项新的技能。由此，他开始了他在世界著名咖啡产地的寻觅之旅，去跟生产商打交道，熟悉咖啡产业链的经济结构。凭着作为最好的酿酒师所拥有的鉴别力，他一直是我们当中鉴赏咖啡最有价值的“鼻子”。现在，他开始探索不同的咖啡来源和咖啡豆的混合方式，这样一来星巴克咖啡的品质必将得到更大的提升。

我们都习惯了将不可能的事情变成可能。在最初的两个月里，罗恩·劳伦斯停止了募股，他必须把星巴克的财务账目与“天天”的合到一起，录入新的电脑结算系统中，光是转换会计系统就让他忙碌不堪了，除此以外，他还要编制年终财务审计报告。“大功告成，”在清理完自己的账目后，他问，“还有什么要干的？”

我自己这边亟待处理的事儿更多。我意识到需要有人帮我打理星巴克，这人必须是一个有经验的公司经理。我去见了一个朋友介绍的人——劳伦斯·梅尔茨，他比我年长15岁，有着20年的企业工作经历，其中有8年是在一家效益不错的生产饮料的上市公司当总裁。

劳伦斯在 1987 年 11 月成了星巴克的股东，并担任公司的执行副总裁。我让他主管企业运作、财务和人力资源方面的事，而我自己则负责公司发展计划，还有不动产、产品开发、市场和总体营销，以及处理与投资者的关系等。

我们小小的管理团队来不及盘查我们快速发展中的欠缺。我们一上来就有点儿迫不及待，只顾一个劲儿地朝前冲。展望未来，我看见的是一幅生机勃勃的缤纷画面，而不是那种色调沉闷的静止生活。

既然已跟星巴克合并，原先“天天”拟于 5 年内开出 50 家门店的计划似乎没必要再提了，但我在 1987 年向投资者承诺的 5 年内开出 125 家星巴克门店，实际上已包含了这一计划。我们总有一天要走向公众生活。顾客们将会非常敬重我们的品牌，“来一杯星巴克”将来会成为他们挂在嘴边的话。新的咖啡馆会在西雅图以外的许多城市开张，没准儿我们真能改变美国人喝咖啡的习惯。

许多人对我说过这是不可能的事。但这对我和星巴克的伙伴们来说正是其魅力的一部分——把老规矩搁在一边，抓住看似不可能抓住的机遇，攀登难以登顶的巅峰。

当然，我对企业成功与否的判断标准并不是增开的新店数量。我要创造一个最出色的咖啡品牌，创造一个运作良好的对公司同人负责的企业。我想要把企业提高到这样一个标准：使我们的人为在这里工作而感到骄傲，因为这个企业关心他们，而他们也会努力回报这个企业。

在早期的那些岁月里，我在致力于建立他人对我的信任的同时，开始构想一个最终要建成的公司的模样：在公司里营造出一种以人为本的氛围。这应该是星巴克企业使命的精华所在。若不是大家都对此深有共识，要取得成功是不可能的。为了实现这个理想，我们的企业应该做到：看重自己的员工，由此激发他们的创造力，并与共同努力创造长期利益的团队共享成果。

我想建立的是这样一个公司：它的长期兴旺基于自己的价值观和指导原则的竞争优势。我想要吸引和雇用那些为着同一个目标一起工作的人，他们不会窝里斗，喜欢挑战别人以为不可能达到的目标。我想要创造这样一种企业文化，即个人在其中不仅能得到满足，而且能够得到他人的尊重和羡慕。

我不做小梦，我做大梦。

如果你想要建立一个伟大的企业，你就必须有勇气去做伟大的梦。如果你只是做小梦，那么你所取得的成功也不会大。对许多人来说，也许那就够了，但如果你的目标是让人刮目相看，那么，勇敢些吧。

谁会羡慕唾手可得的梦呢？

是“天天”还是“星巴克”？

收购星巴克以后，我做了有关统一企业标识的重大决定：我们是保留“天天”的名字，还是统一叫作“星巴克”？

对大多数亲历创业的企业家来说，放弃自己第一家公司的名字就像是丢掉了自己的孩子。在感情上，我对“天天”无疑眷恋有加，它是我从一无所有的境况中一手建立起来的。然而，星巴克的名字却更广为人知，而且我知道自己心里也认定选择这个名字肯定没错。不过我还是要跟“天天”的初创者们认真权衡一下利弊。

为了验证自己的直觉，我找了泰瑞·海克勒，就是他在若干年前帮着起了星巴克这个名字。他还给西雅图几个成功的企业和产品起过名字，其中包括大名鼎鼎的Cinnabon肉桂卷连锁店、Encarta百科全书电子版、Visio操作系统。我决定召开两次会议——分别是主要投资者和雇员——来讨论这个问题。我要求泰瑞分别在两次会议上向大家表明他的意见。

他的意见是用“星巴克”这个名字。他说，“天天”这个名字不容易拼写，发音也难，人们更难以理解其内在含义。由于它开张还不到两年，在一定范围内尚未获得相当程度的认可。这个意大利文名字虽表明了浓缩咖啡的意思，但问题是我们都不是意大利人。

反过来说，“星巴克”这个名字则具有某种魔力，它会勾起人们的好奇心，在西雅图也确实营造了毋庸置疑的氛围和凝聚力。加之邮购快递业务的缘故，目前这个名字已为全美消费者所知。星巴克不仅意味着一种独特而有魔力的商品，而且具有地道的美国味儿。最困难的是说服“天天”最初的那些雇员，他们热爱这个意大利名字，因为它抓住了浪漫和正宗意大利浓缩咖啡的体验。这个小小的“天天”团队已经成为一个联系紧密的大家庭，成员们很害怕曾为之努力奋斗的事业会被他们眼中有着15年经营经验的巨头吞噬掉。

在经历了多次心灵交流之后，我们最终确定把“天天”的名字搁在浓缩咖啡吧的字样下边，上面则换成了星巴克的名字。在事情发展的整个过程中，我明白我必须放下自我。

出于对公司长期发展的考虑，我们让大家斟酌哪个名字最具竞争力，这名字必须是人们能够认同并容易记住的，必须能与人们的精神发生某种联系，必须能给大家带来利益。这样一个名字，只能是“星巴克”，而不是“天天”。

为了体现两家公司、两种企业文化的联姻，泰瑞设计出了融合两个公司标识的标识。我们保留了星巴克标志上戴着星星冠冕的塞壬图案，但又把塞壬的形象设计得更现代一些。我们丢掉了它那老派的棕色基调，代之以“天天”标识上那种鲜亮的绿色。

我们逐家店地更换星巴克原来的标识，把棕色换成绿色，把旧大陆的老面孔变为意大利式的优雅。在这番改造中，我们也对店铺和商品进行了重新包装，一切都基于新的营销策划理念，使所有的店铺既适合销售整颗的咖啡豆，也能让顾客落座，饮用浓缩咖啡。这两者的结合创造出一种新的店铺模式，更像是零售店而不是餐饮场所，此后这就作为星巴克的独特营销模式固定下来了。

这是持续而长久的联姻。

信心的关键性展示

到了1987年12月，在芝加哥、温哥华开张的新店一直都保持着高水准的品质，一些起初对我的意图还持怀疑态度的雇员也开始建立起信心了。

我的目标是，人们因为在星巴克工作而感到骄傲，相信管理层能够以诚待人，尊重雇员。我确信在我的领导之下，雇员们将会相信，我会听取他们的想法和意见。如果他们对我本人和我的动机有信心，他们就不再需要工会了。

一位在零售店工作的雇员对于是否需要工会心存疑问。这个叫达利·摩尔的雇员在1981年读大学时就在我们的贝拉维尤店做兼职工作了。后来在仓库里做了6个月，在

1985 年的风波中，他在工人们发起组织工会时投了反对票。虽然他出身蓝领家庭，但他认为只要星巴克管理层能够回应雇员们的要求，就没有必要组织什么工会。他一度离开星巴克自己创业，1987 年又回到了星巴克，在派克市场门店里做咖啡师傅。当他看到我在星巴克做出的改革后，他开始跟他相识的雇员和工会代表进行理性辩论。为了确定工会是否有存在的必要，他还亲自做了一番调查研究。他写了一封信，拿到星巴克的各个店里去征集签名——不再要求工会来代表自己。他拿到了多数票，在 1988 年 1 月份把那封签名信递交到美国国家劳工关系委员会。结果，在达利的努力下，工会不再作为我们店里雇员的权益代表了，当然它仍照应我们的仓库和烘焙厂工人，这种状况一直持续到 1992 年。

有那么多雇员接受了取消工会的决定，表明他们开始相信我能够践行自己的允诺。他们的不信任感渐渐消失，人员的士气开始上升。我知道，我一旦获得他们的完全支持，就能完全信赖他们，让他们和我一样焕发出那种热情——把星巴克咖啡的品牌推向全美各地。

POUR YOUR
HEART INTO IT

第 8 章

让自己情迷，才能虏获他人的心

不论你能做什么，或者在梦想什么……着手去做就是了。
勇敢中包含了天赋、能量和魔力。
——歌德

1987—1992 年，星巴克只是一个自募资金的公司。我了解自己的职责所在，我的使命就是使星巴克成为一家众人瞩目的公开上市公司。在投资者的支持和批准下，也靠着雇员们的绝对信赖，我们立刻开始推进诸多事宜：向全美各地的拓展，雇员的各项福利，今后的投资项目，管理水准的提升。

以下几章将细述我们在第一项工作中取得的进展，同时追忆在重组星巴克那几年——我们的企业文化逐步形成的过程中，我们所学到的重要课程。那段岁月里，围绕公司的核心价值观我们曾有过许多争议，我们在有的事情上坚持了自己的理念，而在其他一些事情上也学会了妥协。

肉与薯片城里的风味咖啡

我们进入芝加哥市场也许是那一时期最冒险，也最让我们灰头土脸的事情。事后再看，简直不能相信我们在星巴克发展初期就走了如此冒险的一步。

那念头其实在“天天”与星巴克联姻之前就已萌生。虽然当时我们只有西雅图的两家咖啡吧和加拿大温哥华的一家咖啡吧，但我急于证明自己打算在北美诸多城市扩张的想法是正确的。我想，如果其他城市的人们能够接受这种比他们习惯的口味更为浓烈而强劲的星巴克咖啡，我们那至关重要的测试就立见分晓——我们的零售咖啡店能否成为人们的日常聚会之处，就如我在意大利所见？如果咖啡豆零售与咖啡饮品的结合能够推向全美，我们就应该在远离西雅图的地方进行试验，而且越快越好。

其实当收购星巴克的时机到来时，我们的扩张计划本该更为审慎地向后推延。然而，即使在为筹钱募资忙得焦头烂额的时候，我也没打算放弃进入芝加哥市场的计划。这个想法是，一旦星巴克和“天天”合并，在西雅图以外设店就变得更为迫切。我的目标是把星巴克做成全国性的公司，我想知道的是，什么会妨碍这一计划的实施。

许多企业专家提出各种理由反对我们在芝加哥设店，认为小小的“天天”没有基础去支撑如此重大的扩张。芝加哥在 2 000 英里以外，从距离上看很难从西雅图及时向那边供应新鲜烘焙的咖啡豆，那么，怎么保证我们的咖啡能以顶尖水准打入福尔杰和麦氏咖啡的心脏地带呢？我还被告知，芝加哥人从来不喝重烘焙咖啡。就外卖而言，他们也更喜欢在本地的连锁便利店“White Hen Pantry”购买咖啡。

当时，我若能听取这些明智的意见，就该等到收购完成，在西雅图有了更坚实的家底后，再慢慢向周边城市扩张，特别是波特兰和温哥华，那两个地方的人显然比较偏好特种咖啡。

但我偏要进入芝加哥市场。那是个气候寒冷的地方，很适合饮用热咖啡，而且它的中心区域要比西雅图大得多。那是一个充满邻里情谊的城市，人们喜欢聚集到本地一些公众场所。在 1971 年之前，西雅图人压根儿不知道什么叫重烘焙咖啡，怎见得芝加哥人就不会很快喜欢上它？说不定他们比西雅图人学得更快呢。

事情定了以后，芝加哥的房地产经纪人向我们推荐了三四处店址，杰克 · 罗杰斯和我一起去考察了一番。杰克是“天天”的早期投资人，做连锁店和餐馆很有经验，他就是芝加哥人。他待人有种父亲般的关爱，并且很有同情心，他后来成了我们的朋友和顾问，而我们只给了他很少一点儿根本抵不上他辛劳付出的股份。他曾是“天天”董事会的成员，我们买下星巴克后，他成了一名执行总裁。他作为我们的管理团队中的重要成员，整整为我们工作了 10 年。

由于“天天”财务拮据，出差时杰克和我只能睡一个房间，那会儿还没有完成对星巴克的收购。第二天，当我们穿过芝加哥拥挤的街道去考察店址时，我说 :“杰克，从现在开始再过 5 年，从这儿走过的每一个人都会端起星巴克的咖啡杯。”

他看着我，笑着说：“你疯了。”

可我就是看到了这番前景。

我们随后签署了租房合同，那个店铺就在市中心，靠近西杰克逊和范布伦，离西尔斯大厦只有一个路口。我派克里斯汀·戴去照管那儿的后勤事务，她去了之后就从黄页电话簿上寻找货运公司。

我们不知道是否能做成，但我们就这么做了。

1987 年 10 月，我们在芝加哥开了第一家店，当日正逢股市大跌。当然，股市灾难是另一回事。我没有意识到芝加哥那家店须将转门朝向大堂。芝加哥的冬天很冷，风又大，没人愿意跑到外面喝杯咖啡，而我们的咖啡吧恰恰面朝大街。没过几年，我们只好关门大吉，我们有几次错误就出在店铺选址上。事后看来，我觉得也许关掉店铺才是真正的错误。如果我们有点儿耐心，也许它能熬到今天。

我们迫不及待地把店开到芝加哥，是因为太钟爱我们的产品了，总以为别人也会爱上它。接下来的 6 个月，我们又在那儿开了三家店。但等到长长的冬天过去时，我们才意识到芝加哥人并不想找上门来买我们的咖啡。另外还有些其他的问题，在那儿，我们的咖啡的价格也显得有些偏高。正如许多投资人一样，许多顾客对我们的咖啡和梦想没有兴趣。

在接下来的两年内，我们在芝加哥损失了好几万美元。星巴克的部门负责人提出了一些尖锐的问题，一开始，我确实不知道怎么回答才好。我知道那几家门店最终会运作成功，但我怎么证明这一点呢？

1989 年下半年，当我们费尽力气募集风险资金时，某些潜在的投资者看着我们在芝加哥苦苦挣扎（那是对我的整个扩张计划的威胁），实在搞不清星巴克到底是在引领潮流还是节节败退，除非我们能在芝加哥站住脚，否则无从证明我们向整个北美扩张的计划具有可行性。我们想方设法筹到了所需的资金，但每股的价格比我们的期望值要低很多。

这种情况一直持续到了 1990 年，在聘请了霍华德·毕哈打理我们的零售业务之后，芝加哥的店才开始有了转机。解决的办法包括雇用有经验的经理，同时提高咖啡售价以应对上涨的房租和人力成本。然而，真正解决问题的是时间。在芝加哥，忠诚的顾客对星巴克的评价也跟西雅图的顾客一样，只是这类人数量不多。到了 1990 年，一大批挑剔的顾客开始对我们的咖啡有了比较全面的了解，他们点过我们的滴漏式咖啡——通常要比他们习惯的口味浓烈些，也点过我们的卡布奇诺和拿铁——对于初次品尝的人来说，这两种咖啡大抵更有吸引力。对我们有所了解之后，芝加哥人也都慢慢喜欢上了重烘焙咖啡。

今天，星巴克与芝加哥的文化习俗结合得如此水乳交融，以至于许多当地人以为星巴克是一家本地公司。

打消疑虑

随着时间的推移，我们逐一实现了既定目标，变得越来越自信。我们加快了开店的脚步，计划每年都要超过既有的水平。在 11 家店的基础上，我们在 1988 财务年度又开了 15 家新店。在接下来的一年，我们计划要开 20 家新店。我们意识到，原定的目标并不像起初看上去那么难以达到，我们要有一种挑战自我的勇气，敢于把目标定得更高些。我们开店的速度要比原定计划快很多：在 1990 财务年度开了 30 家店，在 1991 财务年度开了 32 家店，在 1992 财务年度又开了 53 家店——所有的店都归公司所有。每当我们实现了一个大的梦想，就开始盘算着做更大的梦。

然而，这种自信总会被某种担忧制衡。随着我们的企业越来越引人注目，我就越来越担心会唤醒那些沉睡着的巨人——那些大一统的垄断性食品公司。倘若他们早早涉足营销特种咖啡，早就把我们打败了。但随着时间一个月一个月过去，一个季度一个季度过去，一年一年过去，随着我们打入一个又一个市场，我越来越有信心了——取代我们已经越来越难了。由于他们的生意是一种累进式的打折销售模式，而且他们没有做零售店的经验，因而不可能像我们那样与顾客建立起一种亲密的关系。

我对来自其他特种咖啡的竞争也曾有过担忧。他们中有不少连锁店经营不善，剩下几家拥有自己的优质烘焙咖啡豆和自己的店铺，在各自的地盘上名声颇佳。如果他们中间哪家有意向全美国发展，并能得到相应的资本，就有可能对我们形成很大的威胁。可是居然没有哪一家打算扩展，而且他们想扩展也晚了。

我们的竞争策略是：以最好的咖啡、最好的服务和最亲切的气氛来赢得顾客。如果可能的话，我们要在每一个市场上都成为最好的一家，当然我们的胜利靠的是公平竞争，以及有尊严、有高度的原则。

直到1991年，我们才最终圈定从芝加哥到沿太平洋的西北部地区的扩张版图，从波特兰开始，穿过西雅图，直抵温哥华。我们的策略是先在某一处立住脚，在当地形成强势效应，然后向另一处扩张。

即使注意力都放在这种以区域为中心的扩张战略上，我们也发现自己开始有了来自全美各地的邮购业务。星巴克的邮购业务始于20世纪70年代中期，大部分邮购要求来自那些光顾过星巴克的顾客，他们也许不久前离开了西雅图。最初，我们只是根据本公司的宣传简介册向顾客提供邮购产品。1988年，我们第一次做了自己的邮购目录，把简单的邮购业务扩展到目标人群中去。到1990年，我们购置了一套电脑控制的电话系统，开通了800免费电话。这使我们从原先与顾客一对一的联系发展到与一个顾客群的交流，说到咖啡，那是一批最有见识的顾客。在我们成为全国性零售连锁店之前，邮购业务在培养一批铁杆顾客、建立星巴克的全美销售网络方面是一个极好的中介。因为通过邮购途径淘宝觅物的人总需多费一分心力，所以邮购者通常会成为最忠诚的顾客。他们聚集的地点，便也成了我们在城市和社区开店的重要参考因素。

到1991年，我们准备进入下一个大市场，大家一致认定那应该是加利福尼亚。那儿是居住区辐辏的中心地带，人们对优质创新食品持有开放态度——那里充满了各种机会。尽管它是一个不同种族杂居的大州，我们还是把它视为一个统一的市场。那里人口众多，如果我们很快开出多家店铺，就能在很大范围内取得成功。另外，那个地方靠近西雅图，原料供应和管理上也方便一些。

可是先从哪儿进入加利福尼亚，这事情还有争议。有一种意见是从圣迭戈开始，而我主张从洛杉矶开始。但有人告诫我洛杉矶地区状况太复杂，那儿的人只开车，不走路，这对我们的经营方式将是一种威胁。也有人质疑，在一个气候温暖的地方，星巴克咖啡是否会受欢迎，那儿的人们会选择喝热咖啡吗？

尽管有些反对意见，最后我还是一锤定音：“我们去洛杉矶。”

在建立零售品牌时，你必须创造一种吸引人们注意力的最佳方式，即成为一种时尚，还得有那些引领潮流的人物为你的产品“代言”。由于洛杉矶在时尚方面总是在全美拔得头筹，它对全美各地都有一种文化辐射作用，对于星巴克来说它真是一个完美的地方。如果我们成为好莱坞认可的咖啡品牌，那么这不仅可以帮助我们向加利福尼亚的其他地区扩张，还能使我们一跃成为全美其他市场的顶尖品牌。

多亏了审慎周密的计划和一点儿好运气，洛杉矶马上就拥抱了我们。在开第一家店之前，《洛杉矶时报》就把我们称为全美最好的咖啡。跟我们在芝加哥的遭遇不同的是，在洛杉矶我们几乎没走任何弯路。仿佛一夜之间，星巴克就成了时尚。我发觉，口口相传的效果实在比广告更好。

进入旧金山就相对难一些。在 1987 年 8 月收购星巴克时，我们同意 4 年之内不在加利福尼亚北部地区设店，以避免跟“毕特咖啡与茶”竞争。我给杰瑞·鲍德温写过一封热情洋溢的信（他仍拥有“毕特咖啡与茶”），向他询问我们是否有机会携手开发市场，而不是竞争。但他说不行。

到了 1992 年上半年，我们准备进入旧金山，可是当时面临着另一个问题：这个城市禁止在一些主要城区把商场改建成与餐饮业有关的店铺。这样只能让顾客站着喝咖啡、吃点心，而不能像别的一般零售店那样设置座椅。我们冒了个险，把店开在一条主要购物街上。亚瑟·鲁宾菲尔德当时是房地产中介人，他联络了其他一些咖啡店主，说服市政当局增加一条新的城规分区政策，允许“饮料店”设置桌椅。新政策一出台，我们马上开出许多咖啡吧，给旧金山一些社区的邻里来往注入了新的活力。

在这种快速发展的态势面前，我们最大的怀疑者是特种咖啡连锁店。他们中的许多人认为我们的计划行不通，甚至阿尔弗雷德·毕特，一个一生痴迷于星巴克咖啡的人，也预言如果我们要面向全美，星巴克咖啡的优秀品质就会遭殃。

他们怀疑的原因之一出于一种传统理念：一般而言，出售整颗咖啡豆的企业应该把市场做在本地，咖啡店必须邻近烘焙工厂。如果你把新鲜烘焙的咖啡豆穿过半个大陆运向外地，大多数人都会认为，这样的咖啡豆会丧失固有的风味和新鲜的口感。

1989 年，我们以令人难以想象的方法解决了这个难题。我们使用一种名为“风味锁定袋”的真空包装，用一次性阀门使二氧化碳气体逸出，同时不让有害气体和潮气进入。这种装置是星巴克在 20 世纪 80 年代初只为大宗交易准备的，现在被我们用作咖啡豆的保鲜设施，刚烘出的咖啡豆分成每 5 磅一包用箔纸裹封运往各地。一旦拆开，新鲜感就会有所减弱，所以咖啡须在 7 天内售出，逾时便捐给慈善机构。

回想起来，重新启用风味锁定袋是一个关键性的决定，这使得我们的扩张战略得以推行。采用了这一包装，我们就能为离烘焙工厂几千英里的地方供应最优质的新鲜咖啡豆了，这就意味着我们不必在星巴克进入的每座城市都建立一个烘焙工厂。甚至连我们西雅图本地的咖啡店，虽然离烘焙工厂只有几分钟路程，但也采用这种袋子，以保证用上最新鲜的咖啡豆。

每一次我们在一个新地方开店，总有人预言我们会失败。但到目前为止，他们都错了。

对我来说，做企业的兴奋之处在于不断攀登。我们意欲取得的每一次成功都像朝着人迹罕至的陡峭山峰攀上一步。攀登的难度越大，到达山顶时所感到的兴奋度和满意度也就越强。当然，正如所有全身心投入的登山者一样，我们总是在寻找更高的山峰。

第三空间

我很愿意把自己看作一个有远见的人，但我必须承认，特种咖啡的发展之快之大，超出了我原先的想象。

没人相信浓缩咖啡会走下神坛，变成如此大众化且被广泛接受的饮料。

没人预见到，咖啡吧和咖啡贩卖车会出现在全美的大街小巷和办公大楼的大厅，而且数量逐月增加。

没人想象过，就连快餐店、煤气站和便利店也会挂出“浓缩咖啡”的招牌以招徕顾客。

一种零售模式的全新创意，通过一整套体系化的构建而全面创造了历史——在这一时刻，对任何一个起初就认识到其优势所在的人来说必然意义重大，回报也相当丰厚。当它成为一种新的社会现象，进而演变为一种新的词汇，出现在电视节目和情景喜剧中，成为美国的代表词汇之一，以及文化和时代的一个特定因素时，它的意义就远远超过了企业家本人或一个小型团队的一时之间的头脑风暴。

星巴克在众多不同类型城市的成功使我暗自思忖：人们是怎样来回应我们的努力的？为什么星巴克以及相似的咖啡店，能在如此众多个相异的地方奏出和谐之乐？我们需要履行的义务是什么？为什么那么多顾客愿意排很长的队来买星巴克的咖啡？为什么有那么多排队者手上拿着外卖咖啡往外走？

最初我们只把原因归结为咖啡出色。

但随着时间的推移，我们意识到，我们的咖啡店具有一种更为深沉的浪漫情怀，给予了人们一种与咖啡同样有吸引力的氛围。

品尝浪漫。人们在日常生活中每天抽出10~15分钟，来星巴克店里小憩片刻。除了这儿，你还能在哪儿找到一进门就能闻到一股苏门答腊或哥斯达黎加咖啡香味的地方？你还能上哪儿去领略维罗纳和米兰风情？只要点上一杯咖啡，你就能享受到异国情调，为平凡的生活增添几许浪漫。

负担得起的奢侈消费。在我们的店里，你也许会看见警察或一个普通工人和一个富有的外科医生站在一起排队。那个蓝领工人也许买不起外科医生开来的奔驰车，但他可以花上两美元和那个外科医生买一杯一样的卡布奇诺。他们两人同样享受着一种世界和一流的产品。

一片绿洲。在这个喧嚣不断的世界，我们的店堂向你提供片刻的宁静，把你的思绪引向自身。星巴克的人对你微笑，迅速为你提供服务，而不会来打扰你。一个走进星巴克的人可以让自己获得片刻的喘息，从百事缠身、精疲力竭的状态中暂时解脱。

悠闲的社交互动。一家广告公司曾在洛杉矶的一处闹市为我们做了一项民意调查。众人交口称赞的一点是："星巴克是一个人际交往的好地方，我们去星巴克是出于交流感情的需要。"

奇怪的是，这个广告公司的调查发现，只有不到10%的顾客会在店里与他人交谈。大多数顾客只是默默地等在线外，然后告诉收银员自己要点的东西。但不知怎么回事，只有在星巴克店里，他们才感到自己融入了社会群体之中，除了每天瞧见家人的面孔之外，星巴克是使他们感觉最亲切的一个地方。

在美国，我们已经处于丧失人际交往的危险之中，而对于许多欧洲人来说，这种交流则是日常生活的一部分。在 20 世纪 90 年代，咖啡吧成了人们社交活动的一个重要地点，因为他们需要有一处不受骚扰的聚会地点，一个工作和家庭之外的“第三空间”。佛罗里达的一位社会学教授雷·奥登伯格，写过一本证明这种需求的专著，就是 1989 年出版的《第三空间》。

奥登伯格的理论是，人们需要非正式的公开场所，他们可以在那儿聚会，把对工作和家庭的忧虑暂时搁在一边，放松下来聊聊天。德国的啤酒花园、英格兰的酒吧、法国和维也纳的咖啡吧就为人们的生活创建了这样的场所。这些场所为人们提供了一种所谓的中间地带，在那儿，所有的人都是平等的，谈话是主要的活动。美国过去也有这样的场所，比如小酒店、理发店、美容店。但随着美国的郊区化，这些场所慢慢消失了，被自给自足的郊区家庭取代。就奥德伯格的观察来看：

> 没有这样的场所，都市地区就无法培育出各种人际往来以及各色人等的交流接触，而这些恰恰代表着一个城市的本质。由于失去了这类场所，人们只能被限制在自己的小圈子里。

然而，不管以何种方式进入这种角色，星巴克还没有完全达到理想状态——第三空间。我们没有足够的座位，而顾客们也不可能经常在店里碰见他们的熟人。大多数顾客只是买了咖啡，然后离开。美国人对交流仍有非常迫切的需求，一些顾客已经开始在星巴克里聚会、约见朋友、举行会议，常客之间也会打招呼。一旦我们理解了第三空间的强大需求，我们就能够做出回应，辟出更大的店堂，设置更多的座椅。在有些店里，我们周末晚上会雇来爵士乐队助兴。

因为我们最初的创意是提供一种快速的不设座椅的服务，同时在市中心写字楼兼做外卖，在今天看来，星巴克发展得最快的店铺都设在市区和郊外住宅密集之处。正如我们所预期的那样，人们不会半路下车只为了买半磅咖啡，然后再去超市。他们来我们店里是为了感受气氛和朋友情谊的。

在社会学家指出人际交往的重要性之前，我们的同代人在他们 20 多岁时已经理解了这一点。而青少年，他们没什么有安全感的地方可去，只好去商业区闲逛。等他们年长一些后，有些人觉得酒吧里太嘈杂，无法作为理想的聚会场所，于是他们来到咖啡店或咖啡吧。这儿的音乐比较舒缓，适合谈话。这是灯光明亮的地方，没人打牌，没人喝得烂醉。有时，会有一群人在去看电影或进行其他娱乐活动之前先到星巴克来碰面，有时，他们只是聚在一起聊聊天。

店里的气氛显然也是十分浪漫的。我们接到过一些夫妻的来信，他们曾在星巴克约会过，不论是在早高峰期间还是清闲的晚上，他们都享受了美好的浪漫情调。甚至有一对夫妻是在星巴克店里结的婚。

20世纪90年代的一些社会风气也有利于这种聚会场所的发展。越来越多的人过着两点一线的生活——从家到工作地点，远距离的则通过电话、传真、互联网彼此联络。他们去咖啡店是为了建立他们所需要的基本的人与人之间的互动关系。在互联网越来越盛行的时代，许多人除了电脑以外没有任何其他的互动关系。咖啡吧只是出于凑巧而流行起来的吗？在许多城市，像西雅图，都出现了电脑咖啡吧，成了那些喜欢咖啡、电脑和社交活动的人们的聚会场所。

回到1987年，我们中间没有一个人能预见这种人际交往的趋势，也不知道如何接这个招。虽然当时我们所做的一切都是为了吸引那些有资历、有智慧、天性中更闲适自在的潜在顾客，我们给他们提供的音乐和氛围也是我们自己所喜欢的。

人们不知道他们需要的是一个安全的、舒适的、具有邻里情谊的聚会场所，他们不知道自己会爱上意大利的浓缩咖啡。但当我们把这些东西给了他们时，他们激动的反应完全征服了我们。

这就是我们的扩张——尽管那么狂热——能获得超出我们想象的成功的原因。

大的机遇存在于创新之中。但创新必须是互有关联的和激动人心的，否则便会像烟花一样，一瞬间灿烂过后，马上消散得无影无踪。

POUR YOUR
HEART INTO IT

第 9 章

员工不是生产线上的零部件

财富不过是手段，人才是终极目的。如果不能用物质为我们的人民扩大机会，
那么一切物质的丰裕对我们而言都毫无意义。

——约翰 · F · 肯尼迪

《联邦国家》(1962 年 1 月)

失败的教训

1987 年，我父亲的肺癌恶化了。我一直用电话和他保持着联系，只要有机会就回纽约看他。我母亲每天都在医院里陪伴他，有我和弟弟妹妹的支持，她不用再去做前台接待的工作了。

1988 年 1 月的早些时候，我接到母亲打来的紧急电话。对这天的到来我已有了 5 年的心理准备，但你永远也不可能像这一刻那样感到心脏揪成一团。我搭上第一班飞机飞往纽约，幸运的是，在父亲过世前一天见到了他。我坐在他的病床边，握住他的手，试着回忆我们早年一起生活的那 20 年光阴，他教我打棒球和投掷橄榄球。

那么多的往事涌上心头，我根本无法理出头绪。我对父亲的生活一直感到遗憾，现在这种情绪中更是混合着悲伤和失落。我曾有过幻想，他的生活也许会因为我的梦想成真而得到改变。他眼神里的悲伤使我理解了多年来他为我们辛劳付出的重要意义，而现在那么多像他那样的人都要依靠我了。在他生命的最后一天，我生命中没有任何事情能与他正在忍受的痛苦相比。

对我来说，整个悲惨的事情中最悲惨的莫过于，因为他的离世他不可能亲眼见到我的成功了。在他最后一次来西雅图时，我带他去第一家“天天”店里，当时那家店还在装修。但现在我永远也不可能让他看到星巴克的发展壮大了。如果他看到公司的发展情形，他不会相信这是真的。

他去世后不久，我和童年时代的一个好友一起待了一段时间。当时他在一家德国公司做事，我曾去德国看过贸易展览。一天晚上，我们一起喝着啤酒聊了几个小时，我对他说起我对父亲的错综复杂的感情。

“如果你老爸是个成功的人，”他说，“也许你就不会有今天这样的动力了。”

也许我的朋友说得对。驱使我前进的部分原因是害怕失败，因为我太了解面对失败的滋味了。

最终我还是慢慢化解了内心的痛苦，学着尊重父亲曾经为我们做过的事，而不是为他没有达到目标而感到遗憾，毕竟他也曾尽了他的最大努力。但他去世之前我没能对他说我理解他，这是我生命中的一个重大遗憾。我不应该责备他没能克服超越自身能力的困难去争取成功。这是美国的错，在这个梦想之地，一个像他那样努力工作的人却找不到一个给他以尊严的栖息之处。

说来很奇怪，但的确是巧合，在我父亲生命的最后几个月里，我的主要工作正是与星巴克雇员之间建立互相信任的关系。我在他们一些人脸上看到的那种对管理层的怀疑，是在我父亲脸上经常见到的，那是同样的神色。人们感到被低估，对未来没有安全感，在当时，他们把怒气对准了我，如同我父亲当初那样。

但我不再是个无助的孩子了。我身处的地位使我能够着手去处理缺乏安全感和尊严的某些事情，而这样的事情在许多美国企业里司空见惯。

在这一年里，我开始着手解决这些问题。

可贵的医疗计划

一个颇具讽刺意味的事实是，零售业和餐饮业的成败在很大程度上取决于它服务顾客的水平，而这些企业雇员的收入却是最低的，福利也最差。在这些企业中，雇员不仅是公司的脉搏和灵魂，而且代表着公司的公众形象。每一美元都是经他们的手赚来的。

在商店和餐馆里，至关重要的是顾客的消费体验：一次糟糕的体验，就可能导致这个顾客再也不回头了。如果你的生意都掌握在那些二十来岁的兼职人员手中，而他（或她）要去上大学或者还有别的追求，那么你能把他（或她）视为一种消耗性的人力成本吗?

从一开始管理星巴克，我就致力于使它成为人人都愿意为它效力的公司。我们不仅为卖咖啡饮品的人支付工资，或者提供有限的福利待遇，我更希望星巴克能够吸引那些受过良好教育的人，还有那些和我们一样对咖啡有热情的人来工作。在我的想法中，慷慨的一揽子福利待遇是最具优势的竞争手段。在这一点上，许多以服务为主的企业却正好持相反的观点，他们以削减新人的福利待遇来压缩经营成本，而不是将此看作吸引和回报优秀人才的机会。

我要赢得这一回合。但我也需要确认我们何时能抵达终点，并且不让任何一个人落在后面。如果管理层和股东们以牺牲雇员为代价来获利，就不是真正的胜利。我们所有人应该一起抵达终点。

我父亲去世后，我想对星巴克的雇员就建立彼此信任的关系有所行动。从理想的角度看，我们应该让所有的雇员共同拥有这个公司，但我知道这在短期内不可能实现，我们还在为未来投资，不可能在其他地方花许多钱。至少在几年内，还不可能赢利。

所以，我需要想别的办法来回报雇员。雇员们曾经提过这样一个要求，就是让兼职雇员也享受健康福利，但这一要求被拒绝了。这是一个具有代表性的呼声，我不想无动于衷。

我决定向董事会的成员们建议，我们的医疗保险应该覆盖那些一周工作 24 个小时以上的兼职雇员。

在 20 世纪 80 年代后期，社会形势使得雇主的慷慨已无从指望。股市中的投机行为和飞涨的医疗保险成本使许多美国公司叫苦不迭，而管理层做出的选择往往就是降低福利。“股东利益最大化”成了压倒一切的紧箍咒，首席执行官们压缩成本和解雇数千名员工的措施，总会让华尔街为之叫好。这时候，如果哪家公司还把员工利益置于股东利益之上，就会被讥讽为家长式管理和缺乏竞争力。不近人情的做法（比如对增长的工资总额大砍大削，硬是把预算抠得紧巴巴的）受到鼓励。那些白领管理人员也学着使出狠招，对兢兢业业的下属根本不予以回报。

同时，居高不下的医疗保险支出却到了难以控制的地步。医疗保险成本的增长速度远远快于社会消费指数的增长，特别是20世纪80年代后半期。所以，很少有哪家公司会把兼职人员的医疗保险列入成本支出，那些有限的福利只能顾及每周至少工作30个小时以上的员工。大多数管理层都挖空心思想出各种招数来控制公司的医疗开销。

星巴克却走了另一条路：我们不但没有削减健康福利，而且想方设法增加这方面的费用。

我没有视这个计划为慷慨大方的善举，而是将其作为一个核心原则：把雇员看作家人，他们会对公司报以忠诚，付出他们的一切。设身处地为员工着想，员工就会为你着想。这是一种古老的企业精神，对于许多家庭作坊式的公司来说，这几乎就是第二天性。但在20世纪80年代后期，这种方式似乎被人遗忘了。

当我第一次提出这个计划时，星巴克的高层都对此表示怀疑。我是在星巴克还处于经济不宽裕的情况下提出这个增加开支的建议的。我们怎么可能在还没有赢利的境况下覆盖所有雇员的医疗保险费用呢?

当时，我们的董事会成员都是个体大投资者，或是他们的代表，很少有人有企业管理经验，他们也不曾有过激励下属打拼的机会。“你，就这么点儿钱，怎么可以对雇员如此慷慨呢？”他们问道，“怎么能够证明这些开支是我们可以承受的？”

但我激动地反驳说，这样做自有道理。我承认，表面上看来，成本上升了，但我指出，如果能减少人员流动性，我们就可以节省培训和招聘的开支。每招一个新的雇员，星巴克都至少要为他提供24个小时的培训，我们每雇一个人就意味着一笔不小的开支。在当时，一个全职雇员的全年福利只有1 500美元，而培训一个新员工的费用一年则要3 000美元。许多零售业都有意无意地鼓励人员流动，据传这样可以维持一种低工资、低福利的运营成本。然而，高度的流动性反过来也会影响顾客的忠诚度。我们有些顾客来得非常频繁，他们一进门，咖啡师傅就知道他们要喝什么。如果这个咖啡师傅离开了，企业与顾客间的坚实纽带就断了。

我说，兼职雇员对于星巴克非常重要，事实上，他们代表了2/3的雇员。我们的店铺必须很早开门——有时是早上5点半至6点钟，而通常要到晚上9点甚至更晚才关门，我们所依靠的雇员必须是愿意在稳定的基础上做短期工作的人。从许多方面来看，兼职雇员大多数是学生或同时兼顾几头的那些人，他们和全职雇员一样需要医疗保险福利，我觉得我们应当尊重和珍视他们为公司做出的贡献。

董事会通过了我们于1988年开始为所有的兼职雇员支付全额健康福利费用的提议。就我所知，我们是唯一一家这么做的自募资金公司——后来，也是唯一一家这样做的公开上市公司。

这是我们曾经做出的最好的决定。

我们的医疗保险计划是一笔很大的开支，这是事实。几年来，我们在这方面新增的各项费用远远超过了大多数与我们同等规模的公司，其中包括疾病预防、意外事故、心理健康、化学品接触、视力和牙齿。星巴克负担其中75%的费用，雇员自已负担25%。我们给未婚同居者的待遇跟已婚者一样。由于我们的雇员基本上都比较年轻健康，月度支出也比较容易控制，所以我们可以扩大负担费用的范围。

其实，星巴克的这份投资得到了很大的回报。最明显的效果就是低耗损。从全美范围看，许多零售店和快餐店的人员流动率都从每年150%飙升到400%。在星巴克，咖啡师傅的平均流动率只有60%~65%；就店面经理来看，我们的流动率只有25%，而大多数公司的流动率是50%。好的福利待遇吸引了好的雇员，并使他们待得长久。

更重要的是，我发现健康计划使我们的人在精神面貌上发生了很大变化。当公司对雇员做出慷慨的表示后，他们就会在自己所做的每件事情上都表现出更加积极的态度。

检视这项健康保障计划的实施效果，对我触动最深的是在1991年，当时我们失去了一个最早也是最投入的雇员吉姆·凯利肯，他死于艾滋病。吉姆起初在我们的第二家“天天”店里做咖啡师傅，很快便升任店面经理。吉姆对“天天”和后来的星巴克非常着迷，他热爱公司。

可是有一天，吉姆走进我的办公室告诉我他得了艾滋病。这需要非常大的勇气。我知道他是个同性恋者，却不知道他患了病。他对我说，他的病已经到了一个严重的阶段，也许不能再工作了。我们坐在一起哭了，因为我不知道用什么有意义的话来安慰他，我拥抱了他。

那时，星巴克还没有为雇员设立艾滋病保险，我想我们必须再制定一项政策。因为吉姆，我们决定将医疗保险覆盖全体雇员的所有疾病，在他们不能工作以后也要为他们支付所有的医疗费用，直到他们被纳入政府提供的保险为止——通常是在 29 个月之后。

后来，我经常到医院去看吉姆，和他聊天。不到一年，他去世了。事后我收到他家人的一封信，告诉我他们对我们的福利计划有多么感激。如果没有这个计划，吉姆不可能有钱支付自己的医疗费用。因为有这一保障，他在最后的时间里不用担心自己的医疗费用，他为此心存感激。

甚至直到今天，像我们这样规模的公司也很少会替所有的员工（包括兼职人员）支付医疗保险费用。令我记忆犹新的是 1994 年，我受克林顿总统之邀前往华盛顿，在他的椭圆形办公室里和他进行了一对一的会谈，向他介绍星巴克的医疗保险计划。

当我到达宾夕法尼亚大街 1600 号时，我尽量想表现得若无其事一些，但心就是怦怦地快速跳个不停。有人从后门把我接进去，带着我穿过地下室、走廊，穿过悬挂着历届总统画像的长廊：华盛顿、杰斐逊、威尔逊，有一个高个子，我想是林肯，还有罗斯福和肯尼迪。能让我来到白宫的并非什么丰功伟绩，也不是登上月球或发现治疗癌症的绝招。我所做的事情就是为我公司的雇员提供医疗保险——为所有的雇员，可这是任何一个雇主都能够做到的。

我被带到楼上，坐在椭圆形办公室外面等候。

电话铃响了，“总统将在三分钟后见你。”一位女士说。我整整领带，检视全身上下所有细节。

“总统将在一分钟后见你。”那位女士说。我又一次扣了一下袖口，紧了紧领带。我看着秒针在钟面上走过一圈，但门还没有打开，我在椅子上不安地动了动。门突然打开了，总统向我伸出手，他把我带进办公室。我在电影里多次见过这个椭圆形办公室，此时此刻却是亲眼看到。我马上注意到他办公桌上有一个绿白相间的星巴克咖啡杯，里面盛着热气腾腾的咖啡。

我不知道自己脱口而出的第一句话为什么会是：“你在这儿走动时，没有感到过畏惧吗？”

他笑了，说：“经常有这种感觉。”他让我感到放松，我们交谈了大约 15 分钟。

会面结束后，他领着我穿过大堂走到罗斯福厅——那儿被用作小会议室。在对记者讲过话后，我和其他一些公司的总裁一起参加了一个私人午餐会。真是一次令人眩晕的经历。

在两次会见间隔的几分钟里，我要求使用一下电话，有多少人像我一样做过这样的事呢？我打给布鲁克林的母亲，我说："妈妈，我正在白宫给你打电话。"

"霍华德，"她说，"真是再好不过了！"

我真希望父亲还活着，在我的意识中，他还活着。

富有意义的使命宣言

从一开始，我就希望雇员们能够认同公司的使命，立志成为一个成功团队的一分子。这就意味着我们要有鲜明的主张——广泛听取来自企业内部各个层面的声音，形成某种纲领性的东西。

1990年年初，我们的高层管理团队审慎分析了公司的价值观和信念，在一处僻静的休养地起草了一份使命宣言。我们想清楚地表达一种强有力的信息，并把它转述为一种行动纲领，以指导我们在每一层面上检视公司所做的每一个决定。我们把草稿发给星巴克的每一个员工，请他们都看一下，在他们评议的基础上再做修改。由此产生的使命宣言贯穿着以人为本的理念。它不是装饰我们办公室墙壁的奖状，而是信念的实质体现；它不是灵感的罗列，而是我们共同拥有的引领企业发展的原则基础。

使命宣言的起草历时3个月，涉及50多名雇员的操作个案，但这只是我们总的行动过程的第一步。我们要确保管理层能听到同事们的声音，还要确保长期经营方针由公司员工参与制定。在董事会的敦促下，我们聘请胡德山集团拟制一个模式。这是波特兰的一家咨询公司，他们组织了若干团队，每一拨人都是从非主管人员中挑选出来的，来自咖啡店、办公室和工厂。1990年夏季，他们时常从各自的岗位聚到一起，讨论相关问题，在管理决策、市场扩展和人员规模诸方面提出建议。后来，这一切建议我们几乎都采纳了。

"人员规模"那一组出了许多有可行性的好点子，他们推荐了一个星巴克长期股票期权计划，这是我一开始就在做的一个梦。他们坚持认为，仅仅把使命宣言写出来告知大家是不够的，星巴克还需要一整套确保使命宣言得以实施的方法。于是，他们建议成立一个“使命评议”组织，每个店铺的每个雇员都应该受到鼓励去填写一种明信片大小的评议卡片。如果他们看到管理层做出的决定有悖使命宣言，就可以向使命评议组织汇报。

大多数业务主管对这种制度心存畏惧，我也一样。1990 年 9 月的一天，“人员规模”团队的成员就拟订的方案给公司管理层做了演示，当时他们感到很紧张。他们已经演练过好几次了，还是担心到时候会在哪儿卡住。我听着他们的发言，心想：我真的要雇员们组成这样的团队来监督管理层，以此来提高我们的管理水平吗？如果我拒绝，那么管理层搞这样一个使命宣言的诚意何在呢？大家怀着敬意聆听着，提了一些问题。经过几天的考虑，我们批准了这个建议。

使命宣言在几个月后出台，至今仍可做出修订。针对与此宣言不符的行为，任何部门的任何雇员都有权提出批评建议，而且我们还允诺相关部门的经理必须在两周内做出回应，不管是用电话还是信件。我们给每个新来的雇员印制建议卡，当然还包括其他公司都印发的那些表格。我们每年都会收到好几百张卡片，提建议者可以不署名，当然，不署名的建议人就得不到直接回应。我每个月都会认真地阅读那些和其他报告一起来的建议。

随着企业的发展，使命评议已经成为我们众多分散的劳动力的重要联系纽带。每个季度，从公司各个部门选派的团队就会聚到一起商议雇员们最关心的一些问题，寻求解决办法，向我们的季度公共论坛提交报告。这样的过程不仅让使命宣言一直保持着勃勃生机，而且为大家提供了一个公开交流的重要渠道。许多了不起的建议因此被采纳实行。

为什么要让雇员成为公司的伙伴？

1990 年 10 月，我向董事会报告，这是我们第一个赢利的年份。赢利让我长舒一口气，我现在可以考虑采取对星巴克产生长期影响的更具深层意义的风险行动了。

如果说，有哪一件事能让星巴克在企业界独树一帜，可能就是“咖啡豆股票”了，这是我们给自己的股票期权计划起的名字。由于这个计划的推行，我们把星巴克所有的雇员都变成了合伙人。

我想找到一种方法，在与公司雇员共享星巴克事业成功的同时，也能分享资金运作上的利润，但我还不知道具体怎么做。1991 年 1 月，我们人力资源部的一位女士布莱德利・霍尼卡特，在研究过各种不同的方案后，推介了这个计划。她与咨询顾问交换了意见，并对其他公司做了调查，找到了许多不同模式，但没有一种符合我们的意图。多数方案只适用于上市公司，如直接赠股、股权置换之类，还有一些方案对高级管理层有利，如股票期权。像我们这样的自募资金公司，不可能这样做，因为我们不是流通股，唯一可行的方案是让雇员持股。但是，这种做法通常是为了筹集资本。

我们的意图显然是另一回事。我们是想将持股人的利益和公司对雇员的长期报酬结合在一起。我期望两者都有机会共享企业发展的好处，厘清他们对公司的贡献和公司资本增值之间的关系。

最后，我们决定采取一个大胆的创新举动。虽然我们只是一家自募资金的公司，但这并不妨碍我们在全公司范围内向每一个雇员赠予企业股票，从最高的领导层到咖啡师傅，以基本工资为基数按比例分割。如果他们通过自己的努力，每年都能帮助星巴克取得更大的成功，那么他们也相应会有更多的收益。而且，如果他们有朝一日能使星巴克成为上市公司，他们的股权最终可能就是很大一笔钱。事实上，这是在给予他们机会去创造自身的价值。

我们几个人反复推敲这个方案的名称，试着给它赋予一点儿新意。布莱德利在一个星期天和她丈夫一起慢跑时想出了“咖啡豆股票”这一名称，这不只是戏谑地联系到我们是卖咖啡豆的，而且隐喻了那根“杰克的豆茎”①——它后来长到了天上。好，我们也会有这一天的。

1991 年 5 月，我们正式把这个计划提交给董事会。我使尽浑身解数去说服董事会成员，有时跟一群人，有时是一对一，向他们解释为什么我确信这项计划会起作用。他们的主要顾虑是这样会稀释投资者们曾冒着很大风险投入的股份。

我预料到会有这样的反对意见，我是这样说服他们的：向雇员赠股必然使公司获得

---

① “杰克的豆茎”，指英国传统童话《杰克与豆茎》中的神奇豆茎。——译者注

强大的后援支撑，这样做有利于促进销售和利润增长。投资者的股份比例也许相对缩小了，但他们名下的股值肯定会增长得更快。我告诉他们，如果我们能把每一个雇员都结合到一个整体中来，那么他们就会跟首席执行官似的以同样的态度来对待公司。最后，这个股票计划还在有些方面添加了涉及价值观方面的条文——有关企业的团队运作规程，作为基准的职业道德与敬业精神等。

“咖啡豆股票”计划在5月份投票表决，董事会全体成员一致通过。展望这个表决结果带来的发展前景，他们和我一样兴奋。

就我所知，没有哪家公司实行过像“咖啡豆股票”这样的计划——涵盖面如此之广，又如此果敢超前。当时我们还是一家自募资金公司，向700多名员工赠送股票，还必须得到联邦证券交易委员会的特许豁免（按规定，若一家公司注册股东超过500个，联邦证券交易委员则将视其为上市公司）。甚至在今天，你去找找看，特别是做零售的公司，没有向全体雇员赠送股票的。软件和其他高科技公司有提供股票期权的事例，但一般也只给它的软件开发者或高技能专业人员。在零售业，没这回事儿。

1991年8月，我们向雇员推出了这项计划。9月上旬，我们举行了一次大型会议，向大家完整地做了说明。我告诉大家这是我长久以来一个念念不忘的梦想。当时的首席财务官奥林·史密斯做了一个幻灯片演示，向大家解释股票分配情况——这是一桩复杂的事情，就连上市公司的雇员都很难弄明白。每个雇员都领到一个系着蓝丝带的小包，里面有一本详细解释咖啡豆股票方案的小册子。我们用苹果、香槟和小饼干庆祝大家都成为“成长中的……伙伴”，这句话预示着咖啡豆股票的未来之路。

从那一天开始，我们便停止使用“雇员”这个词。现在我们把公司所有的人都称为“伙伴”，凡是为公司工作6个月以上者，都是合法的股权持有人。兼职伙伴只要每周工作不少于20个小时，就享有同等权利。

第一次股票赠予是在1991年10月1日，也就是在有财务收入的第一年接近年末的时候。每个伙伴都可以在他（或她）的年基本工资的基础上获得价值12%的股票期权。举例来说，一个伙伴的年薪如果是20 000美元，就能得到价值2 400美元的股票期权。在那以后，他（或她）每年可以兑现其中的1/5，即第一年低价额定的股票可按当前的价格卖出，持股人可以一直保留这个差价。此后，借助利好的局面，每年10月我们都将股权提升为基本工资的14%，这样一来，只要伙伴们还在星巴克，他（或她）就会得到工资以外14%的收入。股票价格逐年上扬，股票期权也越来越值钱。

我们的第一只咖啡豆股票的每股价格是6美元。到1996年9月底完全交付时，每股价格已达到33美元。其间由于我们的股票经过两次拆股，每一原始股的期权分成了4股，其总值就是132美元。这么来解释吧：1991年一年挣2万美元的伙伴，5年后仅以他们1991年的股票期权，便可以兑换5万多美元的现金。

不过，在咖啡豆股票还未来得及向伙伴们证明它的任何价值时，它对人们的职业态度和工作方法的影响就立竿见影了。我开始注意到伙伴们想方设法为公司节省开支，比如，有人乘坐星期六夜间的红眼航班出差以节省机票钱，他们会说“我是有咖啡豆股票的人”这样的话。大家琢磨着搞创新，降低费用，提高销售额和创造价值。作为公司的伙伴，他们发自内心地热情地对待顾客。

这样一来，公司的伙伴们都能认识到创造价值和利润的重要性，把他们的利益与股东的利益挂上钩。每个季度，我们都会在公开论坛上告知大家我们的经营业绩，让时间去发现问题和解决问题，有时他们抱怨我们对数字关注太多，但到了晚上，他们又觉得应该使自己的个人要求与公司的总体运作保持一种平衡关系。

如何评估重视伙伴意见和与他们共同拥有一家公司这种做法的益处呢？你无法评估。但获益之深超过了你的想象。“人员规模”团队的一位成员名叫马丁·舒奈西，他是一个能说会道的家伙，高个子，脑后扎着马尾辫，他在工厂做收货员，摆弄那些装满新鲜咖啡豆的沉甸甸的大麻袋。他曾被邀请到厂外一些地方和办公室白领一起参加会议，并请他对管理层提出建议和要求，他对此感到非常惊讶和激动。几个月后，他走进我的办公室跟我说，我们需要一个有奉献精神的专职经理——事实上，他想要我雇他为领班。我叫他把自己的建议写下来，然后去向业务主管们表达自己的想法。他照做了，6个月后，我们采用了他的建议。

1992年上半年的一天，马丁走进人力资源部，带来一封信，上面有仓库和工厂大多数工人的签名，信上说他们不再需要工会来代表他们的利益了。“你们让我们共同掌管这个企业，”他说，“无论有什么投诉，你们都会解决。你们信任我们，现在我们也要信任你们。”

对我来说，没有比收到伙伴们对我的咖啡豆股票的感谢信更让人感到欣慰的事了。一个名叫贾尼·多邦斯匹克的伙伴，是1989年加入星巴克的，起初她是戴夫·奥尔森的助手，后来升任西雅图烘焙工厂的生产调度员。1994年，她买了第一幢房子，在西雅图的塞沃德广场公园附近，那是一幢孟加拉式平房，还带有一个“超大的花园”。她以前一直和她姐姐住在一起，最后终于可以买下自己的房子了，她就是靠兑现了一些早期的星巴克股票期权，才付得起1万美元的首付款的。

我时常听到诸如此类的消息：马丁·舒奈西卖出咖啡豆股票买了最新款的哈雷摩托车，某位伙伴买了度假屋，某位伙伴买了古董车。也有的伙伴将手里的股票兑现后带着一家人去看望她丈夫的亲戚——那家人她还从未打过照面呢。还有人把股票兑现后支付了大学学费。听到这些故事，我更明确了我们所做的一切努力和星巴克的价值所在——那已经超越了买进原料和烘焙咖啡来满足顾客的需求。

如果你把自己的员工视为一辆汽车上可拆卸的零部件，那么他们也会以同样的眼光来看待你。但他们不是零部件，他们每一个人都是一个独立的个体，既需要自我价值的肯定，也需要金钱来养家糊口。

我真希望星巴克是我老爸曾工作过的公司。虽然由于没有高学历文凭，他也许不可能成为一个业务主管，但如果他在我们的店铺或工厂里有份活计，他就不至于由于公司不看重他的价值而被排斥在公司利益圈之外。他本该得到健康福利保险和股票期权，在良好的环境中工作。其间，他的建议或投诉也会很快被接受，并得到怀有敬意的答复。

星巴克发展得越大，某些部门的某些伙伴该得而未得到尊重的可能性就会越大。如果不注意这个问题，我们就会面临比任何财政问题都要严重得多的问题。

说到底，如果没有伙伴的投入和热忱，那么星巴克要赢得源源不断的客流是不可能的。在企业经营中，这种激情来自拥有感、信任感和忠诚感。如果你削弱其中任何一项，伙伴们就会把自己的工作仅仅视为一种谋生手段。

有时候，我们会丢失这种远见，特别是星巴克发展壮大后，最新招入的伙伴和最新开设的店铺最有可能拉大我们之间的距离。但我心里明白，如果我们仅把伙伴视为生产线上的零部件，视为成本中的一项开支，我们就不可能实现自己的目标和价值。

他们的激情和贡献是星巴克的第一竞争优势。失去了这些，我们就会全盘皆输。

星巴克使命宣言

将星巴克建成全球极品咖啡中的翘楚，并在公司不断发展的过程中，坚守自己一贯的指导原则。下列六项原则将帮助我们判断公司各项决策的正确性：

- 提供完善的工作环境，并创造互相尊重和信任的工作氛围。
- 秉持多元化是我们企业经营的重要原则。
- 采用最高标准进行采购、烘焙，并提供最新鲜的咖啡。
- 时刻以高度的热忱满足顾客需求。
- 积极贡献社区和环境。
- 认识到赢利是我们未来成功的基础。

POUR YOUR
HEART INTO IT

第10章

万丈高楼始于一石一木

有远见的企业创办者……首先会集中心思打造钟表——构建一个组织，而不是报告时辰，创造出有前途的产品，在市场上一炮走红。

——吉姆·柯林斯、杰里·波勒斯

《基业长青》①

① 《基业长青》一书中文版已由中信出版社于2009年10月出版。——编者注

有时，亏钱也值。

而今，在这一点上有了新说法。

亏钱是可怕的，这是我从经验中感受到的。尤其对于成熟的、有基础的企业来说，亏损是危险的。不过，就年轻的创业公司而言，正是充满希望的时候，亏钱可能是其成长曲线中投资超前的健康表象。

如果你急于追求快速增长，你就需要奠定一个比你设想的规模更大的企业的基础结构。

你不可能在两层楼房的地基上建起一幢百层高楼。

投资者须有怎样的胃口？

星巴克是从我接管以后开始赢利的。我花了很长时间才意识到，我们无法同时做到既保持利润水平，又建立我们所需要的快速发展的坚实基础。我当时预计会有三年的亏损期。

事实上我们正是这样走过来的。1987 年，我们亏了 33 万美元。接下来的一年，我们的亏损增加了一倍，达到 76.4 万美元。第三年，我们的亏损是 1 200 万美元。直到 1990 年，我们才扭亏为盈。

对我们所有的人来说，这都是一段令人心烦意乱的时期，许多日子都在忐忑不安中度过。虽然我们明白这是投资未来，也能接受暂时不赢利的结果，但我还是经常对此产生怀疑。

1988年的某一天晚上11点，罗恩·劳伦斯来敲我家的门。雪莉和孩子已在楼上睡着了，当我把罗恩领进厨房时，只见他面如死灰，他刚计算了月度报表，我们的亏损额超过预计的4倍，而董事会就在下周开会。坐在桌边，看着面前的财务报表，我真的惊呆了。

“我不能带着这样的数字去董事会，”我说，“这真是令人难以置信，怎么会这样？”

罗恩解释说这是一种不常见的情况，有多种因素对收支损益造成冲击，这样的情况不会再发生了。那天晚上我还是没睡好，想着怎么向董事会的股东们解释何以出现如此巨额的亏损。

如我所料，董事会上局面相当紧张。“情况太糟了，”一位股东在听完我的报告后说，“我们必须改变策略。”当时我们只有20家门店，一些股东认为我的计划过于冒进。我心里盘算着怎么跟他们商榷这事儿，在会谈中他们必然会抱怨说：“我们得把这家伙赶出去，不知道霍华德都干了些什么，事情还没上轨道，再这么弄下去，他还得亏掉我们多少钱才算完啊？”

压力很大，我必须说明亏损的原因，并证明这些亏损对于我的投资策略而言是必要的，钱并不是都扔进了阴沟里。虽说我内心受到很大震动，但我还是必须唤起自己的每一份信心，以重建他们的信心。

“是这样，”我对董事会说（尽量使自己的声音保持镇定），“为了扭亏为盈，我们必须做以下三件事：一是必须超前组建一支适应企业扩张需要的管理团队；二是建立一套世界级水平的烘焙设备；三是我们的电脑信息系统必须足以支持成千上万家店面的发展需要。”

虽然这些要求在几年后以各种不同的方式得以兑现，但这些话语成了一种祈祷文，每个季度都要重复一番：“我们的投资必须走在成长曲线的前面。”

幸运的是，董事会和股东集团用非常了不起的耐心来支持我和我的计划，当然，如果星巴克没有在1990年扭亏为盈，他们就有很好的理由把我一脚踢开了。

现在回首当年，我意识到我们的策略是非常正确的。在那些日子里，在 1987—1989 年，我们通过聘用关键岗位经理和超前投资设备（其实很快就用上了），为企业向全美发展夯实了基础。代价是很高的，可是如果不这样做，那么我们永远也不可能一年接一年地加速发展，而且没有喘不过气来。

当你创建一个企业时，不管规模大小，关键是要意识到，计划完成的时间往往比你预计的时间长得多，代价也大得多。如果你有一个雄心勃勃的计划，你就必须考虑到，当下投入的钱务必比收益多，哪怕销售额在飞速增长。如果你聘用了有经验的主管，装备了超前的设备，而且制订出度过艰苦创业时期的清晰计划，就可以说，你已经为企业挂更高速度的挡位做好了准备。

我们要做的是，算出两年后要做到多大规模，然后根据这个规模来聘用有相应经验的管理层。他们的背景能使他们对发展中出现的问题和陷阱有思想准备，并能根据情况采取相应的对策。走在成长曲线前面聘用管理人员，在当时看来成本确实太高，但相对于那些未经磨炼而缺乏经验的新手来说，他们的专业背景和实际经验可使之避免新手们难免要犯的错误。这是更为明智的选择。

当然，搞基础建设需要投钱。就理想而言，钱最好在你需要之前就摆在那儿等你去花，资金充裕不仅能帮你早早地为发展与扩张做好铺垫，还能使你对发展中的问题和机遇做出快速反应。说服股东增加投资可能是企业发展中最艰难的事情了。站在那些经济知识渊博而又对你的计划充满疑惑的人的面前，告诉他们："我们正在亏钱，你能再多投资点儿吗？"这真是一种令人羞愧的经历。

在这样的情况下，我们只花了一年时间就筹齐了收购星巴克的 380 万美元，而接下去又筹到了 390 万美元为增长计划做资金准备。到 1990 年，我们甚至需要更大的资金规模，便从风险基金融资 1 350 万美元。第二年，我们完成了第二轮的风险基金筹资，这回是 1 500 万美元。到 1992 年星巴克成为上市公司之前，累计有 4 轮自募资金。如果星巴克做砸了，或者投资者对我们失去了信任，我们就不可能拥有这样的资金规模。

幸运的是，星巴克的年收益达到了 80%，我们开店的速度几乎每年翻一番。我们把店铺开到西雅图之外，开到了像芝加哥那样的地方，以证明我们的创意在其他城市也行得通。我们使每一家店都表现出一种颇有吸引力的"经营组合"，投资者们能从中瞥见一个浑然一体的风味咖啡企业已风行全美。

为了加速扩张店铺，我们需要比当时收购的星巴克更多的烘焙设备。在杰克·贝纳罗亚的帮助下，1989年我们在西雅图新建了办公楼和工厂，当时我们觉得已经够大了，用上10年也没问题。里面安装了从机场直接运来的高速烘焙机和包装设备，当时看来那是一幢超大的建筑物，但现在那地方只是我们的一处邮购业务中心。

保证新开张的每一家店都坐落在有利的地段，这也导致扩张成本不断上升。从1987年起的5年时间里，我亲自负责每一家店的选址——足有一百多家。我们瞄准的是最醒目的地段，不是市中心的写字楼，就是人口密集的市内和郊外住宅区，最好靠近超市。我们和各地的房产代理商合作，1989年，我们聘用了一位最出色的房产经纪人伊夫斯·密萨依，担任公司负责房地产事务的副总裁。在公司内部，是我俩负责每处店址的事先筛选和最后拍板工作。我们的选址过程总是大费周折，因为我们承受不起一点儿差错。一个店址的错误就可能意味着账面上租赁权增益价值降低35万美元，还不包括租金开支，还意味着股份上缩减了50万美元，而我们本来可以用这笔钱投资别处，产生的效益也未计算在内。

后来，我觉得对于一个首席执行官来说，让店面发展占用太多时间有点儿不划算，于是我做了一个有争议性的决定：从纽约聘请一位老朋友来担任房地产高级副总裁。亚瑟·鲁宾菲尔德是我在格林尼治村的那些日子里结识的，他是一个务实的建筑师和开发商，在我迁往西雅图的同时他也搬到了旧金山。亚瑟以其专业背景在加利福尼亚北部开了一家中介公司，我们请他来帮助打入旧金山的市场。我知道，我需要他的专业知识和判断力，他是我可以信赖的人。选对店址对零售业来说是一件至关重要的事情，所以需要一个对公司的未来怀有激情的人来做。

但亚瑟不想只做选址工作，他对我说，在房地产方面，我们需要的是对设计和建筑要求口径统一的完整设想，这些应当统一在一个人的指导下，以避免不同意见的扯皮。他联合各个部门组建了统一的店面开发机构，最终使星巴克的每一家店都能如期开张。在最初发展的1 000家门店里，只有两家因选址不当而关门，很少有零售商能拥有这样的成绩。

虽然我们宁愿租赁而不愿买下铺面，但我们还是得承担所有的设计和装修费用。为什么？因为我们的想法是每一家店都必须归属公司。我们不想采用加盟连锁的形式。与加盟连锁店分担费用，这一点虽说很诱人，但我不想失去与顾客联系的重要纽带。

在这一切活动后面，我们继续为更大规模的运作而投资。1991 年下半年，当有了 100 家店铺时，我们聘用了卡罗尔·伊斯汀，她曾是麦当劳的电脑专家，我们给她的是一张白纸，要求她为我们设计售货点操作系统，连接所有的网点，并足以支持今后三年内我们拟增的 300 家店面的运营。

如果一家公司开始走下坡路，或者停止发展，那么几乎总是因为它不再向所需的人力或经营设施上投资。大多数人都会低估这部分投资的重要性，通常他们也会低估自己对于大量亏损报告的感受。不幸的是，这是零售业发展初期所必须经历的，除非你通过发展连锁经营来解决资金问题。大量投资的最明显的初期效应，不仅是潜在的年度亏损额，股东们的股份也会缩水。

如果你想知道星巴克是怎么做对的，你就必须检视一下我们的竞争对手，了解一下他们是怎么做错的。显然，星巴克并没有做得很完美，但是在我们这一行的竞争对手身上，你可以看到所有我们没有犯的那些错误：公司没能筹到足够的资金来支撑发展的需求；发展连锁经营太早，范围太广；公司对质量失去了控制力；公司没有向营销系统和生产工序上投资；公司雇用了缺乏经验的人，或者说没有雇对人；太急于发展而选错了地方；公司没有制定政策，在不可能有发展前途的情况下没有相应的市场撤离机制。他们也都亏了钱，有些还在亏，但他们没有用这亏损的几年时间为将来的发展打下坚实的基础。

在一个发展的企业里，你不能太抠。但在企业初创阶段，你也不能掉以轻心地处理每一笔开支而导致大量亏钱。发展会掩盖许多问题，而你必须正视运作中的正确与错误。幸运的是，我们在最初的几年里就意识到了这一点。我们的投资人也有着很大的胃口。

如果智者没有发现你，你就去找他

经商亦如人生，当你明确了什么是自己孜孜以求的目标时，你就知道了要去找什么。

在那些亏钱的窘迫岁月里，我意识到自己极其需要一位贤明的智者。我有一个可信赖的董事会，这些富裕的投资人相信我（最大限度上）能做出正确决策。他们时常对我提出疑问，但由于其中大多数人并没有在全美范围内做零售企业的经验，说到企业长期发展，他们只能拿出有限的指导意见。

我压根儿没想到运作一个企业会这么孤独无助。你永远不能说自己想甩手不管，也不能承认自己不懂。当企业还在烧钱时，当你面对那些对你寄予很高期望的投资人时，当你突然发现自己必须为数百名伙伴负起责任时，当你面临艰难的用人决策时，那种挫折感和焦灼感带来的压力很少有人可以帮你分担。从在复杂的人际关系中赢得人心，到打造复杂的发展规划，我必须从中找到一个平衡点——我时常感到自己像是在进行政党竞选活动——简直就像面对许多不同选区各色人等的选民去解释自己计划的可行性。就是那种感觉。

虽然可以雇用有天赋、有才干的人来打理一切，但许多公司总裁还是觉得自己最缺的就是一个可依赖的团队。在那些自己必须呈递报告的人的面前，他们不想示弱，但他们常有拿不定主意或害怕的感觉，或者换一种情形，如果他们只是想大声嚷嚷出来，那也得有几个能够在电话那头听自己发牢骚的朋友，让他们发泄出来。譬如，他们说：“噢，真倒霉！你真不能相信今天发生了什么事儿！”

在“天天”时，我唯一可以倾诉的人是雪莉。我回到家经常已是身心俱疲，所以当时我肯定是很难相处的。她早已知道我需要的是什么，而且知道我是因为太专注于工作，她明白应该为我减轻压力。那段时间的许多事情都证明了雪莉在这方面的忍耐和智慧，但我仍然深深地感受到需要一个专业密友来帮助我。

在并购星巴克后不久，我和一个投资者成了朋友，他叫史蒂夫·里特，是一个很随和、很亲切的人，他在西雅图经营一家皮革清洁公司。在将近两年的时间里，直到我的女儿出生，我们都经常在一起跑步，每周三个早晨，早上5点半开始。跑步的时候，我就能得到史蒂夫对我所面临的任何问题的解答。这对我来说是最好的良药。史蒂夫是一个难能可贵的指导者，因为他完全支持我。我可以和他分享我的胜利，也可以向他诉说我的疑虑。他对我非常信任，我们成为亲密无间的朋友。但即便是他，也不曾有过创办一家零售公司的经验。

我知道我需要的是一个有过相同经历的人，这个人能够理解我的目标，有过创办快速增长企业的经历，也曾与零售业同呼吸、共命运，在我走到陌生的岔路口时他能给予我指导。

我对西雅图工商界人士做了一番调查，掂量着那些曾在零售业叱咤风云的人物。其中有一位，既有我所缺乏的经验，又乐意给予我帮助，他叫杰夫·布劳特曼。

杰夫比我年长11岁，在零售业已是老手。作为零售商的儿子，他凭本能摸清了这一行的门道。他管理过一个有20家店铺的家族服装公司，还创办了其他几家公司。1983年，他做了一个最大胆的举动，就是创办考斯特克批发公司，这是一家俱乐部式的会员制批发公司。10年后，他和吉姆·辛格尔把考斯特克建成了全国性的有上百家批发站的大公司，年销售额高达65亿美元。1993年，他们和普拉斯俱乐部合并，现在杰夫是这个联合公司的董事长，公司年收益达到190亿美元，有250多家仓库。相比之下，星巴克只是侏儒。

我第一次见到杰夫·布劳特曼是为“天天”筹钱时。买下星巴克后，我给他打过几次电话，向他咨询过一些事情。他毫不吝啬自己的时间，无私地给我帮助，而这还是在他和星巴克没什么关系的时候。他具有把握有利商机的第六感，对于企业所面对的各种问题都能心领神会。我向他倾吐内心秘密，我知道可以信任他。聆听他的指教，对他的才华和天赋我时常心生钦佩。他成了我的良师益友和顾问。

几次会面后，我邀他加入星巴克的董事会，但是我花了好长时间才说服他。杰夫对于自己的投资，无论在时间上还是金钱上都非常谨慎，而他一旦着手做了，就毫不含糊。

杰夫后来于1989年加入我们的董事会，那是星巴克历史上一个非常艰难的时期。我们差不多已亏损了三年，而且进入芝加哥的前景也不明朗。虽说我向董事会保证过，1990年将是我们扭亏为盈的一个财务年度，但在逐年增加的亏损面前，我需要杰夫来支持我。他的意见具有权威性，因为他有经验，比我在净亏损的基础上所做的保证更容易为他人所接受。

杰夫非常理解这一点——快速发展的零售公司在向全国性市场推进时需要筹集充足的资金。到1989年下半年，星巴克显然需要在西雅图以外招徕机构投资者，也就是意味着要得到风险资本投资人的认可。作为新上市的一家公司的董事长，杰夫具有可靠的信用度和广泛的业界关系，可为我们解决许多问题。

最初，对于走这一步我心存警觉，因为听说有些风险投资家会侵扰企业的创业风险基金，他们的短视最终会毁了企业。最好的情况当然是风险资本能以强势资本和其专业背景增强企业的实力，帮助企业做强做大。可是错误的合伙人会追求他们自己的短期利益，而牺牲企业的长期利益。

然而，在决定走下去之后，我发现我们面临的困难超乎我们的想象。20 世纪 80 年代初期，新开张的零售店在机构投资者中大受欢迎，可是，后来市场崩溃了，那些属于风险企业的零售店纷纷倒闭。投资其中的基金输得很惨，许多家都无法继续筹集资金。从那以后，一些风险基金不肯再投资零售业了，转而投向有技术的企业和医疗保险。许多人把我们拒之门外。

克雷格·福莱当时是花旗银行的资本管理有限公司的总裁，他决定给我们机会。不像其他那些把我们当作一般的咖啡连锁店而很快就打发我们走的基金经理，克雷格对过去在欧洲品尝过的咖啡有着美好的记忆。他对零售业做过长期投资，也从一位同事那儿听说过星巴克。但看了芝加哥一家经营不善的店铺后，他不想投资了。他曾支持过杰夫的考斯特克公司，所以当杰夫要求他再进一步考察星巴克别处的店铺时，他答应了。

克雷格最担心的是我们的咖啡不是那种“便携”的饮品，怕因此不能吸引西北部寒冷多雨地区的顾客。我接了这个招儿，竭力向他证明他错了。他仔细地检视了我们在芝加哥的所有店铺，然后确认说，这个产品不仅具有巨大的市场潜力，而且可以成为“一种生活方式”。鉴于他所看到的芝加哥店的诸多欠缺，他建议调低公司股价，将每股定为 3.75 美元，只比 1988 年上一轮的每股 3 美元略高一些，同时他决定投资 450 万美元。由于他的地位，他的这一举措极大地提升了星巴克风险募资的信誉度，吸引了其他一些机构投资者。总的来说，我们到 1990 年 3 月就筹到了 1 350 万美元，那是我们当时的最大资金规模。

我们的芝加哥店在吸引那一轮的另一个投资人詹姆斯·申南时也起了重要作用。詹姆斯·申南是三一风险基金的经理和合伙人。他是在街上偶然发现星巴克的，后来从一个同事那儿听说我们正在寻找风险资金。作为一个有经验的市场老手，他被星巴克的品牌影响力吸引住了——顾客叽叽喳喳的谈论让他印象颇深。罗派斯公司的肯·帕赛尔也是这样被吸引过来的。

最初对于风险资金的担忧被证明是没有根据的，实际上我看到的事实恰恰相反。我非但没有遭遇指手画脚的干涉，而且拥有了一批目光远大的可信赖的董事。我们非常幸运，这些风险资金合伙人真正理解和赞赏星巴克的文化。

1990 年 3 月，克雷格·福莱和詹姆斯·申南作为投资人也加入了星巴克董事会。他们敦促我在市场研究的基础上开始实施全局性计划，在如何把一个自募资金公司打造为一个具有专业管理水平的上市公司方面，他们给予我无法估量的指导意见。詹姆斯曾在普罗克特和盖姆博尔公司担任品牌经理多年，后来还担任过消费市场顾问，他在品牌建设、合并风险资金、改进品种和引进新产品等方面有着敏锐的见解。

克雷格则在金融方面出力甚多，他指导我们的全局计划，帮助我们评估新的经营机会。克雷格和詹姆斯对星巴克的贡献都非常大，一直到他们的基金会在星巴克上市后如期售出股份（风险基金通常在公司上市后清仓），他们两人一直在星巴克董事会担任职务。

克雷格和詹姆斯的加入，意味着我最初那些铁杆支持者的淡出。最初的“天天”董事会和投资团体只有阿尼亚·普林蒂斯仍然保留着董事会成员的位置。正如每一家企业都有自己以往的历史，每一个董事会也是一样。重要的是，这些人能够理解我和星巴克的历史渊源，知道有这样一个可以连接过去和未来的人。

由于把董事会视为指导者而不仅仅是经济上的支持者，我和董事会的关系经历了一个不平常的转折。与许多首席执行官不同的是，我和他们发生直接联系，我把自己经营中发生的问题直接向他们吐露。他们总是鼓励我坚持自己的创意，我们在董事会上的讨论是公开而坦率的。他们继续促使我集中注意力，抓住企业发展的主要方向，而不要让自己的创造热情把企业引往各个分散的方向。董事会也坚定地鼓励我赶在增长曲线之前打造并完善管理团队，聘用具有大企业管理经验的人。我们的争议往往是具有建设性的，我们从来不需要投票表决。如果其中有一位坚决反对，我们就花时间去把工作做好，提出可接受的解决方案。

天长日久，董事会的态度和价值观渐渐成了检视星巴克形象的一面镜子。比起刚开始的时候，那些外部董事渐渐对我产生了信任，他们心里也嘀咕过，这家伙也许不过是初出茅庐的弄潮儿，总有一天会被一个更有经验、更专业的公司总裁取代。可是后来他们对这个公司都慢慢放心了。

6年来，星巴克的董事会一直保持着稳定状态，只增加了两名内部董事。到了1996年，我们眼前已是一个价值10亿美元的大公司了，需要再次寻找有专业背景和管理经验的人才。这个人就是芭芭拉·巴斯，她曾在梅西公司和布鲁明戴尔公司做到高层，后在玛格宁公司做过首席执行官，还在卡特·霍利·黑尔斯公司的温斯托克大商场做过首席执行官，那个商场的年销售额高达10亿美元。芭芭拉带来的不仅是丰富的商店管理知识和对全国性大市场发展态势的把握，而且给我们这样长期清一色的男性管理团队带来了另一种新鲜的观察视角。

对于任何一个经营企业的人来说，我想给出的劝告是：你一旦想好了要做的事情，就应该去找一个有从业经验的人。不仅要找一个有才华的主管，他（或她）的经验和专业还可以指导你，他们知道什么地方可以找到矿藏。他们如果在自己的工作中有过大胆的想法和行动，而且被证明是成功的，就可以帮助你做成同样的事情。他们如果和你具有相同的价值观和激情，对你不吝赐教，就能和你一起走过艰难的路途，并像庆贺自己的胜利一样庆贺你的胜利。

像这样的智者，我在童年和青年时代从未遇到过。其实，他们不来找你，你不妨想方设法去找他们。和一个真正的智者在一起，你别怕暴露自己的脆弱，也别怕承认你未曾觉察的无知。当你坦率承认自己的弱点并请求指导时，你就明白他人能够给予你的帮助有多么大了。

POUR YOUR HEART INTO IT

第 11 章

别被比你聪明的人吓倒

最好的管理者是那些对优秀人才有着良好直觉的人，
一方面善于调动能人去放手做事，一方面则克制自己不对他们的行动横加干涉。

——西奥多 · 罗斯福

许多企业家都会犯一个相似的错误：自己出点子，自己打天下。但问题是，他们自己不可能掌握能使那个创意得以实现的一切才能。他们不愿把事情派给别人，而是喜欢身边有一群忠心耿耿的支持者鞍前马后地簇拥着，他们害怕把真正具有聪明才智的人推到高层经理的位置上。

但是对于一个公司的经营来说，有才智的主管团队是至关重要的。你周围若是不乏强有力的、有创新精神的人，那肯定要比一帮点头哈腰的人更令你兴奋。你怎么可能从那些不比自己懂得多的人那儿学到东西呢？他们也许会揣摩你的意图，二话不说就接受你的命令，但他们不可能帮你发展。

从一开始，我就意识到必须眼光向外，聘用比我更有经验的主管人员，他要不怕与我发生争执，有坚强的意志，有独立性和自信心，在管理团队内部能建立起共同负责的协作精神。

“天天”起步之初，连店铺也没有，我很幸运地找到戴夫·奥尔森合作，他不仅对咖啡极有兴趣，还成功经营了一家咖啡馆。1987 年 11 月，我把劳伦斯·梅尔兹带进了星巴克，他曾是一家饮料公司的经验丰富的主管。

对于一家只需要不多的专业知识的公司来说，这个团队够出色了。可是随着星巴克的扩张，我们急需熟悉从开张筹建到日常经营的人手。1989 年，我们雇用了霍华德·毕哈来负责这项工作，他在零售业有25年的从业资历，从事过家具行业，也在千径公司干过，那是一家户外运动景点开发商。我是通过杰夫·布劳特曼和杰克·罗杰斯找到霍华德·毕哈的。

1990年，由于准备采用更为复杂的财务结算体系，我们开始招募有董事会工作经历的首席财务官。我们雇用了一个有经验的猎头去物色人选，可事情并不顺利，他过于强调专业资质，这跟我们注重人品和文化素养的要求颇有差异。后来，我们通过一个伙伴的推荐找到了奥林·史密斯，那位伙伴曾为奥林工作过。作为一名哈佛大学的工商管理硕士，奥林管理过比星巴克大得多、也复杂得多的企业。他还曾担任华盛顿州的财政预算署署长达5年之久，此前，他在德勤会计师事务所干了13年，其中有三年是该公司西雅图事务所合伙人的顾问。

霍华德和奥林两人都比我年长10岁左右。他们加盟星巴克都导致自己的收入降低了，但他们意识到这家企业的激情和潜力所在，相信自己手里的股票期权总有一天会大大增值。在许多做企业的人看来，聘用更有经验、更老练的主管多少会有威胁感，对于把权力交付他人亦心存疑虑。就我自己的情况而言，我得承认，这不是一件容易的事。我的自我认同感完全与星巴克融为一体，在我看来，别人对星巴克提出的任何建议都好像是对我某方面工作不足的指责。我脑子里总有几个想法在打架，我必须时时提醒自己：这些人指出的问题我竟一无所知。他们来管理星巴克，可比我单打独斗强得多。

霍华德和奥林带来的不仅仅是技能和经验，还有不同于我的行为方式和价值观。在我们年复一年的共同工作经历中，我发现，在他们的管理下，星巴克变得更具内涵也更大气了。如果我因自己的忧虑而妨碍他们的工作，星巴克就永远也不会发展成一个渗透着以人为本的价值观的强大企业。

时至今日，我仍然有意识地让身边的人知道，我的自尊和自信不怕接受任何初来乍到的人就企业的各种问题提出意见，不怕比我更有天赋、更有资历的人批评我。在这种时候，我总是明确表示，他们可以放手做他们需要做的事情，对那些需要向他们汇报而不是向我汇报的部门负责任。我一直在传达这样的信息——在整个公司范围内，在各种各样的场合，尽可能明确无误地告诉他们：“我聘用你们是因为你们比我聪明。现在去证明这一点吧。”

我不能谎称自己从未在用人方面犯过错误。有少数几个经理人员的配置，我后来的确后悔了，鉴于对其忠诚度的考量，我留下了某些经理人员，而这是不应该的。有些人跟不上公司发展的步伐，虽然他们在公司初创阶段出过力，但后来已无法应对随着企业发展而来的挑战，无法跟上快速变化的增长曲线。总的来说，在星巴克所承受的快速扩张的压力面前，我们最高层的管理团队几乎没有什么颠覆性的变化。

到了 1990 年，我已经搭建起一个协调有效的管理团队。团队成员互相依靠，携手共进，因此人们把我和霍华德·毕哈以及奥林·史密斯的名字的首字母［霍华德（Howard）、霍华德（Howard）和奥林（Orin）］放在一起，称我们为H_2O。我们代表了一种观念、一个灵魂和一种财务上的责任。在许多方面，霍华德·毕哈和奥林是相对应的两极，但我们每个人都是星巴克取得成功不可或缺的因素。

别怕直言相谏

1989 年 8 月，霍华德·毕哈的到来，似一股旋风冲击着星巴克。

他是一个身材敦实的男人，戴一副圆圆的眼镜，留着修剪整齐的花白胡子。他来的时候正是星巴克最需要他的时候。当时我们有 28 家门店，正计划着一年内要让这个数字翻一番。在那一家一家新店开张之际，有着零售业专业知识的霍华德大显身手，从总体架构到实际的操作进程，都能给予我们所需要的指点。

不过，他所带来的影响甚至对企业的文化氛围也产生了冲击力。开会时，他总是提高音量，一分钟前眼睛里还闪烁着兴奋的光芒，一转眼又恼怒地捶起了桌子。有时，他竟满眼噙着泪水。他是那种有思想深度的人，不仅思考着企业运作，而且喜欢诗歌、哲学和冥思。他是一位谦谦君子，很有幽默感，对所关注的问题充满激情，对所挂心的事情总是念念不忘。他毫不掩饰自己的脆弱，却也常因直率而使别人受窘。他脑子里总有一些让你惊叹不已的想法。

就其天性而言，他身上具有的许多品质正是星巴克所缺少的。像许多西雅图人一样，星巴克人大多较为内向谦和，一般不愿在公开场合表示不同意见。由于这种特性，我们有时会说一些场面话而不愿触及实质，以避免伤及彼此的面子。我们也不大可能直截了当地跟那些没有尽责的伙伴谈话。

霍华德·毕哈使我们改变了这样的态度。从到来的第一天起，他在诸多问题上就公开表示跟我或其他人的看法相左——无论在会议上，在烘焙工厂中，还是在门厅里。

"为什么星巴克手册翻了三页还看不到'人'这个词？"他问道，"难道不应该把'人'放在优先的位置上吗？"

"为什么我们不能满足顾客的任何要求？"

"为什么咖啡店经理们发言时那么胆怯？"

不管什么话题，霍华德只要有自己的看法，就会讲出来。

他直言不讳的方式让我有点儿吃不消。我们是以一个关系紧密的小型团队起家的，我们努力建立彼此间的信任和亲密感。我喜欢激情、热心和创意，但出于天性，我通常有意识地回避冲突。

一来二去，我也学着接受霍华德表示不同意见的方式了，我知道这并非出于不尊重，他只是不同意我在某一问题上的观点。他的恼怒和信念，他的那种情绪，都是极其真诚的，说来就来，发泄过后，他也会认真听取别人的观点。

霍华德一开始就指出星巴克太过注重产品，这是对星巴克最有价值的批评，也是最严厉的说法。是"人"做咖啡，他一直这样强调。"人"是直接影响产品质量和服务质量的，"人"是决定星巴克成败的关键，而产品是无生命的。"你们必须聘用那些出色的人"，他敦促我们，要为人的激情和技能而高兴，给人以自由地从事自己工作的权利。他喜欢这样说："这儿来来往往的并非只是躯体，这里充满了灵魂。"

这些看法引起了我的共鸣，因为我自己也具有相同的价值观，但我从未像他这样清晰地表达出来。

霍华德·毕哈引导我们进一步转向以顾客为本的理念，在企业建设过程中，我们过于注重咖啡的质量，有时忽视了顾客的喜好。针对这种倾向，他用一种叫作"快照"的形式先把问题提出来，就是对店面服务进行突击性检查。他鼓励伙伴大胆行动，如果是为了满足顾客的某些特殊要求，那么不妨采用自己认为可行的办法。当时，南希·里根针对毒品所说的那句话"就要说不"相当流行，他鼓励我们的伙伴对顾客的要求"就要说是"，敦促我们更多、更全面地为顾客着想。即使有人从别的店里把咖啡豆带到这儿来，我们也应该乐意为他煮制咖啡。对于那些不满意的顾客，我们给予他们免费享用星巴克咖啡或任选一种免费饮料的权利。我们也开始关注孩子。霍华德·毕哈喜欢说："只要是道德的、正当的、符合伦理的，只要顾客喜欢，不管什么事儿我们都应该去做。"

霍华德的原则与星巴克长期形成的传统是相悖的，因为我们的理念一直是调教顾客来接受我们所喜欢的咖啡。两种价值观常常激烈碰撞——有时甚至我自己脑子里也发生过这样的碰撞。但我们最终学到的是，对我们的咖啡、我们的伙伴、我们的顾客的重视是同等重要的，忽视任何一方都会出问题。

霍华德也教星巴克的人说出自己的想法。他相信，原则上，任何人在任何地方、任何事情上都应该发表自己的看法，而不必顾虑别人的反应。一天，他召集我们所有的咖啡店经理开会并告诉大家，他最期待的就是他们能够在他面前各抒己见。"如果有人想说什么，就说好了，"他说道，"你们脑子里是怎么想的？哪些是可行的？哪些是不行的？"他期待的目光在房间里扫视一圈，可是没人出声。

会议结束大家离去时，一位咖啡店经理犹豫地走到他面前。"如果你真的要我们提意见，"她对他说，"那么我有许多话要说。"霍华德·毕哈请她把对星巴克不够满意的每一件事情都列出来，包括所有她想提出的整改意见。几天后，女经理交给了他。他很快对那些意见逐条给予答复。

为了鼓励人们说出自己的想法，霍华德·毕哈搞了一个季度性的公开论坛，在这个意见交汇的论坛上，高层经理和所有相关伙伴一起就公司运作研究解决途径，探讨问题，也可以发泄怨气。现在，这个季度论坛的话题囊括了我们所有的经营范畴。有时，那些评论意见非常尖刻，而我们一旦得知哪项意见需要在大范围内引起重视，我们就会采纳。每当我们偏离中心原则，我们的伙伴们就会率先出来警示我们。他们大部分人都为自己在这个公司工作而感到骄傲。

有时候，霍华德·毕哈在论坛上挑起争议，是想让我们能够多多考虑外界的事情。他曾在论坛上提议，为了招徕那些不期而至的过路客，每家咖啡店应比公布的开门时间提前 10 分钟营业，打烊时间则延迟 10 分钟。此言一出，如预期所料，他差点儿被各店经理的口水淹没。

对霍华德·毕哈来说，问题不在于他提出的建议是好还是不好，而是我们的伙伴们能够在论坛上挑战自己，他为此感到心情舒畅。如果公司里的人对什么事儿心存不安，却又不敢公开讨论，管理层最有建设性的措施就是把这个问题直截了当地挑明，让大家把心里话说出来。虽说这样做会产生尴尬和不愉快，但最终对于平息怨愤和解决问题大有裨益。

“墙头语”是霍华德·毕哈用以支持自己信念的一种方式，走进他的办公室，一眼就能看见那些字条。他墙上贴着不下20条，有诗歌，也有表达他人生感悟的话语：

你不可与……为敌。

当你钻进洞里时，你就要停止挖掘！

思考时要像一个行动者，行动时要像一个思考者。

我最有价值的时刻是对人投去关注的一瞬。

霍华德·毕哈还创立了另一个“规则”，就是给每一个星巴克伙伴寄送手写生日贺卡和店庆周年贺卡。起初，他亲手书写所有的卡片，后来随着人员渐增，这个责任由其他人帮忙分担。有人认为这些卖弄温情的小玩意儿有点儿矫揉造作，没什么实际意义，但霍华德·毕哈还是不惮俗议，勇敢地坚持了下去。“那样的姿态是为了使星巴克更有人情味。”他说。即使公司拥有25 000名伙伴，经理们也必须意识到每一个人都是独特的。霍华德·毕哈由此又有了新思路，他鼓励每一个伙伴提名自己有创新精神的伙伴试做一个季度的分店经理。

在零售运作上，经过几年方向性的校正，同时随着我们的持续扩张，霍华德·毕哈还做了一件许多主管时常挂在嘴边却甚少行动的事情，那就是聘用和培训他的继任者。他在南加州的塔可钟[①]找到了黛德拉·威杰，最终把她培养成自己的接班人。黛德拉被证明是一个能够使我们的零售系统更有条不紊地运行的经理人，她既有操作能力，又懂得整体运作。

如果说戴夫·奥尔森代表了我们对咖啡的不可思议的激情和态度，霍华德·毕哈则

① 塔可钟（Taco Bell），美国百胜餐饮集团旗下一家专营墨西哥风味食品的连锁餐厅。——译者注

体现了我们对伙伴们不可思议的激情和态度。如果我听任自己被他吓倒，如果我以自己的准则要求他或者把他推开，星巴克就永远不可能有今天这般强有力的价值观念。

坦率和直言不讳也许会伤人，也许会使人感到敌意，但是，正如我从霍华德·毕哈身上学到的，如果我们还想依赖伙伴们的热情和建议继续前行，这就是不可或缺的星巴克氛围。

别被规程吓住

“企业家做事就是攻坚。”奥林·史密斯经常这样提醒我。

没有浪漫的精神和远见，一个企业就没有灵魂和精神来推动大家去实现一个宏伟的目标。然而，一个成功的公司不能只是依赖令人兴奋的创意行事。许多企业的追求如同它们的领导者一样失败了，因为他们不能务实地实现这些梦想。在创意的点子被有效实施之前，规程和架构，制度和效率，都需要事先奠定基础。

对于像我这种个性的人来说，这是一个艰难的过程。我总是害怕，当我们越做越大之后，星巴克会变得过于官僚化、机械化、程序化，过于专注特定功能而舍弃实现伟大梦想所需要的激情。这是公司一直存在的问题。

要想成功，每一个企业都必须在两种力量之间取得平衡。这就需要领导者既有理解能力，又有远见卓识，懂得如何打好必要的基础以取得预期的结果。

建立操作规程不是我的长处，而是超出我的兴趣和能力范围的事情。我所能做的，也是每一个有远见的企业家需要做的，就是去找一个能够为公司建立其所需的基础而又不必牺牲革新精神的人。当然，这个人也需要能够理解那些不落俗套的理念。在星巴克，这个执行者就是奥林·史密斯。

奥林处理问题的方式和我大不相同。他是一个安静内向的人，似乎总是缩在自己的壳里，像一只乌龟。他解决问题的方式稳健而踏实，直到把事情弄清楚。他口袋里总是装着笔和笔记本，当他戴上那副宽边眼镜时，那副模样完全显示了他内在的睿智。面对一个让人左右为难的问题，我倾向于快速做出判断，马上采取行动解决它，而奥林总是平静地听取意见，把所有需要的信息汇集起来，然后认真思考，直到找到合乎逻辑又合适的解决办法。

当奥林1990年进入我们公司时，星巴克还算不上一个有专业管理经验的企业。我们都很有创业热情，我们的一个顾问埃里克·弗兰霍尔兹提出的口号是“准备，点火，瞄准目标”，这颇有我们当时行事的风格。奥林没有为将星巴克改造成具有专业水准的企业而大张旗鼓地折腾开来，这一点颇得好评，如果他这么做，那么很可能会把我和公司里的人吓一大跳。相反，他从实际案例入手。多亏了他平和泰然的性格和领导才能，公司开始自然而然地转向更为平衡的处理问题的方式——我们已经壮大到需要这样的方式的时候了。

他所创造的那种氛围，一开始就以微妙的方式引入了对规章制度的重视，而这正是运作一个大型营利企业所不可缺少的。他招募有助于增强公司实力的行家里手，将他们安置在那些关键性岗位上，从而建立起一套有效的管理体制，其中涉及信息系统、资金管理、会计统计、企业发展规划、法律事务和物流作业等。

不过出于谨慎，我还是意识到，在公司建立规章制度时，不仅应推崇创造性的操作规程，还要使它更具热情与活力。通过加强公司的基础建构，我们不必在小问题上浪费时间，可以将注意力更多地集中在新产品和新创意的萌生阶段。有了更为清晰的战略思路，我们就能在星巴克的长远目标上投入更多的创意。

星巴克成为上市公司后，奥林和我一起在“发展之路”讲座上做了一次演讲，向潜在的投资者介绍星巴克的成长故事。在华尔街看来，我们之中一个是能量充沛、激情满怀的38岁的年轻人，有闯劲、有见解，但也许经验不足，有点儿理想主义；而站在他旁边的那一位，年逾五旬，灰白头发，稳重内敛，是一个审慎的管理者，他以令人信服的声调平静地介绍着所有的计划和数字。我们是一对非常契合的搭档：有创意的热情加上有经验的节制，两者结合就能激发出一种信心，使星巴克既能达到自身的高标准，又能保持财务稳健状态。

许多年轻企业不能很快走向成熟，要么因为未能以坚实的基础和规程来支撑创造性精神，要么因为它们的行政管理部门的权力过于集中。最成功的范例应该是既有远见卓识，又具务实的管理措施，前者如华特·迪士尼，后者如罗伊·迪士尼。如果两个合伙者如奥林和我那样彼此间有着完全的信任和信心，那么这种领导力就更完美了。

奥林照看着后院，我则将目光投向顾客。事后看来，我意识到，后院才是真正得分的地方。在橄榄球场上，人们常说“进攻得分，防守取胜”。在生意场上，前门是给别人看的，以我们公司来说，是咖啡，是咖啡店，是风格和品牌。但后院保证了我们的成功，后院的效率是星巴克获得财务成功的关键，这就是奥林对公司的最大贡献。他使我看起来比我本人更出色。

POUR YOUR HEART INTO IT

第 12 章

坚守信条还是灵活变通?

一个企业唯一神圣不可动摇的应该是它经营的基本宗旨。

——小托马斯 · 沃森

《一个企业的信念》[①]

① 《一个企业的信念》一书中文版已由中信出版社于 2003 年 10 月出版。——编者注

如果你想买半磅榛子味的咖啡豆，那么在星巴克店里绝对买不到；如果你想用榛子糖浆来冲调拿铁咖啡，那么在星巴克店里绝对没问题。

这其中的区别，在有些人看来就像把头发丝剖开。既然我们的浓缩咖啡里已经加入调味剂了，为什么还要摆出最纯粹的样子，拒绝出售人工增味的咖啡豆呢？

对任何企业来说，是否以妥协的姿态来迎合顾客的喜好都是一个微妙的问题。在星巴克，我们有两条从表面上看来似乎是互相矛盾的信念：

> 一是，我们相信每一个企业都必须代表某种理念。其核心须建立在它最正宗的产品上面，而这种产品只能比顾客自己想要的更出色。
>
> 二是，我们同样信奉对顾客的要求“就要说是”。好的零售商应当打破常规来满足顾客的需求。

在星巴克早期的岁月里，我们发现自己时常会对这两项原则感到不知所措。在有些事情上，我拒绝讨价还价。一件是连锁加盟，我们不放心连锁加盟店的质量。另一件是人工风味的咖啡豆，我们必须保证绝无化学添加剂来污染我们的优质咖啡豆。还有一件是超级市场的销售方式，我们不会把咖啡豆灌进塑料瓶里，因为那不能真正保质。最后一件是，我们永远不会放弃自己的追求，那就是采购最优质的咖啡豆，以烘焙出最好的咖啡豆。

这些都是关键性的决策，体现了我们的价值观，也成了我们的品牌主张，虽然有时这也许会使我们在竞争中处于不利地位。20世纪80年代的后半期，特种咖啡生意开始快速发展，大部分是超市里出售的整颗咖啡豆。像“里程碑”和“沙克斯”这样的品牌开始火爆起来，他们的生意好过星巴克。我们本来也可以打入超市，在销量上超过它们一两倍是轻而易举的事情，可是对我们来说，更重要的是使星巴克跟那些咖啡杂货铺严格区分开来。所以我们当时没有选择进入超市销售。

在同一时期，新的时尚品牌的特种咖啡豆的销售大约增长了40%，其中有香草味、爱尔兰奶油味和薄荷摩卡味。我们不知道人们为什么购买它们。最初，我们也出于同样的理由拒绝在拿铁中添加增味糖浆。

连锁经营是我们面临的第三个选择。一些竞争者在用这种形式向全美扩张，已对星巴克形成同质化威胁，到1991年有些公司开店的数量甚至超过了我们。我还是不为所动，仍然坚持公司自有店铺的发展形式，这样可以把命运掌握在自己手中。

虽然我制定了一系列这样那样星巴克“不可能”做的原则，但我还是慢慢地学会了妥协。当然，我永远不会以我们的核心价值观作为妥协条件。每次做出一个困难的决定之前，我们都要激烈地争论很长一段时间。只有在确信不会影响我们所关注的核心内容的前提下，我们才会采用一种新的举措。

何时该提供顾客想要的东西

霍华德·毕哈促使我们放弃了那些最刻板的教条。我们大多数人对咖啡都怀着几乎是虔诚的心，直到他来后才有所改变。因为他奉行另一种信念——如果不以顾客为重，你就会出局。

霍华德1989年加入星巴克时，已经是一个对星巴克相当熟悉的顾客了，而他很快就开始频繁地造访各店，找咖啡师傅和顾客交谈。通过认真广泛地听取意见，他明白我们其实是在闭目塞听地做企业，他促使我们根据顾客的喜好来审视我们的价值观。

有一个信息他了解得十分清楚，那就是许多顾客希望星巴克能够提供无脂（或脱脂）

牛奶。

来星巴克还不到一个月，有一天霍华德走进我的办公室，问道："你有没有看过顾客评议卡？"

"当然，"我说，"我看了，全都看了。"

"那你怎么不做出答复呢？"

"答复什么？"

"答复那些要无脂牛奶的顾客啊。"

"是这样的，"我向他解释，"我多次品尝过用无脂牛奶调制的拿铁和卡布奇诺，那味道实在不好。"

"谁觉得不好？"对我的回答，霍华德显然不耐烦了。

"我，还有戴夫。"

"那好，你看看这些顾客意见卡吧。我们的顾客要的是无脂牛奶！我们应该给他们。"

我回答——而霍华德永远不会让我忘记这一点——"我们从来不供应无脂牛奶，这么做就不是我们的风格了。"

在这一点上，就星巴克的历史而言，提起无脂牛奶就意味着背叛。我们的目标向来如此，就是要把正宗的意大利浓缩咖啡带到美国。但事实上，拿铁和卡布奇诺——浓缩咖啡加上蒸气牛奶和泡沫——很快就成了我们最受欢迎的饮品。一些咖啡纯粹主义者嘲笑这种咖啡，说我们提供这类热牛奶饮品是在迎合那些铁杆咖啡爱好者以外的人群。然而，正是这些饮品使我们有机会把真正了不起的咖啡介绍给那些平时甚至不喝咖啡的人。

到 1989 年，我们那些实力稍逊的竞争对手，尤其是在西雅图的竞争对手，都在出售添加 2% 无脂牛奶的拿铁咖啡。从健康与体重的角度考虑，美国人避免饮用全脂牛奶已成风尚。但我们仍然觉得有奶脂的牛奶味道更醇厚，会使咖啡口味更刺激，它和星巴克的咖啡堪称绝配。

可是，霍华德仍然没有放弃他的想法，他开始想办法给顾客提供她们想要的东西——对咖啡纯粹主义者来说这当然是不受欢迎的。一天，我们当中一个最坚定的咖啡捍卫者在他办公室外面狭隘的过道里和他发生了冲突。他俩对峙着，他告诉霍华德："这不符合咖啡的品质，这样做会把咖啡的味道弄得很低劣，我们应当坚守自己的品位，尽一切力量使顾客满意。”

“你疯了吗？”霍华德·毕哈反唇相讥，“我们当然要尽一切力量使顾客满意！”

不管你信不信，无脂牛奶事件引发了星巴克历史上最大的一次激辩。我参加了辩论，戴夫也去了。店铺经理们都很反感，他们想知道这个霍华德·毕哈是个什么角色，他真的要我们供应无脂牛奶吗?

一些店铺经理找到霍华德跟他争论：“这很难操作，我们没法应对多个品种的牛奶。如果我们供应两种牛奶，就会自毁生意。”

但霍华德毫不动摇，他坚持说这个创意我们至少应当试一下。

这场争论促使我进行了自我反省。这事儿看起来也许无关紧要，但是它对我们最基本的质量承诺产生了冲击。如果我们确信“每样东西都有存在的理由”，那么为什么不能提供适合某些人口味的浓缩咖啡呢?

一天清晨，我起得很早，脑子里满是那些让我一夜不安的念头。我穿上衣服驾车去西雅图一处住宅区的星巴克店。我付钱买了双份的浓缩咖啡，坐在桌边。时间还早，但付款台前已经排起了队。我眼睛看着报纸，耳朵却留意着人们要的是什么咖啡。气氛很不错，两个咖啡师傅之间的配合很协调流畅，一个收款开单，一个调制咖啡。我注意到一位顾客，是一名将近30岁的年轻女子，她穿着运动衫和运动鞋，边走边跟着随身听里边的音乐节奏摇着头，看上去好像刚刚结束了晨跑。当她走到柜台前时，我仔细听她要什么。

“我要大杯的双份拿铁，加无脂牛奶。”

“对不起，我们没有无脂牛奶，”咖啡师傅谦和而不容商量地说，“我们只有全脂牛奶。”

我听到她无奈地叹了口气，然后问：“为什么没有呢？我在别处总能买到的。”

咖啡师傅向她道了歉，这位女士一走了之，显然她去找我们的竞争对手了。

对于一个零售商来说，失去一个顾客就是最有力的论据。

那天早上，我一到办公室就对霍华德·毕哈说，愿意尝试他的建议，而且把我去过的那家咖啡店也列入试点范围。

当时我们只有30家门店，霍华德确信有五六家店的经理愿意尝试供应无脂牛奶。尽管事先有许多顾虑，但经理们很快就解决了操作上的问题，他们甚至想出了用图标来表示兑入2%的全脂牛奶还是无脂牛奶。眼见顾客对我们的新品种格外钟爱，第一批试点门店的经理们变得非常积极主动，这感染了其他门店的经理们。6个月之内，我们所有的店都开始供应无脂牛奶。如今，我们售出的拿铁和卡布奇诺几乎有一半是用无脂牛奶制作的。

事后想来，当初那个决定像是不经大脑做出的。但在当时，我们真的不敢肯定这种做法是否会冲击我们的品牌和一贯的风格。用无脂牛奶冲兑一杯拿铁咖啡，那还是正宗的意大利饮品吗？大多数意大利人也许根本辨识不出来。但一个意大利人仍然会到星巴克店里去要一杯真正的卡布奇诺，而另一位顾客则会要一杯无脂香草摩卡。

我们对自己的职业信念又该怎么理解呢？我们必须明确，顾客的要求都是对的，给他们多种选择是我们的职责。

霍华德·毕哈的敦促完全正确。解决无脂牛奶的争议成了一个很好的范例，这是我们在星巴克内部大加鼓励的做法，每个人都可以提出意见，参与决策。霍华德虽说来星巴克没几个月，但他凭借对零售业的敏锐触觉和经验获得了权威性的判断力，推动我们做出了正确的决定。

在接下来的几年里，我们离当初的教条越来越远了。除了无脂牛奶，顾客还可以要求往浓缩咖啡里加入香草或覆盆子果浆。我们用我们的咖啡给冰激凌、啤酒和冰镇混合饮料调味。不过，我们每走一步之前都做了长时间的精心准备。我们向前推进是讲究策略的，我们很清楚自己要实现的目标是什么。

这是不是意味着我们放弃自己的原则了？我们所谓的“从来没有”，是否真的就是一种永恒的信条？

以下是我所看见的事实：

我们的顾客完全能以他们喜好的方式享受杯中咖啡。牛奶和糖总是预备在那儿，如果顾客有要求，咖啡师傅还可以为他们加入某种调味糖浆。

而我们不想去做的，就是毁了真正货真价实的东西，也就是我们的咖啡豆，深度烘焙的、新鲜的、风味纯正的咖啡豆。这是我们生意成败的试金石，是我们的命根子，我们的精神财富。不管怎么折腾，我们都不会买进廉价咖啡豆，顾客在星巴克享用的肯定是优质咖啡。我们不会放弃深度烘焙，也不会用化学品和人工添加剂来污染我们的咖啡豆。

我们号召星巴克的伙伴们大胆创新，迎合顾客，投其所好，但决不允许他们在研磨机里磨制加料的咖啡豆。残留在研磨机里的些许化学添加剂会影响咖啡豆的味道，而加入了人工添加剂的咖啡豆也会有一股奇怪的味道，这些添加剂势必污染店里的空气，还可能会吸附到其他咖啡豆上。

在星巴克，戴夫·奥尔森和他的咖啡部门的伙伴们代表了最纯正的咖啡人士和我们的集体咖啡操守。戴夫对此有一番出色的类比：

> 不妨把咖啡比作音乐唱片。你可以在一处自己设计的专为此用途而设的地下室里享受音乐，那儿没有干扰，你可以戴上耳机真切地聆听弦乐部分或双簧管部分，你可以试着去听埃里克·克莱普顿的指尖拨弄吉他弦的声音。或者，你也可以用车上的立体音响播放这些音乐，把所有的窗子都打开，然后又是放声尖叫又是大声嘶喊。还是那些音乐，效果却不一样。

只要我们仍然对核心产品保持着敬意，只要我们的顾客走进任何一家星巴克店都能买到世界上最好的咖啡，只要我们对新产品仍然保持着一如既往的品质追求，我们在向顾客提供不同的咖啡饮品时就没有什么不自在的感觉。其实，多样化的选择有利于吸引更广泛的人群走进星巴克咖啡店。说到底，这才是我们永久不变的使命。

加强控制与拓展商机的两难境地

难以想象，像耐克这样的企业，不仅自行设计产品，自己做市场推销，还拥有自己的工厂和卖鞋的零售店。

同样，我们也很难勾勒出这样一个全国性出版公司的运作框架：它有自己的作者队伍，自己造纸，有自己的印刷流水线，而且自己出版的图书只在自己的书店里卖。

你进了一家百事可乐店，难道只能要一罐百事可乐？你走进凯洛格的店里，也只能要脆玉米片吗？

星巴克在企业运作上自有不同寻常之处，在那些持有著名消费品牌的公司中，它是非常独特的一家。我们对产品质量的控制非常严格，每一步都必须掌控在自己手里，从粗选的新鲜咖啡豆到一杯热气腾腾的咖啡。我们自己购买和烘焙所有的咖啡豆，在公司自己的店里出售自己的咖啡，将这种垂直管理做到了极致。

为什么？答案也许就在你刚喝下去的那杯咖啡里。咖啡不像鞋子、图书或其他软饮料，从生产到消费之间的任何一个环节都有可能毁了它。从源头上说，咖啡豆的质量就有可能是低劣的，然后，烘焙也许不到位。咖啡豆不新鲜，产地不对，烘焙过了头或水分太多，都有可能使咖啡的味道完全不对。最糟糕的是咖啡制作过程中常见的问题：锅具放置在烘焙炉上的时间太长，这样烘出来的咖啡是焦的。

咖啡是非常容易变质的商品，因而这一行业时时都伴随着产品质量危机。一旦我们把咖啡交到他人手里，质量就会变得极其脆弱。

许多人以为星巴克是一种特许加盟的连锁经营模式，因为我们扩张的速度很快，接连占领了许多市场。我们一个月要接到上百个电话，电话那头的人都表示愿意开一家星巴克特许经营连锁店。阿拉斯加怎么样？他们来问了。太阳谷呢？还有杰克逊洞，或者公司近几年不可能扩张到那儿去的小市场，那些地方怎么样？但我们都拒绝了。我们的目标是自己拓展门店。

在最初的岁月里，我们负责企业发展的资深副总裁杰克·罗杰斯，对特许连锁经营方式颇为倾心。杰克曾是麦当劳早期连锁店的经营者，1959 年在伊利诺伊州的圣查尔斯开过店，是雷·克罗克家族的挚交。有一个时期，他是多家加盟连锁店的经营者，拥有数家麦当劳、红罗宾、贝尼哈纳和卡撒·卢皮塔餐饮连锁店，还有一家名为“暴走族”的餐馆。

杰克当时强调，加盟连锁店是向全美扩张的一条顺理成章的路径，是一种快速而可靠的筹集资金的方式，有利于抢占先机，使你赶在竞争对手前面快速进入新的市场。况且，加盟连锁店的店主们也会悉心经营自己的店铺。

但我拒绝了这种方式。在 20 世纪 80 年代，我们不需要额外的资金来源，因为投资者们愿意承担星巴克所有的发展资金。在最初的一段时间里，我们也没有什么竞争者，而那些靠加盟连锁店起家的竞争者不可能把品牌做起来。通过提供股票期权，我们在企业内部员工中激发起的经营热情不亚于那些连锁店主。

事实上，“特许连锁经营”在星巴克一直是个忌讳。对我来说，连锁店主是夹在我们和我们的顾客之间的一种人。我们宁愿培训自己的人来运作自己所有的店铺，这样，你从星巴克买到的每一杯咖啡都能保证货真价实。

如果实行加盟连锁模式，星巴克就会丢失自己赖以发展壮大的文化凝聚力。我们不仅教咖啡师傅如何正确得体地制作咖啡，而且告诉他们如何向顾客传达我们对咖啡的激情。他们理解公司的观念和价值体系，如果是别人来经营星巴克咖啡的话，那么他们不可能有这样的理解。

最初，我们对此毫不让步：顾客只能从星巴克店买星巴克咖啡。我反对批售就像反对连锁店一样，我不可能让我们的咖啡在别的店里销售。

不过，后来我们慢慢开始放松这种控制了。吸引更多新顾客的机会太诱人了，窗子不可能不打开。但是，每一个新的冒险行动都伴随着一番内心挣扎。我们一直在自问：我们可以把底线降到什么程度而保证不丢失自己的灵魂呢?

第一个让步的大动作是在机场开店。我们知道那是很棒的地点。像芝加哥的奥黑尔机场，来自世界各地的人们将在那儿第一次与星巴克相遇。这样的地点无疑给了我们在新顾客中扩大知名度的机会。

问题是机场的店铺概由获得特许经营权的店主经营。1991 年，我们决定破一次例：我们和霍思特 - 马里奥特为开办机场经营店而签署了一份特许协议书。我们在西雅图机场开了一家店，以后渐渐在全美国的机场都开了店铺。

但这个过程我们走得有点儿磕磕绊绊。星巴克从未有过开这种特许经营店的经历，而霍思特 - 马里奥特也可能从来没接触过像星巴克这样事必躬亲的公司。我们必须学着以影响力而不是直接控制来维系我们的品牌。我们对于机场店的概念基本上一无所知，这是一种颇有限制性的环境，顾客们大多来去匆匆，总是怀疑机场店的价格偏高，他们不愿意或者没有足够的时间来了解一下浓缩咖啡或者别的什么咖啡。

我去光顾过好多次，在我们和霍思特最初的合作中，有时我对自己所看到的机场店的情况甚为不满。队伍排得很长，伙伴们对我们的咖啡很不了解，服务太慢，也不够热情。

霍思特对我们的意见做出了积极回应，他们的人和星巴克的人一起商量解决办法。由我们来培训霍思特的员工，给予他们像星巴克新伙伴一样的 24 小时培训。霍思特在生意繁忙的店里添置了现金出纳机，人流高峰时也增加了人手。随着霍思特的员工对咖啡的认识日益深入，他们在星巴克店里也越干越起劲儿，对顾客的态度也越来越友好了。如今，双方对彼此的合作都很满意。这是成功的合作关系。

与霍思特的关系越来越好，我对特许经营的观点也随之改变。这有点儿像婚姻。关键在于配偶的选择，你事先了解得越充分，两人的关系就越有可能处好。如果你想也不想就跳进去，就会把自己置于失败的极大风险中了。

现在，星巴克有不到 10% 的咖啡店是特许加盟的连锁店——在我们最早的 1 000 家店里，这类连锁店只有 75 家。当然，机场连锁店的数字仍在快速增长，仅奥黑尔机场就有 12 个零售点。我们最近刚刚批准了在阿拉马克几所大学校园里开办星巴克咖啡店。

在品牌快速扩张的同时，要真正维持我的经营理想，需要强有力的规程和微妙的平衡感。如果只想着让每个人都来体验一下我们的咖啡，而随意让别人去经营，就意味着放开缰绳。若干年来，我们一直谨慎行事，拒绝了数百家不可能使我们的品牌增值的公司。我们拒绝的公司比接纳的要多，也就是说我们让几百万美元溜走了。

如果我们不是那么痴迷于对产品的控制，我们的生意可能会做得更容易些。但是，咖啡就不可能有这么好了。

当你的公司尚处于发展阶段时，你根本不知道自己那些决策的长期效应。从 1987 年开始的最初那几年，我们很少考虑到品牌建设问题，然而，我们为保护咖啡质量和打造店堂服务氛围所做的一切努力，无不有助于在西雅图扩大星巴克的品牌影响。我们聘用的经理人员，我们投建的烘焙工厂，我们做出的筹资方案，都很快奏效——毫无障碍地在全美展现了我在米兰看到的美好景象。我学着以放松的姿态来创立一种很吸引自己的工作环境。我还没有完全意识到自己也创建了一个全新的公司，一份令人倾情投入的事业。

今天，当回首我们上市前的那些创业岁月（1987—1992 年）时，我通常把那些日子称为“烙印岁月”。如同父母千辛万苦拉扯孩子长大一样，戴夫、我、霍华德·毕哈，还有奥林·史密斯，把我们的价值观注入了职场生涯，并试图厘清在一个不断发展变化的公司里如何把这种价值观植入运作流程。我想使自己周围的每一个人都得到尊重，让他们自行发挥，去面对成功与失误，而不是对他们指手画脚，嚷嚷着这不对那不对。回顾创业初期的旅程，我们有过许多挣扎与奋斗，今天仍然如此，我们也犯过错误，可是，我们打造了一个团队，完成了一项使命，我们确实建立了在美国提供全新咖啡体验和打造世界品牌的自信。

POUR YOUR
HEART INTO IT

03

重塑企业精神

（公开上市岁月，1992—1997年）

POUR YOUR
HEART INTO IT

第 13 章

华尔街评估的是公司市值，而非价值

只有两个指导原则：其一，要有利于企业和股东的最佳长期利益；
其二，确保前一条原则得到正确执行。

——罗伯特·海斯

我凭直觉看人的能力，远超过大多数经理人。不管是聘任一个关键岗位的主管，还是寻找投资银行家或评估某个合作伙伴，我都像寻找配偶似的注重同样的品质：尊严与激情。对我来说，这跟经验和能力同等重要。我想自己的工作搭档应该是这样的人：他们不会只把自己的价值准则留给家人，也会将其带入职场生涯，他们和我有着共同的原则。如果我看出有什么不合意之处，或在价值观上有些看不透，那么我宁愿继续观望。

价值观的价值

当星巴克终于决定上市时，我们本来可以雇用国内任何一家投资银行。不少顶级的具有全国性规模的投资银行，以及本地几家小一些的投资银行，纷纷跑到我们设在西雅图机场南路烘焙工厂的办公室来找我们。

那是 1991 年，我们还是一家中等规模的区域性企业。那一年我们在上百家门店的基础上刚刚有了账面收入，所有的赢利门店都在西北部和芝加哥一带，销售额达到 5 700 万美元。然而，那些有来头的投资银行找的正是我们这类前途被看好的快速发展企业。他们看好我们的经营模式和向全美扩张的计划。通过账目审计，他们对我们的经济架构——每家店的销售情况、平均成本以及投资回报率等，留下了深刻印象。

能得到这样的瞩目真是万分荣幸，在大约 6 个月的时间里，我和 20 多个提出合作意向的银行家见过面。但令人失望的是，我发现，这些跟我交谈过的投资银行家，大多只是把星巴克看作投资名册上一长串名字中的一个潜在的新股发行者。我开始有这样一种感觉，他们是在玩一种赔率游戏：事先做足功课以确保不至于判断失误，然后押赌某些候选者，这时他们已完全了解哪些将出局，哪些会成功。

他们几乎都是一个样子，在我介绍我们公司的使命宣言时都心不在焉。如果他们还在做笔记，当我谈到我们的价值观时，他们的笔就停住不动了，好像我津津乐道的话题跟星巴克的财务运作完全不沾边儿。经验告诉我，谈论价值观是容易的，实践却是困难的，而一个外人要来判定哪些是发自内心的，哪些是橱窗里的摆设，就更困难了。华尔街的市场价值评估不可能把价值观纳入其中。

我觉得很沮丧。我知道星巴克可能会成功获得首次发行股票的机会，但我所希望的是，投资银行家们能够明白星巴克跟其他零售店、餐馆都不一样，也不同于一般的咖啡连锁店，这跟他们新近做成的其他交易完全不是一回事。那些人来自一个与众不同的世界，在他们那儿，每件事的意义大小都取决于它的金钱价值；如果你不能把大量的数字搁进去，就别指望在股市上有漂亮的亮相。他们要知道我们能给股东多少回报，而不是我们如何对待自己的伙伴。

1991 年 8 月的一天，又有一位投资银行家来找我。丹·李维坦来自施罗德基金管理公司，这样的公司以往打交道的对象都是规模很大、基础很好的公司，而不是我们这样的小角色。他从洛杉矶飞到西雅图，跟纽约过来的一个同事会合。算起来他们所在的公司大概是第 10 家想和我们打交道的投资银行。他俩从来没进过星巴克咖啡店，就在那天早上，来我办公室之前，他们光顾了一家星巴克咖啡店。

当时，我办公室里有很大的玻璃窗，整面墙都是玻璃，透过窗子可以看到烘焙工厂和烘焙机。我指给他们看我们的三台大型德国普罗贝特咖啡烘焙机，每台机器每年能烘焙 700 万磅咖啡豆。我们在小会议桌旁边坐下时，我又一次搬出了那套说辞。我对他们说，星巴克是一个发展快速而效益很好的企业。总体来说，美国市面上咖啡的消费量每年递增 18%，从 1984 年的 2.7 亿磅上升到 1991 年的 7.5 亿磅，预计 1994 年可以达到 10 亿磅。

但是，我又告诉他们，星巴克想要实现的目标比赚取丰厚的利润更宏大。我们有个使命，要告诉全美国的消费者什么是极品咖啡；我们有一个憧憬，营造咖啡馆的迷人氛围，吸引大家走进来，在繁忙生活中可以感受片刻的浪漫和新奇；我们有一个非常理想主义的梦想，即希望星巴克跳出传统公司的窠臼。我跟他们谈起咖啡豆股票和我们的革命性举措，即全体伙伴都成为合伙人，享有公司股票期权。我们的首要目标是对人的关怀，因为是他们把我们的激情传递给顾客。如果我们做好了，就会实现第二个目标，即关怀我们的顾客。只有实现这两项目标，我们才有可能为股东们提供长期的利益。

我等着他们的眼神闪开。

可这回不一样，他们不像其他那些人。这两人似乎理解我——至少比别人更理解我——他们马上提出了一些很好的问题。

会见结束后，我送他们出去。我们顺着长长的过道向前面楼梯走去时，我又说了几句，丹·李维坦回过头来。

"你知道你们那一行的问题所在吗？"我问。

丹还以为我指的是他们公司正面临的一起行业内的重大诉讼。"不知道。你说什么？"他警觉地问。

"那里缺少mensch."

我猜丹可能懂这个词的意思，这是一个意第绪语名词，通常指品格正直、忠诚和有尊严的人。

丹马上抬起头，直视我的眼睛。我看出他领会了我的意思。而且，我的直觉告诉我：丹是一个mensch。

他后来告诉我说，他上了飞机后思维极度活跃，在飞机上给纽约的同事打电话说，他发现了一个让他非常震惊的公司。

但是他也发现这个观点很难与人共享，星巴克当时在纽约还没有开店，大多数纽约人以为咖啡店不过是平淡无奇的卖咖啡的场所，谈不上是什么快速发展的事业。在当时，生物技术、光纤技术才是投资的大热门，在丹的同事看来，咖啡显然不是什么赚钱的好门道。即便他们理解和赞赏我们的企业，也还是觉得星巴克不可能维持当前快速发展的进度，因为如此搞下去有可能会失控，要么就是自毁品牌，或者很快就会达到市场饱和。但具有讽刺意味的是，丹的遭遇正是我在西雅图所经历过的，他也明白要与别人沟通像激情与价值观这样看不见的东西是多么困难。为了说服同事们相信星巴克值得冒一下投资风险，他遭遇了许多难堪。

丹和我一直保持着电话联系，我第二次跟他见面是在洛杉矶，我们一起吃了顿饭。

1992年4月初，我们举行了自己的“选美比赛”——7家投资银行的一次派对，这是我们最终请来对我们的首次公开募股正式进行竞标的投资者。参加者包括一些业内大腕，整个过程经历了紧张忙碌的两天。我们的规定非常严苛，要求各家投资银行在两小时的会议前填写一份5页的问卷交给我们，我们要看哪家在陈述和演示中表现出最大的热忱和关注度。已经转到市场部门的劳拉·莫埃克斯（当时是我的信托助手）带着他们参观了我们的烘焙工厂，然后向我们汇报他们每一家对此表现出的兴趣。就专业水平和个人能力来说，作为公司理念和梦想的一个真诚信奉者，劳拉是给这些投资银行家“把脉”的最佳人选。

关键性的目的是，找出对我们的产品和公司真正有热情的投行。一些投资银行家很明显地表现出这样的态度，即凭我们小小的星巴克，竟有这么多成功的大银行来竞标，实在是太给面子了，有的只是坐着豪车露了一下脸，甚至都不肯纡尊降贵去实地看一下我们的咖啡店。

丹·李维坦悉心准备了他的竞标演讲，而且效果极佳。他带来了他的董事长杰姆·哈曼，在我们的烘焙工厂里他们比其他所有人待得都久，对咖啡表现出了真正的兴趣。劳拉回来汇报说他们理解我们的激情，显然他们占了先机。

银行家们走后，奥林·史密斯和我，还有一开始就指导这次公开发股的董事会成员克雷格·福莱和詹姆斯·申南，进行了长时间的讨论。我们想从这7家中选出两家。我们已经与几家大投资银行有过密切接触，其中有一两家顶尖的，所以打破重组可能很难，但我凭本能觉得应该选丹和他的公司。大家也同意我的看法。

我们选了两家公司：一家是亚历克斯·布朗父子公司，他们对于我们这类公司上市运作有着多年的经验；另一家就是丹的施罗德公司。

那个星期日，丹从明尼苏达州给我打来电话，他当时在那儿观看母校杜克大学篮球队杀入第四轮的比赛。我还不能把我们的决定告诉他，因为那时还尚未通知那些被淘汰的投资银行。我叫他耐心等几天。

星期一早上我给他打电话。“祝贺你，你得到了这笔生意。”他乐坏了。

我们指定亚历克斯·布朗父子公司作为承销商是顺理成章的选择，因为对方特别擅长与我们这种规模较小的企业合作。亚历克斯·布朗父子公司有三个出类拔萃的人，与丹一样，能理解我们的理念，并且不只将我们的首次公开募股视作一桩交易。这三个人是公司总裁梅奥·谢图克、负责资本市场运作的彼得·布莱克和戴维·迪佩特罗。不过，许多人没想到我们会选择施罗德公司，因为我们这样的企业一般不在它的业务范围内。时间证明我们做出了正确的选择，时至今日我们仍然与这两家公司有着紧密的合作关系。

以我的体会，友谊与忠诚在许多美国企业中都被低估了。我们许多人已经丧失了一种至关重要的眼光，那就是如何对待我们可以信赖的人，而敌意和冷漠、疏离并非不可避免——那不是企业运作的最佳方式。在这里，你必须取得面对同一个目标的合伙人和伙伴们的支持。

其实，7 家银行中任何一家都可以达到我们所期望的目标，它们都是一流的。就我个人看来，最终中标的或被淘汰的区别就在于承诺与激情。中标的两家能够给我们带来额外的无形资产，助我们登顶。

别被华尔街的过山车弄昏了头

如果要我说出职业生涯中一个最幸福的日子，那就是 1992 年 6 月 26 日，我们在纳斯达克公开上市的日子。

我们预期的价格范围是每股 14~16 美元，总价值超过前一年赢利的 60 倍。有人担心我们是不是把价格定高了，从新股上市的行情来看，3 月份的火爆状况突然有点儿降下来了，大多数新股都以低于预期的价格出售。我们的顾问也推荐低价入市的策略。本地报纸文章警告小投资者们买我们的股票时须谨慎，因为大部分新股的发行价都在下跌。而我们又一次摒弃了通常的见解，我们把星巴克的股价定到每股 17 美元，高于新股发行的价格范围。

那天，我们一帮高层经理人员去西雅图市中心的证券交易所，挤进人群中，盯着屏幕上出现的SBUX（星巴克在纳斯达克上市的股票代号），等着交易开始。一开盘，股价马上涨到21美元，我们欢呼起来。

在整个纳斯达克市场上，星巴克是当日第二只最活跃的股票。一亮相就为公司筹集了2 900万美元，比预期超出500万美元。到收盘时，星巴克的总市值达到2.73亿美元——5年前我买下星巴克时，它还不到400万美元。

我们的股票上市是这一年里最成功的事情，这使得华尔街那帮经纪人急切地找寻"下一个星巴克"。星巴克股价的强劲状态超过了华尔街权威们的预测，此后也从未明显跌至开盘价以下。在接下来的三个月里，价格达到了每股33美元，星巴克的市值接近4.2亿美元。

作为公开上市公司，星巴克因此罩上了某种光环，跻身于大公司的行列。我们的股票上市使得星巴克原先的内部股可以流通，包括我自己的，我们可以用股票期权换取自己想要的东西，有了更长远的发展预期。那些加入我们公司的才俊也着实兴奋不已，因为他们不仅参与建设了一个有长期发展前途的企业，也实实在在创造了财富。

我们在华尔街的成功也为我们的品牌增添了光彩。由此，我们几乎每年都能从市场上找到投资者，为我们的增长买下更多股票。自上市后，我们通过发行新股或（当价格高于某个水平时）售出债券转为股票，筹集了5亿美元资金。我个人很喜欢这种与华尔街的聪明人互动的智力游戏，他们做足了功课，对你这家公司很了解。我也喜欢这个挑战，为星巴克发展资金的筹集做出战略性规划。

当然，成为一家公开上市公司也有其弊端。它使得你的企业突然间受到高度的审视和关注，突然间你就不再有个人隐私了。最重要的是，你要对股东们承担更多的责任，满足华尔街的期待也是一种负担。

在我们上市的那段日子里，一家报纸的报道使我恼怒不已。一位经常拉响股市警报的华尔街权威人士预测星巴克将会栽大跟头，他相信我们的股价是被高估了，而且预测当年年底星巴克股价将降至每股8美元。这个不祥的预测成了一片阴影，我把这篇报道剪下来放在我办公室的抽屉中。接下来的6个月里，我每天早上都要把这段剪报拿出来看一下。幸运的是，这位权威错了：我们没有栽跟头，我们的股价继续走高，虽说其间也有过阴晴不定的剧烈起伏。每一天，他的预测都警示着我，哪怕是一个小小的失误都可能造成损失。

与上市的兴奋相伴而来的是一种人生被打入地狱的变化，每个季度、每个月，甚至每一天，你都是股市的奴隶。你的生活方式也发生了巨大变化，再也不可能回到那简单的运作小公司的日子了。我们开始每月汇报自己的销售业绩，包括店面业绩的同比增长，每年至少要公开一次，这也被称为"同店销售额增长率"。如有变化，股价马上随之而变。我觉得"同店销售额"不能正确地反映星巴克的经营情况。举例来说，如果一家店里排队的人太多，我们可能会在附近再开一家店。我们的顾客很欢迎这样的方便措施。但这样一来，新店就从老店抢走了利润，就会导致同店销售额增长率下降，而华尔街会因此惩罚我们。

那几年里，我们面对着许多财务方面的怀疑者。星巴克的股票一直在高位上交易，成为做空者的最爱，因为他们觉得我们的公司被高估了。1992 年后，我们公司的名字一直被做空者挂在置顶的位置上。但到目前为止，我们那些一如既往的铁杆支持者已经得到了回报，怀疑被证明是错的。投资者看到星巴克的每一次新股发行都是高开高走。不过，当你的股票走高时，你很快就会陷入企业"眩晕症"，随后你会有一段长长的下坡路。

华尔街教会了我许多东西，最持久的教训就是对股票的理解——有那么多的人为因素。而这会让你轻易地以为这就是你公司的真实价值，甚至是你自己的真实价值。

1995 年 12 月初，星巴克的股票价格创下纪录——这类消息总能使办公室里的情绪高涨起来。但事实上，我们刚刚得知圣诞节的销售不像我们预期的那样好，而我们本来憋足了劲儿要演好年终销售这台压轴大戏的。

1996 年 1 月初，我们公布同店销售额增长仅有 1%，股票马上就从 21 美元降到 16 美元。短短几天里，我们损失了 3 亿美元市值，尽管我们宣布的销售额缩水只有 500 万美元。忧心忡忡的投资者们质问我："为什么公司业绩这么糟？"《华尔街日报》说我们曾是"一抹亮色"，而现在"暗淡下去了"。分析家们似乎相信我们的增长已经碰到天花板了。

事实上，星巴克并未从此走上下坡路。虽说销售业绩低于预期值，但我们总的年销售额增长将近50%。我们仍源源不断地买进和烘焙咖啡豆。那一年我们又有新店开张，我们继续按计划进入新的城市，并推介新的产品。

三个月后，股票价格又是一轮上扬。那一年的前三个月里，同店销售额增长率再度表现良好。古德曼·沙奇是华尔街一位出身名门的银行家，他在星巴克没有一美分的投资，可就是他预测星巴克还有更大的利润增长幅度和更高的股价。

投资者们打电话向我祝贺，而圣诞节销售的不利消息还曾让他们中的一些人方寸大乱。

改变的是什么呢？事实再次证明，没有什么实质性的改变，4月份的星巴克还是1月份的那家公司，区别在于华尔街突然说它更值钱了。

运营一家上市公司是一种情绪上的过山车游戏。一开始，你到处接受祝贺，好像你真的成功极了。后来，股价下挫，你感到自己非常失败。然而，它又弹回来了，给你留下的是“眩晕”感。

在某种程度上，你必须把自己与股票价格分离开来，专注于企业的运作。无论股价高涨还是跌落，你都必须保持高涨的情绪。这种镇定自若对我来说不是那么容易的事情，因为大体来说我是那种性情中人。但我明白事情的重要性，无论是好日子还是坏日子，都要保持强有力的有条不紊的领导力，以稳住周围人的情绪。最重要的是，我们做决定时会基于什么对公司有益，而不是什么对股票价格有利。这是星巴克最让我骄傲的地方。

每一个企业家都有把企业做成上市公司的梦想，但是又有多少人真的知道自己将要面临什么呢？并非每一家上市公司的日子都如星巴克一样惬意。如果说，对我们来说，股市就如同一匹不被约束的野马，那么这对于那些下跌的公司来说又意味着什么呢？

有一则古老的格言：谨慎地对待你祈盼的东西，你才会得到它。

POUR YOUR
HEART INTO IT

第 14 章
想要再造卓越，先要重塑自我

区别一项工作是伟大、平庸还是低劣，从中最能够看出的，
是你有没有热情和想象力来重塑你自己每天的生活。

——汤姆·彼得斯
《追求卓越》[①]

① 《追求卓越》一书中文版已由中信出版社于 2009 年 10 月出版。——编者注

为什么我们成长得这么快？

自1992年星巴克上市后，我一直沉浸在公司业绩增长的喜悦之中。我们的扩张比预定计划更为超前，仅在1992年的财务年度里，就新开了50家门店，1993年又开了100家。无论是销售额还是利润，我们每年都超过了内部预期的目标，华尔街的分析家们也为我们始终保持同店销售额的成倍增长而喝彩。1992年，我们扩展到圣迭戈、旧金山和丹佛。我们每到一处，都会激起热烈的反应。

1993年春天，我们做出进军东海岸的决策，决定在华盛顿特区开出第一家店，这是东海岸邮购业务最火的地方。对于欧洲移民和那些从西海岸去东海岸的人来说，华盛顿也是一个不错的地方。为了筹备华盛顿特区的第一家店，我们派了调研员去威斯康星大道的友谊高地，了解我们邮购目录上的客源情况，他们一到那儿就吸引了大批人群。后来肯尼·基在杜邦广场店做大型露天表演时，现场更是人山人海，那家店后来成为我们人气最旺的店铺之一。

此后，我们渐而转向依据邮购客源的信息来决定在什么地方开店。邮购目录上的顾客一般更忠诚，因为他们认准了星巴克，非要喝到星巴克咖啡不可。我们发现，在星巴克邮购咖啡的顾客一般都受过良好的教育，相对比较富裕，喜欢旅行，迷恋高科技，对艺术和其他文化形式有着很浓厚的兴趣。这正是我们希望星巴克所具有的品位。

在我40岁生日当月，我的照片登上了《财富》封面，配文称我为美国发展最快的公司的总裁，文中说“霍华德·舒尔茨的星巴克把咖啡磨成了金子”。40岁登上了《财富》，我对此感到骄傲，但是，坦率地说，如此受瞩目也多少让我有点儿不自在。对我来说，庆祝胜利总是比较困难的事情，因为我总是在想：下一步呢？

表面上看，每件事都毫无缺憾。但我渐渐有了一种忧心忡忡的感觉。公司的大部分热情源于逆境，是在逾越无法逾越之巅的过程中被激发出来的。我们证明了自己的创意可行，甚至远比我们想象的好。但我们能够保持优势吗？

既然特种咖啡已经风靡于世，那么向全美扩张似乎也不是什么困难的目标。但事情不会那么简单，竞争肯定会更加激烈。在北美许多城市，咖啡店都在往星巴克模式上靠，也都开始供应拿铁和卡布奇诺，在柜台上摆放咖啡研磨机，有的还出售整颗咖啡豆。美国特种咖啡协会预测，到1999年，这类咖啡店，包括浓缩咖啡吧和流动摊位，将从1992年的500家增至10 000家。浓缩咖啡生意吸引了成千上万的小企业主，有些几乎没有在管理上投入什么。许多小型公司里的中层经理转动脑筋想要开设小咖啡吧，有的已经这么做了。因为这门生意看起来没有什么进入门槛，似乎人人都可以买进浓缩咖啡机，蒸出牛奶，做出拿铁。

星巴克从来没感到这类店会构成什么威胁。在西雅图，几乎每个街角都有一家这样的店铺，而且我们的市场在不断扩大。可是，其他的咖啡公司看到了我们的成功，也雄心勃勃地要搞扩张。我们的竞争对手之一，西雅图的SBC公司，宣布要在5年内开出500家连锁店；还有一家“兄弟美味咖啡公司”，买下了设在购物中心的“格罗利亚牛仔公司”，宣布至少要开出80家星巴克式的店。

由于竞争激烈，一些观察者预言我们已经“错过了去东海岸的班车”。于是我们加快了扩展计划：原计划1994年开出125家门店，后增加为150家。在华盛顿特区获得成功后，我们决定于1994年进入纽约和波士顿。纽约对我来说有一种象征意义，因为那儿是我的故乡，也是美国最大的城市。虽说那儿租金不菲，劳动力市场也不那么看好，但还是备受我们的关注。亚瑟·鲁宾菲尔德和乌斯·米兹拉想到在费尔菲尔德和威斯特切斯特县（那里是曼哈顿许多大佬的地盘）附近开第一家店，这是先占领地皮的地产战略。1994

年 3 月，我们终于对纽约进行了第一次突袭，在 87 街和百老汇的街角，开设了星巴克咖啡店。

在波士顿，我们采取了一个前所未有的举动，或者说开了一个先例。在开了几家自己的店铺后，我们收购了本地一家强劲的对手。那是乔治·霍维尔在 1975 年创办的咖啡联谊公司，这家公司跟我们在别处遇到的对手都不一样。跟星巴克的创始人一样，乔治也是在“毕特咖啡与茶”那儿了解了优质咖啡。他回到波士顿开了自己的店，但是，他很快意识到新英格兰人更喜欢烘焙程度较轻的咖啡。在经历了许多试验和失败后，他吸引了一批拥趸，并开始在本地倡导一种轻度烘焙的咖啡理念。

到 1992 年，咖啡联谊公司发展了 10 家店铺，在哈佛广场和苏妮伊尔大厅都有它的店，它凭借口碑发展了一个铁杆顾客群体。乔治意识到星巴克很快就会进驻纽约，也想加快发展速度，便聘用曾做过酒店主管的柯特·比恩来协助他筹措发展资金。他们在 1994 年年中增开了 15 家店铺，并开始向波士顿外围扩展，计划到 1997 年再增加 60 家门店。

我们并没有在纽约打一场阵地战，而是提出收购咖啡联谊公司，乔治·霍维尔也同意了。1994 年 6 月，星巴克以价值 2 300 万美元的股权置换收购了咖啡联谊公司，一夜之间在波士顿处于领先地位。乔治·霍维尔担任公司顾问，柯特·比恩留下来监管并购事宜。这一举措对于星巴克的品牌建设和零售策略都是一个大跨越，并且立刻打入了那些咖啡“熟客”的核心群体中。

到 1994 年年底，我们已进入了明尼阿波利斯和亚特兰大地区，还有达拉斯、沃思堡和休斯敦。在得克萨斯州，我们迅速多方出击，因为当时租金跌到了谷底，很容易拿到好的店址。1995 年，我们在费城、拉斯韦加斯、奥斯丁、圣安东尼、巴尔的摩、辛辛那提和匹兹堡都开了店。速度之快令人眩晕。一下子在那么多地区铺开店面，看上去有点儿冒险，但我们已建立了一支成熟的管理团队，在每一个地区都能有效地控制进程。

对一个外部观察者来说，我们的发展似乎毫不费力，而事实上，这里没有一帆风顺的事儿。一旦我们启动了发展的引擎，开店就像冲一杯浓缩咖啡似的成了日常事务。

事情能得以顺利推进，也是由于我们吸纳了众多人才。不到几年的时间里，星巴克的名字就如同带有某种魔力似的，吸引了许多有才干的人加入，其中一些人是从本地比星巴克大得多的公司跳槽过来的。霍华德·毕哈和黛德拉·威杰招募了区域副总裁来主管各地区的发展事宜，他们的职责是将星巴克文化在整个北美成倍复制。在加拿大，罗利·莫里斯带着他的管理才能和丰富的市场运作经验加入了我们的行列；斯图尔特·弗尔德是中西部地区的领头人，曾任卡斯特姆衬衫零售连锁公司的副总裁；布鲁斯·克瑞格在建立星巴克西北部营销网点前曾监管汉堡王公司1 600家店铺的开设过程；马西·亚当斯是我们大西洋湾区的负责人，曾在“7－11”连锁店主管经营、物流和创意开发。他们每个人负责自己的地区，做得比我们预期的更好。

为了适应企业的快速发展，我们设置了一个招募和培训咖啡师傅的机制，让那些年富力强而有学识的人指导咖啡师傅提高对咖啡的品位，逐个城市地复制我们的咖啡工艺标准和价值观。在黛德拉·威杰的领导下，我们的零售系统不仅能够应对数量庞大的现有店铺，还可以有效监管每年进入新市场的数百家店铺。

在我们的西雅图总部，从事物业开发、室内设计、店面规划和总体架构的人员，开发了一种可以使店铺在6个月内开张的切实可行的店面开发规程。这套规程非常管用，使我们每个工作日都能开出一家新店。店面发展到如此之多，我根本不可能全都关注。

1992—1993年，我们重新梳理了物业开发策略，基于区域人口测算和对运作效能平均水平的分析，提出了一个三年扩展计划。在每一个地区，我们都先瞄准一个大城市作为“中心”，派出专业团队去打理新的店铺。我们会以两年内开出20家或更多的店铺为目标，快速打入中心市场。然后，以此为根据地，逐渐辐射开去，进入周边市场，包括附近的中小城市以及与顾客人口测算值相近的有代表性的郊区。

为了保证向那么多的新店供应咖啡，我们只能建立新的烘焙工厂。就在1992年的圣诞节，我们意识到不可能依赖现有的工厂来支撑这个销售季节了，虽说当初这个厂是按公司10年发展规划设计的。1993年2月，我们派给主管行政的副总裁霍华德·沃伦纳一桩不可能完成的差事：找一处新的厂址，带领一帮人去建造一个更大的烘焙工厂，并在7个月后交付使用。1993年9月，占地面积为30.5万平方英尺的烘焙厂，在西雅图南面华盛顿州的肯特镇建成了。

在那之后，老厂只是为公司的邮购订单服务，从1993年中期开始由巴克·亨德里克斯负责。巴克把这项业务从 600 万美元发展到 1997 年的 2 000 多万美元，虽说这只占我们总体销售的一小部分，但这是把我们的产品包装展示出来的一个途径，也是联结我们与全美顾客的重要纽带。

1993 年 10 月，我们的办公总部也开始寻找新址。霍华德・沃伦纳给我们找的新地方离原来的总部只有几个路口的距离，仍位于西雅图南面的轻工业区。我们在一幢仓储大楼里租了一些楼层，这幢大楼原本是西尔斯公司的西北片销售部门用来存放编目商品的仓库。这地方完全不像那些高层建筑或一般公司租用的写字楼。9 层高的建筑里，每一层都足有通常写字楼 6 个楼层的占地面积。这个曾作仓库之用的老楼房大得出奇，好像得骑着自行车或踩着溜冰鞋才能做事。我们在中间那块地方划出一个“公共区域”，作为食品小卖部、咖啡吧和休息场所，这样可以鼓励大家交流互动。工业照明灯留下的管道和线槽裸露在外，毫无精雅、时髦可言，与一些人对我们的想象相去甚远。

我不喜欢搬离烘焙工厂，所以我坚持要留下一些印记，以提醒我们不要忘记根在何处。正门一进来便是一个模拟的店面，展示我们的最新产品。办公室墙头随处可见的图片，展示着我们最新的市场营销成果以及咖啡工厂的发展状况。当我们的办公空间扩展到顶层时，我们安装了一部小型的老式烘焙机，以现代技术对其进行翻新改造，用作演示或烘制样品，最重要的是，它维系着我们与咖啡的紧密联系。

从我办公室的窗口望出去，西雅图机场的吊车隐约可见，我们的咖啡豆从那里被运往各地，城市高楼林立之处就是公司诞生的地方。可我仍然怀念从办公室窗口望得见烘焙工厂的日子。

1994 年，在我们看来，成为领导北美市场的咖啡零售商，以及特种咖啡的著名品牌，这些目标已触手可及。于是我们又制定了更大的目标：要打造全球最受瞩目、最受人尊重的咖啡品牌。在美国和加拿大尚有一些城市我们还来不及进入，但由于星巴克的模式和标志被四处复制、模仿——有时候被弄得过于花哨、碍眼，我们知道，在全球范围内，我们需要赶快制订走出去的计划。

然而，这回可不是简单地加快速度就能做到的。就如我曾经改变星巴克的惯例，在供应咖啡豆的同时也供应饮品，我现在又要变一下招数了。我要跃上一个新台阶，拿出革新的姿态和勇气来推动这次品牌创新。星巴克的牌子已经有了巨大影响，我们不妨以此为基础推出全新的咖啡产品，并走出星巴克的店铺进行销售。我开始想象星巴克不但可以制作更加多样的咖啡产品，还可以从门店中走出去，扩大销售范围。

1994年，星巴克刮起了一股行动旋风。我们推出了新品“星冰乐”。并和百事可乐公司签署了合作协议。由奥林·史密斯担任这家联营公司的总裁，我们组成了星巴克国际公司，霍华德·毕哈出任公司总裁。我们搬去了新的总部，更新了邮购业务的电脑系统。我们为一个造价1 100万美元的烘焙工厂选定了厂址，在宾夕法尼亚州的约克镇，那处厂址最终可扩展到100万平方英尺，足以供应东海岸所有店铺所需的咖啡豆。但是，我们眼前第一次出现了一个重大危机，那就是咖啡豆价格上涨了300%。

这些大动作，有些是同步进行的，我在本书中差不多用整整一章叙述了其中的一些变动。变化的步子直到现在仍未放缓：1995和1996年，我们面临企业发展的挑战，遭遇着企业伦理和风格上的碰撞。而且，我们所面临的是一次全新的机遇，其风险之大令20世纪80年代后期我们的那场争论相形见绌。

快速发展要付出的代价

在这些暴风骤雨般的改革中，是我们的价值观和彼此承诺的责任心使企业保持了运作的平衡。在公司内部，一批职业化程度较高的经理人进入之后，早期跟我一起打拼的那些人大抵对他们心存畏惧。我不再叫得出每个人的名字，虽说大家仍在一个大楼里上班。同样的步伐和同样的激情，在追求成功的同时也伤害了一些人。一边听到每周新增数千名顾客的佳音，一边听到有人离开公司的坏消息。

这些冲突全都汇集在我的脑子里。每当有人来我办公室说起对新变化感到忐忑不安时，我个人都觉得对此负有责任。我还以为公司扩张后工作可能会变得容易些，但其实是更困难了。

我面临的问题变得更为复杂。当公司扩大一倍甚至三倍后，你还能坚守原来的价值观吗？在扩大品牌影响力而又不损害其内涵的道路上，你还能走多远？面对因创新而产生的诸多事端，你如何做到不失去控制？在大量任用专业管理人员的前提下，你如何调整自己作为企业家的角色？当短期问题直接抓住你的注意力时，如何在长期计划上保持自己的创造精神？当你以“光速”发展时，如何继续向顾客提供发现新大陆般的体验？当你需要体制与规程时，又如何维系企业的灵魂？

我发觉，大多数问题不可能在书上找到答案。最佳方法来自对崇信的企业的观察。但不幸的是，你很少能看到企业是如何在快速发展中继续保持高标准和一贯的价值观的。

因为没有现成的答案，我只能自己去摸索。我一直是个如饥似渴的读者，而现在，我阅读的范围更广了。我向专家们咨询；我去了解其他首席执行官和企业家的经验；我请来以前有过工作经验的经理人；我从每一个我所遇到的人那儿汲取智慧，包括记者、分析家、投资者、商店经理、咖啡师傅和顾客。

随着公司的发展，我每天的生活节奏也变得紧张起来。每天一起床，我就要参加好几个会议，处理各方面的事情。有时，我会抽出点儿时间让大脑做好准备，以便在各种各样的讨论中快速做出判断——公司发展战略、下月促销计划、咖啡新品的口感、利润空间、伙伴个人问题、重大投资机会、某项策略的改变、董事会的反对意见……有时，我的脑袋都要裂开了。

我在处理这些事情时，有时会接到雪莉或孩子们的电话。我总会设法为家人和朋友安排出时间来，如果我不想让自己总处于压力之下，我就不会忍受这种压力。可是，要维持这种个人空间也是有压力的。雪莉能理解公司发展给我带来的压力，在我精神状态很糟糕的那段时间里，她依然尽力维持家庭的和谐。我不能想象，如果没有雪莉这样内心坚强、给我安全感的妻子，我怎么可能建立起星巴克，怎么可能在处理压力和冲突的同时仍然能够保持良好的状态。

对我来说，在追求公司目标的同时不影响家庭生活是一桩难事。我尽量不在周末出差，只要不出差，我就尽可能和家人一起在家里吃晚饭。对我来说，这个时间是神圣不可侵犯的，虽然我们吃饭的时间总是比一般家庭要迟些，但我的孩子们还是盼着这个时间。我在儿子的小联盟球队做了两年的跑垒指导，尽可能从我的时间表中挤出时间去看他的比赛。我带孩子们去看索尼克斯队和海员队的比赛，他们总会出现在星巴克一年一度的野餐会上。

平衡工作和生活永远不可能是一件容易的事情。我一直挣扎在家庭的需求和企业的需求，婚姻的需求和我个人的需求中。我有时候很奇怪地想：什么时候能有我自己的时间？我能不能从这些事情中脱身？每个星期日上午打篮球，来一场快速的、尽情跑动的、酣畅淋漓的比赛，是一种很好的释放方式。在这两个半小时里，我把全副精神集中在球上，把一切关于工作的事儿都抛开。

企业家最大的挑战：重塑你自己

没有人比成功的企业家更需要重塑自我。想想吧：有多少企业家亲手创办起一家公司，然后让自己随着公司一起成长，直至公司的销售额超过10亿美元。

比尔·盖茨算一个，还有耐克公司的菲尔·奈特。但是，还有更多的企业家不能成功地转型为专业的管理人员。大多数人在企业初创时的创业精神，都要胜过企业成熟期的领导力。当公司在他们手下越做越大，而发展的可能越来越小时，他们就会想方设法维持自己的控制力。

有时候，我觉得自己像是那个横跨在两架喷气飞机上的卡通人物，一只脚踏在这架飞机上，另一只脚踏在另一架上，两只脚都想快速前行。我必须做出决定：我还能坚持多久？我应该跳开吗？我会摔断腿吗？

算下来，我至少把自己重塑过三次，而且每次都以最快速度进行。

我在开始上路时是个寻梦者，一个32岁的年轻人，在西雅图敲开每一个潜在的投资者的大门，为自己的企业计划筹集资金。

然后，我成了一个企业家，创办了“天天”咖啡馆。接着，我接管星巴克，把它打造成一个快速发展的公司。之后，我得成为一个有专业精神的管理者，随着公司日益庞大，越来越多的决定需要授权别人去做。今天，我的角色是星巴克的领导者，是一个有远见的、斗志昂扬的领导者，是让火焰一直燃烧的人。

对我来说，寻梦者是我最自然的角色，我仍然喜欢这个角色。成长于20世纪50年代和60年代的人都做过许多这样或那样的梦。那是肯尼迪总统与和平队的年代，当时，资本主义意味着机会，而不是压迫。乐观是主流的情绪，我骨子里就受到这一切的影响。

然而，仅仅作为一个寻梦者还远远不够。如果你想在生活中实现梦想，你就需要另一套本领去把这些梦想变成现实。

一旦穿越梦想的藩篱，你就从寻梦者转变成一个企业家了。一个年轻企业的创业阶段可能是最令人兴奋的。

我当时并没有意识到这一点，但我现在确信，企业家最大的责任之一就是把他自己的价值观注入企业。这就像抚养孩子，你以爱和体恤开始这项工作，如果你把正确的价值观注入他们的内心，等他们长成大人时，他们就会做出负责的决定。有时候，他们会让你失望，有时候，他们会犯错，但如果他们已经树立了正确的价值观，他们就有一条使自己回归正途的准则。

在建立企业的过程中，你通常会走到岔路口。英特尔公司的首席执行官安迪·格鲁夫把这称为“拐点”。你甚至可能意识不到这一点，但那时的决定会在多年以后显现其影响。比方说，你也许能意识到自己发现了一个创建更大、更有意义的企业的机会，可是为了利用这个机会，你却必须在管理企业的方式上有极大的改变。

许多企业家起锚出海的情形正是如此。有些人被新的机会吓住了，拒绝了它；而另外那些接受挑战的人，又通常不能提高自己的掌控力以应对新的局面。

在企业发展的某个阶段，一个企业家必须用职业经理人的管理方式管理公司。当然，这经常与获利之道相悖。很早我就意识到，必须聘用在某些领域里比我更聪明、更有资质的人，我必须让他们来做许多决定。我不能告诉你这有多么困难，但如果你已经把你的价值观刻在你周围人的心里，你就能够大胆地信任他们去做出正确的举措。你必须建立起足够强大的根基，来消解压力、焦虑以及对发展到下一阶段的恐惧。

如果你是一个有创意的人，一个有理想的企业家，那么引进管理体制可能很会痛苦，因为它们好像和最初吸引你去做企业的冲动相背离；但如果你不采用正确的程序，如果你不和别人协同筹划，如果你不雇用有工商管理技能的人，整座大厦就有崩塌的可能。许多企业的情形正是如此。

20 世纪 90 年代初，我们费尽力气把公司从一个创意型企业转型为专业管理型企业。甚至就在这样做的时候，我们还试图尽可能保留原来的企业精神、我们的创新和更新自我的能力。我们请了加州大学洛杉矶分校的一个研究企业问题的专家埃里克·弗莱姆霍尔兹来指导这个转型过程。他曾写过一本名叫《成长之痛》的专著。他一来星巴克，就看透了所有的症状。他相信，快速发展的公司都会经历几个必然的时期，没有一家能避免。他建立了一套管理体系，以指导公司创办者们如何处理从创业到成熟各个阶段所面临的个人和专业方面的挑战。在星巴克，埃里克·弗莱姆霍尔兹和我们一起研究企业发展的阶段性计划和管理体系。我们缓慢而痛苦地学会了怎样在快速发展中建立规则与更好的管理体系。

最初，我想抵制这些改变。我不是那种热衷于条条框框的人，我讨厌那些规划与章程，它们总给我某种限制人、约束人的感觉。我习惯了在桌面上即兴发挥，甩出一句“我向你们发出挑战”，一上来就把它搞定。埃里克·弗莱姆霍尔兹把这称为“约翰·韦恩学校的管理学——信口开河”。后来，我开始意识到，一个更出色的星巴克应该在日常的生意和发展中应对自如，越是有好的组织机构和管理体制，就越是能够大胆进入新的舞台。在此过程中我渐渐对这项计划产生了尊重和敬意。

我明白，我最终须从一个管理者转变为一个领导者。我非常幸运地结识了哥伦比亚大学的华伦·贝尼斯教授——他写了一本关于领导力的书。他为星巴克担任顾问，我们的友谊发展到这样的地步：每当我遇到一个转折点，或不知该怎么办时，我都可以在夜里很晚或者早上很早的时候给他打电话。他对公司、对我个人都颇有兴趣，在我向领导者角色转换的过程中，他给予我很大的帮助。

知道你的局限所在

1994年年中，我意识到自己的角色还需再次转换。日复一日地管理公司不是我所希望的，因为这超出了我的专业能力范围，也并非我的兴趣所在。我想做的是，继续筹划有远见的创新行动，预见未来，体验创新带来的快感。这是我可以为公司增加的价值，是我所钟爱的工作。

于是，1994年6月，董事会和我决定让奥林·史密斯担负我那一部分日常管理的工作。他的头衔是总经理和首席运营官，我则继续担任董事会主席和首席执行官。几年下来，奥林成为一个世界级的管理者，负责所有行政后勤管理事务，他是一个比我更有资质管理公司日常运作的人。这一举措解放了我，让我有更多时间投入其他方面，诸如和百事可乐公司合作，进行风险合资、品牌建设、更新店面设计、新产品的开发等。

你一手发展壮大的公司就像你的孩子一样，你很难克服要去关注每一个细节的本能。多年来，我习惯于监管销售和日常利润，每天关注每家店铺的经营业绩。我一般会把它们的实际业绩与预期的数字相比较，搜寻那些在图表上看不到的数字，不管是好还是坏。如果某家店哪天有超常业绩，我就会找它的经理向他(或她) 表示祝贺。如果我注意到某个弱项，那么我也会打电话给门店经理，找出解决问题的办法，促进销售。

当公司发展到拥有四五百家门店时，我意识到自己不可能再这样密切关注每家店的情况了。我必须信任并授权奥林或是其他管理人员来做这类工作。我只是有点儿令人沮丧，包括讨论开发新产品、开拓新市场的会议，我都不能参与了。譬如有一天，我穿过那个会议室，里边正在讨论某一进程中令人感兴趣的问题，我很想加入他们一起讨论，但我知道不行。我的出现会破坏气氛，而且我已经不再适合出现在那些场合了。

对我来说，提拔奥林是一个理所当然的举措。我对他非常信任，以至我不可能有兴趣从外面引进什么人才。虽然奥林和霍华德・毕哈能力相当，各自负责公司一半的运作，不过那时霍华德・毕哈想要接受另一挑战。1994 年年中，我们正计划向海外扩张，他想接手这一块。于是我们创建了星巴克国际公司，任命霍华德为总裁，给予他充分的空间去开拓潜在的长期市场，让公司的规模翻番。

当奥林成为总裁后，我又有了新的角色，我称之为“领路人”。我的董事会主席职位是一个开拓者的角色，我试图为星巴克未来的发展寻找新的方向。我想预测一下今后公司将要面对的竞争态势和战略变局。当某个区域经理或工厂经理需要有人对他们的下属讲话，以增强他们对公司价值观的认识，激发他们对事业的信心时，我就会承担起这份工作。我花了许多时间去参观店铺，去新的市场观光，增强自己的兴奋度。

这里有一个悖论：我曾把自己重塑成一个职业经理人、一个企业领导者，但在我的灵魂里，我仍然是一个寻梦者和企业家。大概是因为我已学到了许多新的职业技能，只能给人这种形象了。

星巴克也一样。我们制定了制度和规程，却并未以牺牲我们的创新精神为代价。如果使创新精神陷入官僚体制之中，我们就会犯数百个美国企业犯过的错误。

为了保持活力，一个公司需要为所有这些类型的人才——寻梦者、企业家、职业经理人和领路人——提供一个令人兴奋又有挑战性的氛围。如果做不到，那它可能只是一个平庸的企业。

我决意不让这样的事情发生在星巴克。

POUR YOUR
HEART INTO IT

第 15 章

别打击下属的进取精神

如果缺少个体的有勇气的行动，那么任何公司的新生乃至民族产业的复兴，都是不可能的。

——哈维·霍恩斯坦

《管理的勇气》

星冰乐：我犯过的错误中结局最好的一个

对我来说，要保持雄心勃勃的精神状态并不困难，因为这正是我天性的一部分。但要激励星巴克公司的其他伙伴也具有同样的精神面貌，就需要付出点儿努力了。有时候最难的——对我和像我一样有强势心态的人来说——是收敛自己，在做出判断和决定之前，先让别人提出想法。

许多企业家都落入了这样的陷阱：他们太执着于自己的观点，当雇员想出一个点子（特别是这点子与他最初的想法不符）时，他们就会把它压制下去。我在星巴克最成功的产品上几乎也做过同样的事情，那就是重烘焙咖啡加奶加冰的饮品，我们称之为“星冰乐”。

事情是这样的。

蒂娜·坎皮恩管理着星巴克在圣莫尼卡一带的十来家门店。她的店铺经理们感到越来越没劲，因为附近的咖啡吧出售的特种咖啡——调和其他味道、加糖加冰的饮品，在夏天很受欢迎，特别是午后和晚上。星巴克也供应冰拿铁和冰摩卡，两种产品都盛在冰桶里，但是，有越来越多的顾客想要一杯调和味道的饮品。当被告知没有这种饮品时，他们扭头就去了星巴克的竞争对手那儿。

南加州一些店里的伙伴也曾多次要求新增一种调和味道的饮品，可我们觉得这不是正宗的咖啡，就拒绝了。特别是我，对这种主意尤其抵触，因为这类东西似乎有损我们所代表的卓越咖啡的尊严，听起来更像是一种快餐饮品，而不是真正的咖啡爱好者所要享用的东西。

1993年9月，蒂娜瞅准了一个机会，更坚定了她要新增调和味道饮品的想法。丹·摩尔以前在洛杉矶做门店铺经理，此时转到西雅图来做零售。他了解南加州市场的需求，所以他到了西雅图后便支持蒂娜的这一想法。

蒂娜与丹谈过她的想法后，丹为她采购了一些调味品，让她尝试，蒂娜挑了一家位于圣费尔南多谷的门店作为试点，随着高温天气的到来，那里想要调味饮品的顾客呼声也日渐高涨。伙伴们安装了调制机开始做试验。他们没有请求批准，想先斩后奏，也不知道这样做会不会带来麻烦。他们头一回的试验远非完美，饮品味道尝起来不够甜，而且黏稠度也不均匀。蒂娜和丹把他们的首次试验成果带到我们的食品饮料部来，他们被允许继续尝试调味饮品。

很快到了1994年年初，有一种新饮料的样品被送到我的办公室来，让我品尝一下。但这饮品看上去像是搅了一团白灰，入口很黏，我觉得糟糕透了。这次尝试使我更坚定了反对新玩意儿的决心。

不过，想起无脂牛奶那段故事，我于1994年3月同意了他们向顾客推出新品的尝试。蒂娜把这计划交给了安妮·埃温格，当时她在圣莫尼卡管理第三街步行区的一家门店，那家店在一个购物中心外面，那里每天下午都聚集着大批游客和购物者。在炎热的日子里，热咖啡不怎么受欢迎。

没多久，安妮和她的助理经理格瑞格·罗杰斯都觉得自己也不喜欢这种饮品。他们没抱怨什么，而是对其做了一番改进。

格瑞格是个业余喜剧演员，他和安妮一起在加利福尼亚的公司尝试制作各种各样的水果摇冰、奶昔和酸奶饮品。他们不再往里面掺入淀粉，而是用新煮的咖啡打底，然后加进各种配料。冲调饮品的时间从10秒延长到25秒。他们还改变了冰和液体的比例。他们逐一品尝所有配制好的试验品，并从顾客那儿听取反馈意见。

那年夏天，霍华德·毕哈去洛杉矶巡视。蒂娜带他到第三街步行区的店里去，给他看了两种新的饮品——从外观上被区分为食品型和饮品型，是安妮和格瑞格的新发明。他放下杯子后，觉得跟原有的饮品相比，他更喜欢安妮和格瑞格的新作品。他把这种饮品带回西雅图让我尝尝。

“我们可以把这玩意儿推出去了，”他坚持说，“顾客都在那儿嚷嚷呢。”

我们的饮料主管把配方送到食品顾问那儿，他们以专业的知识，根据食品化学成分和产品工艺规范进一步完善了它。他们调制出口味上佳的低脂奶饮品，与其说它是冰饮，不如说是奶饮。到了10月份，我们开始在南加州的12个城市试着推出这种饮品，一半店铺用调制机来做，一半店铺用软饮料机。接着，我们在三个城市向顾客展开广泛调查。

调查结果表明，调制机制作的饮品远比软饮料机制作的受欢迎。我尝了以后也觉得那真的很美味。

我们要为这种饮品起一个有个性的名字，还要表明它是星巴克的产品。1994年6月，我们在波士顿收购了咖啡联谊公司后，沿用了他们的一种用饮料机制作的覆盖着雪霜的冰饮的名字——“星冰乐”。我们不喜欢那种饮品，但它的名字（英文为Frappuccino）实在是妙极了，它把冰和卡布奇诺咖啡两者结合到一起。于是我们决定把新饮品命名为“星冰乐”。

我还是有些保守。我们已经和百事可乐共同开发了一种碳酸型瓶装冰咖啡饮料，这已经让我觉得有点儿过分了。当然我也同意星冰乐是个好名字，但在我们店里出售这种乳品饮料似乎有些不对劲儿，它更像是乳品而不是咖啡产品。调制机，就在我们的咖啡机旁轰轰作响，我们怎么可以这么做呢？

尽管如此，最后我还是做出了让步。又一次，我们的顾客为它投了赞成票，我们的伙伴是离顾客最近的人，他们最了解顾客需要什么。我们把调制机搁进一个金属箱里以降低它发出的噪声，但似乎没有人在意这个。

1994年年底，我们决定在全美范围内推出星冰乐，星巴克所有的店里都供应这种饮品。目标是在天热起来之前的1995年4月1日正式上市。这听起来容易，可是对于公司零售部门的人来说，几乎是不可能完成的任务，因为只剩下不到5个月的时间了，550多家零售店都要进行技术改造，安装调制机并培训咖啡师傅学会制作星冰乐。我们请丹·摩尔参与这件事。

我们成功了。星冰乐一炮打响——击出一个漂亮的本垒打。新品的口碑很快传播开来，我们的老顾客也竭力向自己的朋友们推荐这个新品种。女性特别喜欢它的低脂配方，在跑步或下班后就要来一杯星冰乐。星冰乐在那一年的夏季销售中占了11%的份额，利润上升了，也使我们的股价创下新高。

1996年的财务年度内，在美国市场全面铺开的星冰乐，销售总额高达5 500万美元，占我们财务收入的7%。假如没有我们加利福尼亚的伙伴的建议，我们就没有这5 500万美元。

我错了，可我对此感到高兴。在我犯过的错误中，星冰乐一事的结局是最好的。1996年年底，《商业周刊》把星冰乐评选为年度最佳产品。

这样做是否有损星巴克的尊严？一个纯粹的咖啡主义者也许会这么想，但最重要的是，我们的顾客不这么想。星冰乐不仅给星巴克的夏季销售市场带来了一个大受欢迎的新面孔，也把一种非咖啡饮品带入了星巴克。再说，越是多喝几口星冰乐，我就越喜欢它。

也许这个故事中最值得关注的是，在星冰乐面世之前我们没有做过任何冗长繁复的财务分析，没有雇用一个蓝筹股机构的顾问来提供一份多达上万页的分析材料，甚至没有要求主要部门考虑做一个完整的测试。没有任何严厉刻板的章程挡着星冰乐，这完全是一种自发的行动，而且在一个不再是小公司的星巴克生根发芽开花结果了。甚至在我对此持怀疑态度时，事情也还能向前推进。

如果我们已经是一个典型的僵化公司，星冰乐就永无出头之日了。这件事表明，就创业精神而言，我们仍然是星巴克，一个走在创新路上使顾客频频回头、使竞争对手屡屡不爽的企业。

这是一次试验和一场冒险行动，它激发了我们的创新热情和想象力。

1995年10月，蒂娜、安妮和格瑞格得到了星巴克总裁的嘉奖，丹被评选为年度最佳零售经理。如果有人问起星巴克是不是公司化、官僚化的地方，他们就会大笑起来。

咖啡公司如何做起了音乐生意？

在1994年的某个时候，另一个新主意从基层店铺冒出来，就是把星巴克推向一个我从来没有想过的方向——音乐。

这个点子最初酝酿于大学区的店铺——星巴克最早开办的几家店之一，那是一处都市购物中心，里面什么人都有，包括大学生、教授和富有的私房业主。那个门店的经理蒂莫西·琼斯曾在唱片业待过20年，爱音乐就像爱咖啡。

当时，我们和AEI唱片公司节目网的合作已颇有时日，他们为我们提供了一份“月度节目”录音带，主要是爵士乐和古典音乐。从1988年开始，蒂莫西就向音乐公司提出要求，由他来挑选AEI唱片公司每月的节目内容。我们乐意把这事儿揽过来。蒂莫西在自己店里试着放各种不同风格的曲目，同时留意每天各个时间段顾客的反应。后来他又加上了爵士音乐，比如艾拉·费兹杰拉和比利·霍莉黛的音乐，还有风格各异的古典音乐。由于个人的兴趣和创意，蒂莫西成了星巴克的音乐之心。

顾客对他播放的音乐赞赏不已，总有人来打听哪儿能买到这些录音带。他告诉人家说，这是星巴克自己汇编的，市面上没有。

1994年下半年，蒂莫西给我们带来了一个不同寻常的创意。“为什么不编制我们自己的CD或录音带呢？”他问，“顾客都在催我们做这件事。”

大约就在这时候，AEI音乐公司为我们制作了一些录音带，名为“布鲁斯岁月”，用20世纪五六十年代的爵士乐片段编辑而成，大多选自很受欢迎的“蓝调音乐”标签下的曲目。其中有非常棒的器乐演奏家的作品，比如约翰·考尔特兰尼、阿特·布雷基、巴德·鲍威尔和塞隆尼斯·孟克等。顾客们非常喜欢。

一天，说来很凑巧，我们的零售市场主管詹妮弗·蒂斯黛尔和一个洛杉矶来的朋友一起吃东西。那人叫戴夫·戈德伯格，在为卡皮特尔录音公司开发一个新项目，那家公司持有“蓝调音乐”的版权，他说起自己正打算通过零售业的渠道为卡皮特尔录音公司的音乐打开市场。

“好啊，星巴克怎么样？”詹妮弗建议道，“我们店里经常放爵士乐。”

这个主意得到了响应。戴夫也知道我们在店里播放过“蓝调音乐”，他们俩从中看到了合作共赢的可能性。从形象上说，“蓝调音乐”和星巴克都有一种“酷”的特质，我们可以在合作中实现双赢。卡皮特尔录音公司一直在为自己的音乐，特别是爵士乐走向更广大的听众寻找机会，他们将因自己的音乐在我们的店里更经常地播放而获益。

詹妮弗让戴夫和大学区店的蒂莫西联系。他们一起想了个主意：授权星巴克从“蓝调音乐”CD（光盘）中选编音乐制成录音带，成批复制，在我们店里专卖。

这个创意经过修改被递交给霍华德·毕哈。后者觉得自己有点儿没把握，就转给了哈利·罗伯特——星巴克最具创意精神的副总裁。哈利专门负责销售规划，一直在寻求一种新鲜的具有想象力的产品。这主意让哈利兴奋起来，于是他成了引进这项具有挑战性的音乐业务的主管。

事先我们需要做一些调查。蒂莫西把两年来所有地区星巴克的顾客意见卡全部看了一遍，发现其中有数百张卡片要求我们出售店里播放的音乐。这完全出人意料，我们也没有注意到这一点。我们许多带着孩子的中年顾客，没有时间去逛唱片店、浏览唱片目录或者听新的音乐介绍，可是他们如果听到星巴克在放好听的音乐，就希望可以在那家店里买到录音带。

1994年12月，我们做了一个尝试，在店里销售肯尼·基录制的假日音乐《奇迹》，这是我们觉得可以作为试验品的音乐。顾客会把音乐和咖啡一起买下来吗？事实上，只要你肯出售音乐，肯尼的唱碟就会源源不断地从柜台里卖出去。在这里，爵士乐和爪哇咖啡似乎天生就是那么契合。

任何到过好莱坞的人，也许都见过卡皮特尔录音公司大楼，一幢高高的圆柱形白色建筑，宛似一叠螺旋摆放的录音带。我记得几年前看见这幢大楼时，希望自己有朝一日也能进去瞧瞧。

1995年1月31日，我和哈利、蒂莫西一起走进了这幢地标式建筑，拜晤盖瑞·盖许，他是卡皮特尔录音公司的董事长兼首席执行官。我们走过录音棚，弗兰克·辛纳屈、纳特·金·科尔和许多大腕曾在里面录制过他们的热门音乐。

我们坐电梯到顶层，在那儿见到了盖瑞，还有“蓝调音乐”的监制人——布鲁斯·朗德凡尔，和其他一些主管。

“蓝调唱片”觉得由星巴克甄选它的爵士乐曲，制作成专题唱碟，是一个不错的主意。对他们来说，这是某些传统“蓝调音乐”的一种复苏方式。在旧有的销售模式、电台和音像店渐渐失去听众时，整个音像行业都在寻找推广音乐的新途径。

我们彼此都对这一合作项目深感兴趣，决定来年出5张CD，不仅用“蓝调音乐”

的素材，也从卡皮特尔音乐公司的其他栏目里挑选曲目。

蒂莫西离开了他那家店，全职做音乐。他花了许多时间听“蓝调音乐”档案库里的那些无与伦比的爵士乐曲。他发现了一首很少听到的曲子，仅用钢琴演奏的《我觉得你真带劲儿》，它是纳特·金·科尔的作品。这张唱片在几个星期内就录制完了。

这个计划我们一直守口如瓶，所以一推出就给了大家一个惊喜。我们做了100万美元的促销预算，高调宣传这套名为“蓝调集锦”的唱片。我们的咖啡专家玛丽·威廉姆斯、蒂姆·柯恩和斯考特·迈克马丁借势开发了一种“蓝调什锦咖啡”，人们评价它“又顺滑又刺激”，4年来我们首次推出新口味的咖啡饮品，以配合这美妙的音乐之声。那一个月里，詹妮弗和蒂莫西在32个城市安排当地学校的爵士乐队在星巴克店里演奏。我们还从咖啡和CD的外包装上获得了灵感，举办店堂装修大赛，用蓝色基调装饰店面。一些门店经理对此相当热心，甚至有人想出在天花板上悬挂用纸做的蓝色音符。

我们在1995年3月30日推出了《蓝调集锦》，那天恰逢我们在纽约格林尼治村阿斯特广场那个最大的店开张。偌大的店堂主体有4 000平方英尺，天花板很高，三面是落地玻璃窗。小塞隆尼斯·孟克到场祝贺，我们还有一个蓝调录音师贝尼·格林在现场专门负责录制。戴夫·奥尔森和我，还有盖瑞·盖许和布鲁斯·朗德凡尔，都被爵士乐包围了。

虽说我们都听得起劲儿得很，却不知道顾客会做何反应。像我们这样的零售店通常是不出售音乐CD的，我们预计大概只能售出10 000张。

然而，《蓝调集锦》在唱片公司发行前就销出了75 000张，而且我们还源源不断地接到从圣迭戈和亚特兰大打来的要货的电话。拉尔夫·西蒙是卡皮特尔公司当时的副总裁，唱片发行后不到几个星期就告诉我们，这张集锦的销量若能赶上传统音乐专辑的话，就有望跻身比尔波德爵士乐榜单的前10名。

这一年的晚些时候，我们又出了三张CD，接下来的1996年又出了6张，内容从爵士乐扩展到古典音乐和蓝调歌曲。1996年4月，当我们推出《蓝调集锦Ⅱ》时，我们在西雅图举办了名为“热咖啡 / 冷爵士”的专场活动，邀请高中爵士乐队到市中心演奏，由本地著名音乐家组成的评委会对他们的演奏进行评判。我们尽可能利用这些机会为中学生的音乐活动筹集基金，作为回报社会的一种方式。我们的第二大热门音乐唱片在

1996年夏天面世，名叫“调和的蓝调”，是对芝加哥蓝调音乐的一个历史性回顾，其中包括霍林·伍尔夫、埃塔·詹姆斯和莫蒂·华特斯的音乐。

如此“不务正业”地介入音乐业务，对星巴克这样的公司来说是合乎理性的吗？我可以毫不犹豫地回答，“是”。一方面它使销售额大涨，特别是1995年4月——正是那个月我们推出了蓝调音乐，但更重要的是，它向顾客传递了这样的信息：我们将继续以独特的方式在咖啡店里推出人们意想不到的产品，给他们以惊喜和快乐。

销售音乐CD并非市场促销使然，这是一个来自基层店铺的创意，它证明了星巴克在与其顾客的和谐相处中渐趋成熟。它给我们的店增添了温暖的气氛，这正是人们走进星巴克所要找寻的。它再次显示了我们的伙伴非常乐意抓住机会，发挥创意——只要它能符合我们的审美。

我意识到，在一个快速发展的公司中，在25 000个伙伴中，个体往往会感到自己只是一个独立的数字。然而，蒂娜和丹、安妮和格瑞格、蒂莫西和詹妮弗，从星巴克各个不同层面上证明了这一点：当我们说要鼓励人们的创新精神时，我们是真诚的。我们不像许多公司那样，把企业员工的精神弄得僵化以后，再试图去激活它，我相信我们应该从每一个新员工一开始工作就呵护这种精神。以我的经验来看，一个有激情、有创意的新点子被上司毙了，是极其令人沮丧的事情。

一个对公司未来最有想象力的灵感出自星巴克曾经的咖啡师傅，这完全有可能。我希望是这样。

POUR YOUR HEART INTO IT

第 16 章

想要保持超前，必须时刻更新自我

想要保持超前，必须始终在翅膀下装上一个新的发动机。

——罗萨贝斯·莫斯·坎特

当走下坡路时，你很容易理解自我改变的必要性。现状不如意，只有大改大动才有效果。

然而，人们很少会在成功的时候产生自我改变的动力。当事情进展得不错，你的拥护者们都为你欢呼时，为什么还要改变?

简单的答案是：因为这个世界总在变化。每一年，顾客的需求和口味都会有所改变，竞争在升级，伙伴们在改变，经理们在改变，股东在改变。无论是做生意还是过日子，没有什么是一成不变的，指望维持现状只会导致悲剧。

在星巴克，我们一直瞄着这样一个目标在努力——建立一个在许多年内都能健康发展的企业。我们发现，要想达到这个目标，必须要自我改变。即使在生活显得完美无缺时，你也必须勇于向更高的高度迈进，否则，你会盘旋而下，坠入自满的泥沼中而不自知。

1994 年，星巴克着手它历史上第二次营业模式的变革。第一次是把饮品引入了过去只出售咖啡豆的门店，那是在 1984 年。从那以后，我们就不仅仅出售咖啡，而且出售咖啡体验。第二次转变在于突破了店铺的四堵墙——我们发明了特种咖啡的新样式，包括瓶装咖啡、加冰加奶的饮品和其他的创新产品。

这不是自然而然的蜕变，也不是迫于无奈的改弦更张，而是赶在增长曲线之前的有意识的调整，去开创一种令人难以想象的前景，同时使我们的核心价值观得以保留。

用新思维改造老产品

咖啡大约有一千年的历史了，它还能被重新改造吗？在星巴克早期岁月里，我们对这个问题琢磨了良久，这不成问题。我们认为星巴克已经有了最好的咖啡及其衍生产品。

然而，任何一个以产品为重的公司都必须创新其核心产品，如果想要产品成功而不只是活下去，就只能这样做。问一下英特尔公司的安迪·格鲁夫，他每隔18个月就要淘汰掉整整一代个人电脑，用新开发的微软芯片取代旧产品。

在如何创新和重新激活星巴克咖啡体验的各种因素上，我们花了许多时间，做了很多努力，无论是店面装修、商品配置、浓缩咖啡饮品、咖啡的调制，还是我们的爵士乐CD，都是这种努力的体现。这都是些传统的零售方式，但是我们注入了新的创意。

我们有意识地在美国创新咖啡体验，但我们不会对咖啡本身进行重新改造，直到一个免疫学家说服我们去大胆尝试。

1988年，唐·瓦伦西亚开始了他的咖啡试验。为什么他选择了咖啡，我永远不得而知。但很幸运的是，他这样做了。

唐曾在加州大学戴维斯分校攻读细胞生物学，后来在萨克拉门托开办了一家名叫“免疫概念”的公司，利用人体免疫功能开发治疗某些疾病（比如红斑狼疮和风湿性关节炎）的试验性药品。在这些研究中，唐摸索出一套精密的技术，就是在分离人体细胞的分子时不破坏其分子结构。

一天，他在餐桌上突然生出一个怪念头：把同样的技术用于咖啡。他发现，这种技术能够萃取咖啡的芳香和风味，将其浓缩成精华之物。

唐自己不是一个爱喝咖啡的人，可他的邻居喜欢咖啡。每天早上7点半，他去把邻居喊醒，把两杯咖啡送给邻居，一杯是新煮的咖啡，一杯是他用科学手法萃取的咖啡精华。

“哪杯是咖啡精华？”他会问对方。他不断地对技术加以改进，直到邻居辨别不出两杯咖啡的区别。

圣诞节到了，唐的妻子建议他把自己的咖啡精华作为礼物送给父母。他们住在西雅图。在西雅图逗留期间，唐的妻子把他带到星巴克的派克地广场店里。这是他第一次喝到星巴克咖啡。

他有些不好意思地拿出自己的咖啡精华样品，请咖啡师傅用开水冲泡后品尝一下。咖啡师傅一脸狐疑地看着他，却同意尝尝看。他们煮了唐的咖啡，小心地啜了一口。

“还挺不错，”他们说，“但这根本不是星巴克咖啡。”

唐还记得，走出门店到了街上时，他觉得自己很蠢，很泄气。他的妻子想知道他刚才忘记点的拿铁是什么样子，于是他们又回到店里，却见到那几位咖啡师傅还在品尝着他的咖啡。

“你们刚才说这不是太好喝。”唐说。

“好吧，”他们说，“这其实很好喝，虽然我们不知道这是什么咖啡。你是用什么咖啡豆磨出来的？”

唐用的咖啡豆来自另一家公司。后来他们卖给他一磅苏门答腊咖啡豆，它是星巴克卖得最好的咖啡豆。他答应用这种咖啡豆制成咖啡精华，给他们寄来。

他兴奋地回到萨克拉门托，用苏门答腊咖啡做起了试验。做出来后，用快递把浓缩咖啡样品送到派克地广场店。

两天后，唐接到我们一个咖啡师傅的电话。“我尝过了，”他说，“这是革命性的创新。我不知道你是否意识到了这一点。”

第二天，他接到了戴夫·奥尔森的电话。“真是令人惊讶地美妙，”戴夫告诉他，“如果你还在西雅图，我们能不能坐下来聊聊。”

又过了一天，他接到了我的电话。我告诉他我想尽快见到他。

前一天，戴夫拿着一杯咖啡到我办公室来，他告诉我那是苏门答腊咖啡，并且坚持要我尝一尝，我想他可能发现了什么“新大陆”。

“你觉得怎么样？”戴夫问。

“棒极了，”我说，“是新到的咖啡吗？”

“不是，”他说，“这和我们店里卖的咖啡是同一批，不过这是萃取的咖啡精华。”

他在捉弄我。我这杯咖啡百分之百是新煮的苏门答腊咖啡。他带我走进他的品尝室，让我看这杯咖啡是怎么制作出来的。

几天后，我飞到萨克拉门托去见唐·瓦伦西亚。他有一双深邃的棕色眼睛，闪烁着富有感染力的孩子般的兴奋光芒。我们彼此都感受到了对方的活力，就像两个想要建造一座世界上最大的城堡的孩子。这个科学家握有星巴克未来的钥匙，就在他的实验室里。我建议他与星巴克建立合资关系。

但是，说服他和我们一起做并不那么容易，因为他在医药领域有自己的专业研究方向，且并无抽身之意。再者，从时间上来说，对星巴克也不是很合适。1990年，我们正忙于新一轮自募资金的筹措，还面临着进入芝加哥市场必须解决的诸多问题。星巴克董事会要我集中精力完成扩张计划，因为这是企业成功的关键所在。

董事会向来几乎不会否定我的提议，但这次他们拒绝了我提出的和唐·瓦伦西亚合资的主张。我非常失望，因为我预见到了这种技术可能给星巴克带来的前景。但他们觉得唐的创新可能会耗费许多时间和金钱，而星巴克的当务之急是赶在别的企业抄袭我们的开店模式之前迅速扩张。

唐听到这个消息后，变得更理性、更谨慎了，他的公司尚在发展中，需要占用他全部的时间。但这一年，还有第二年，我们彼此一直保持着联系。我们送了他许多咖啡豆，还有一台我们店里用得很不错的浓缩咖啡机。唐会在每年的圣诞节来看我们，戴夫和我对他的了解也越来越多。

到1993年的春天，我们主动做出一个正式提议。这时星巴克每年已有将近1.5亿美元的销售额了，在10个地区开有250家门店。公司已经上市，有了更加坚实的财务基础。我们有钱购买新设备，承担得起建立公司内部研发部门的开销了。

即便到了这个时候，聘请唐的事情也不是十拿九稳。人们劝告我，如果你想聘用一个搞研发的人才，就该找一个世界级的研发专家。一个免疫学专家算得上研发专家吗？一个来自免疫学领域的专家能给咖啡新产品事业带来何种价值？要做出判断非常困难。

唐对咖啡这一行的确缺乏经验，但我凭本能知道这恰恰是他成为一个理想的候选人的因素之一。我们不需要那些眼睛盯着过去的人。反传统的思维方式不大可能出自圈内人士，你很难从圈内找到这样的人。

唐已经40岁了，事实上，他正在考虑职业转换的问题，但他不想在我们这里只做这一个项目的工作。他表示，除非主持一个以实验室和研究人员为基础的长期技术开发项目，并为此成立一个新部门，否则他不会接受星巴克的工作。最终，唐作为研发部门的副总裁，于 1993 年加入星巴克。

唐在自家厨房里第一次提取的咖啡精华为星巴克开辟了一个新世界。它使我们广泛开发的新产品抓住了现煮咖啡的风味，而这正是其不失正宗的关键成分，那些新开发的产品有咖啡味啤酒、咖啡冰激凌和即开即饮的瓶装饮料。

1996 年，我们为唐投资了几百万美元建立了一个技术研究应用中心。在我们大楼 7 层的一些密闭的房间里装备了 7 个实验室，聘用了 30 个科学家和技术人员，他们那儿全都是一些令人眼花缭乱的仪器，比如气体色谱仪、高压液体色谱仪和电离子渗入装置等。去问唐吧，那些玩意儿是干什么用的？有些设备只有在世界顶尖的实验室才看得见。

同时，我们还投入 400 多万美元在原来的停车场上建了一个最新水平的实验工厂，用以提取咖啡精华和试验其他新技术。最初，我们只打算做小批量的试验品，但产品发展太快，我们必须很快把试验性生产转化为商业性生产。

这真是疯狂：一家咖啡公司聘用一个科学家，并为研发工作投入数百万美元。

这离意式浓缩咖啡很远了。

这离免疫学也很远了。

但离市场不远。

为新套路转大弯

除了科学家的卓越才华，唐·瓦伦西亚并无自行开发商业性产品的经验。要迈出这一步，则要借助公司的另一个大动作——找一家最初几乎不用做调查的合作伙伴。

1992 年，我去纽约的帕切斯参加了一个机密会议，是在百事可乐公司董事会的会议室里举行的，那里边气派非凡，墙壁装饰着桃花心木护墙板。陪我一起出席会议的是乔治·雷诺尔德，他当时是负责市场的副总裁，曾为菲多利和塔可钟两家公司工作过 13 年，所以对百事可乐公司相当了解。

我和百事可乐公司接触的方式跟星巴克和其他合作伙伴接触的方式是一样的，首要的就是找对人。我们会晤的是百事可乐当时的北美总裁克雷格·韦瑟厄普。一开始我心里还在猜测，一个市值330亿美元的公司的顶级主管可能是一个漠然呆板的角色，不动声色亦无感情，大抵还有些官僚气。但让我喜出望外的是，克雷格是一个很好说话的人，温文尔雅而且有个性，他真诚地赞赏创新精神。我和克雷格很快建立了相互间的信任和尊重，这对于我们两家公司后来的合作关系至关重要。

最初，对于百事可乐和星巴克的合作，我们彼此都没有头绪。但我觉得可以用百事可乐的巨大影响力帮助星巴克在店面以外打响名气，进入更可观的主流市场。克雷格建议我们去跟百事可乐的新饮料开发组讨论一下，那个部门曾为立顿和优鲜沛成功地开发了瓶装饮料，并在市场上获得了成功。

1991年我在东京旅行期间发现，那些开瓶即饮的咖啡饮料，不论瓶装还是罐装，都很受欢迎。日本这类饮料的年均消费量达80亿美元左右，占他们咖啡消费的1/3，相反，在美国，到目前为止这类产品一年只有5 000万美元的销售额。可口可乐公司在日本为它们的乔治亚牌咖啡饮料打下了市场基础，我肯定，如果星巴克能够开发出更好的产品，就有可能在北美甚至在全世界获得成功。我知道我们需要一个强有力的全国性企业来帮助我们打破原有的藩篱，还有比百事可乐公司更合适的吗？

1993年7月，唐·瓦伦西亚来到星巴克的第一天，我们和百事可乐公司的新饮料开发组举行了第一次会议。唐当时连实验室都还没有，手下只有一个团队，但当瓶装咖啡饮料产品的可行性被提上议事日程时，他和我们的咖啡专家蒂姆·柯恩就迅速着手开发试验。

几个月后，在百事可乐公司研发机构的协助下，他们根据唐的萃取技术研发出了非常棒的咖啡饮料，它的味道比乔治亚咖啡饮料或市场上其他任何冷咖啡饮料都要好得多。我们希望这将成为重新定义美国咖啡饮用体验的许多新产品中的第一个。

百事可乐公司非常兴奋，我们也是。我们建立了责任小组，研究市场行情，权衡各种方案的利弊。小小的星巴克，年销售额只有两亿美元，竟然可以和比它规模大一百倍的百事可乐公司坐下来一起协商成立一个五五分成的合资公司。百事可乐公司的市场规模大到拥有上百万个销售点，但他们同意给我们高度的自主权、品牌股权和产品配方的控制权。

1994 年 8 月，百事可乐和星巴克公布成立北美咖啡合作公司，目标是为大众市场开发与咖啡有关的产品，其中包括瓶装和罐装产品。

表面上看来，这样的合作似乎有点儿不务正业，与星巴克和百事可乐的核心产品都没有什么大的关系，而且这次不同寻常的试验不论成功与否，都不大可能从实质上影响两家公司中任何一家的财务状况。但我把它看作一个地震般的改革范例，视为我们公司将朝不可想象的方向迈进的标志。我们现在的核心生意就是尽可能扩大产品延伸的圈子，生产以咖啡为基础的相关产品。这意味着将要离开我们安安稳稳的店铺——在那里边，我们可以完全有把握地控制咖啡的质量和店堂气氛，进入一个不熟悉的新的销售地盘——在那儿，我们不过是小玩家。这意味着顶着星巴克牌子的新产品却不由星巴克直接出售了；这意味着要跟一个和我们有着不同日程安排的合资公司的合作伙伴一起工作；这也意味着要和外面的顾客去打交道，而不是让他们走进我们的店里。

一一梳理这些相关的风险，我们发现，几乎没有人喜欢这种复杂而模棱两可的合作关系，大家担心这会将我们彼此的关系弄得十分紧张。

例如，有相当多的争议集中在冷咖啡的问题上。在日本，人们习惯喝凉的咖啡，人们甚至在自动贩卖机里买这些玩意。可是在美国，冷咖啡被视为味道不对头、只能倒进下水道里的东西。

另一些人则把星巴克和百事可乐公司视为一对不搭调的合作伙伴：星巴克在老资格咖啡客眼里是口味挑剔的店家，而百事可乐的服务对象是最大众的消费群体。咖啡行业的纯粹主义者指责我们出卖了灵魂。

事实上，在合作初期，由于两个公司文化上的碰撞，这类争辩急剧升级。百事可乐和星巴克的紧张状态早在预料之中，仅仅是彼此出于不同理由达成的合作意向就足以导致关系的不融洽。星巴克看上的是百事可乐的销售网，而百事可乐想要的是星巴克品牌的品质感和高雅内涵。百事可乐公司规模太大，其做事方式一般是围绕着项目进行，并且一次只专注一个项目，而星巴克的人更喜欢同时开展几个项目的工作。百事可乐公司太大了，一个部门在搞些什么有时其他部门可能一无所知，当百事可乐公司的国际部门宣布与中国公司谈妥了在麦氏咖啡项目上的合资经营时，我们就发现了这一点。

但差异是可以互补的，只要一方之于另一方尚有对等的价值，就可以坐下来协商解决。我们并不是采用一方完全压倒另一方的做法，而是以双赢为目标，采用主动积极的态度解决双方的分歧。我们学着欣赏彼此的差异，而不是被这些差异弄得焦头烂额。天长日久，我们竟然相处得越来越好。我极度信任克雷格·韦瑟厄普、布兰达·伯纳斯和布里恩·斯威特等人，现在他们三人一位是百事可乐全球业务的总裁，一位是百事可乐公司合资公司总经理，一位是负责合作伙伴关系的市场部门主管。我相信他们，因为他们理解这个合作关系的长期价值和星巴克的品牌。

不过，合资公司的第一次尝试却很失败。那是一种碳酸咖啡凉饮料，取名“马萨克朗”，得于19世纪驻扎阿尔及利亚的法国外籍军团的一条标语。当1994年在南加州投入市场试销时，人们对此的反应很不相同，有人喜欢它，有人讨厌它。许多顾客冲着星巴克的牌子愿意一试，但马萨克朗并没有取得我们期望的效果。我们最终失望地意识到，这回开发出来的是一种小圈子里的产品，要想使它流行起来，得花很长时间。

百事公司绝对有耐心。如果一开始克雷格·韦瑟厄普和我没有建立起一种坦率的友谊，这一插曲大抵会导致关系的终结。然而，我们彼此都信任对方，而且丝毫未质疑合作方的能力。

所以，我们能一直把这项合作推进下去，直到1995年发现了更好的方式。星冰乐一直是夏季市场的旺销产品，在炎热的天气里，它吸引了成千上万平时不喝咖啡的顾客在下午坐在了星巴克的门店里，而通常那几个月正是咖啡生意的淡季。一天，在一场关于马萨克朗的未来前景的痛苦争辩中，我说：“为什么不开发瓶装的星冰乐呢？”百事可乐公司的主管们马上对此表现出深厚的兴趣。

想出这个点子不算太难。但事实上，把星冰乐装入瓶子送进超市则是一场挑战。在我们店里，星冰乐是用调制机加入碎冰制作的。饮料中还有牛奶，这就使保质期大受限制。最初尝试了几次都不成功。合资公司的研发团队足足花了几个月时间，终于开发出可在常温状态下保存的星冰乐，而且味道非常好，就跟我们店里用调制机做出来的一样好。东西一做出来，我们就知道它能成功。

我们对自己的产品非常有信心，连试销这道程序也免去了。百事可乐公司立马投入生产，但在当时，1996年夏天，我们还只能向西海岸的超市供应新品。

市场的反应是一片叫好声。瓶装星冰乐面市才几个星期，我们的供货量就超出了预期的 10 倍。我们不可能生产得再快了，超市里总是卖到断货，顾客抱怨连连。我们不得不取消对普通商场的供应。

百事可乐公司也跟我们一样筋疲力尽。星冰乐完全超出了他们的预想——超过 70% 是重复添货，远远高于一般新生代饮料的销售。瓶装星冰乐堪与立顿和优鲜沛最初面市时的盛况相比，甚至还超过了那两种产品。最后，我们不得不撤柜，等生产能力上去了再说。

经过一个夏天，我们与百事可乐公司频频会商，以解决供货不足和料想不到的订货单等问题。9 月，我们决定共同投资几百万美元建立三套星冰乐的灌装生产线，这是星巴克在单个项目上所做的最大投资。由于超市还在继续要货，我们计划 1997 年夏天首次在全美范围推出这一产品。我们的眼睛又一次盯在一个似乎可延伸的目标上，我们对此充满信心。

如何做到既正宗又创新?

星巴克的品牌是无价资产。我们做出的每一个决定都必须从各方面持续维护和提升这一品牌。然而，每当我们开发出一种新的星巴克产品，所承担的风险都跟可能带来的巨大回报成正比。如果我们用创新的产品来抓住大众的想象力，星巴克就可能变得富于传奇色彩了。可是，我们必须确定，这样做绝对不会影响星巴克的品牌声誉。

通过合资途径开发新产品是我们这一阶段企业经营的中心内容。1995 年，我们和西雅图红钩啤酒厂合作开发了双倍浓度黑啤，一种浓烈的加有星巴克咖啡精华的啤酒。红钩啤酒厂的许多老顾客对此喜欢得不得了。随后，我们又开发了星巴克的开创者们想也不敢想的另一路产品：咖啡冰激凌。

1995 年 10 月，星巴克冰激凌甚至还不在我们的计划中。到了 1996 年 7 月，它已摆在了全美各地的超市货柜中，在同类产品中销量位居第一。

虽说霍华德·毕哈多年来一直在嚷嚷要做冰激凌，但我似乎从未认真考虑过企业中会有它的一个位置，是唐·瓦伦西亚的咖啡精华让我有了新的发现，使我看到了一种可能：在保持正宗星巴克风味前提下，开发我们忽视已久的多种产品。所以，当负责商品开发的副总裁哈利·罗伯特来找我，建议在1995年8月推出咖啡冰激凌时，我同意由他邀请几位生产商来一起商量这件事。开过几次饶有兴趣的会议之后，我们选择了醉而思冰激凌公司作为合作伙伴，因为他们有全美销售网点，以及制作一流冰激凌的经验。醉而思冰激凌公司也愿意生产和销售星巴克冰激凌，并不坚持使用联合品牌，或是把他们的名字放在我们后面。

唐·瓦伦西亚把他的咖啡精华送到醉而思冰激凌公司，他们的冰激凌专家和我们的咖啡专家开始一起研制各种不同口味的冰激凌。

9月份，醉而思冰激凌公司的总裁里克·格罗克带了一个高层团队来星巴克和我们会面，一起品尝那些样品。醉而思的人和我们一样穿着格子衬衫或条纹衬衫，显得亲切随意又开放活跃。我问他们："你们这些人怎么保持身材的？"

他们都笑了，反问道："你们怎么使自己心平气和的？"

在投影展示中，他们勾勒了一幅市场规模的前景（有一亿美元的潜在市场机会），并建议研制五六种一品脱装的咖啡风味高价位冰激凌，加上两三个小型雪糕式的品种。随后他们拿出早已准备好的冰激凌样品，那真是美味极了，奶油味浓郁而适口，带有星巴克特有的重烘焙咖啡味儿。

我向桌边扫视一圈，看到霍华德·毕哈，对他说："你的心愿就要实现了。"

看起来真是大好机遇，时机不错，合作伙伴更是理想。我知道这个产品将扩大我们品牌的影响力，提升我们的形象。于是，我定下了目标。

"1996年7月4日覆盖全美市场，这就是目标。"我宣布，"超级豪华冰激凌，超越班杰瑞，盖过哈根达斯。最棒的冰激凌，快尝一口。"

以如此之快的速度，和新的合作者一起开发新产品，总是伴随着意想不到的诸多难题，但我们的法律部门把事情全搞定了。最终生产出来的产品质量过硬，双方都颇感骄傲。

1996年4月份，当产品在超市推出时，星巴克冰激凌的销售指数已突破计划的数字了。我们推出了5种不同口味冰激凌：意大利烤咖啡、重烘焙浓缩咖啡旋筒、咖啡加杏仁、香草摩卡旋筒，第二年又推出了低脂拿铁。到了7月，甚至还没向全美一万家便利店全面铺货，我们就超过了哈根达斯的销量（它可是美国市场上首屈一指的冰激凌品牌），而且我们几乎没打什么促销广告。

顾客对我们的咖啡冰激凌和星冰乐投了赞成票，那些从来不进星巴克门店的人也尝到了我们的产品。

我们是在品牌的影响力下经营这档生意的，这种方式有风险，也许会得到很高的回报，没准儿也会遭受很大损失，时间上的紧张更是加大了风险。换作其他公司，可能不会搏这一把。

我们做出了正确的决定吗？

传统的市场经验告诉我们，每一个品牌都有其自身的局限。如果你随便在哪儿都贴上一个品牌标志，势必造成品牌贬值。我们只把星巴克的商标贴在自己认定的具有专业品质的最棒的咖啡产品上。

冰激凌和星冰乐几乎已成了星巴克最赚钱和发展最快的产品，但这只是成功的一部分。我们想吸引新的顾客到星巴克来，我们想让人们知道这个公司，并不只是傻蹲在自家地盘上等人上门。新产品表明，星巴克这个公司有创新的决心，也有自我改变的能力。

这些机会在招手，那是因为我们在零售业有了一个口碑上佳的咖啡品牌，一旦人们对星巴克的牌子产生了信任，在一个经过认真推定的范围内你就可以自由行事了。事实上，我们已在超市试销整颗的咖啡豆，而这正是我们早期竭力回避的做法，因为便利店的咖啡都是不具特色的大路货，而且一般被视为低档产品。倘若在星巴克的牌子尚未扎扎实实地打响之前就做这样的事情，可能会对我们造成伤害。如今，我们出售优质咖啡豆的市场已遍布各处，但就产品推广而言，店面依然有限。便利店虽说没有咖啡师傅来向顾客解释不同的口味，但店主们都知道星巴克推出的就是最高质量的咖啡。

假如顾客觉得超市的产品是冒牌货或是低档货，我们过去25年里建立起来的信誉可能会就此毁于一旦。这是个微妙的平衡。如果成功了，新的营销手段就会给品牌注入新的活力，而不是削弱它的影响力。市场会告诉我们结果的。

和微软这样的公司存在于一个城市里，有一件事我再清楚不过了，即便是像我们这样做咖啡的低科技企业，新生代巨子也很有可能在第二天就把昨日的大佬赶下台。在星巴克走进每个人的心中之前，我一直致力于使它成为新生代巨子。事实上，在我写这本书的时候，唐·瓦伦西亚正在为此而努力。

POUR YOUR HEART INTO IT

第 17 章 价格危机考验公司价值观

在未曾经历的危殆状态下表现得镇定自若，方见人生淬砺的天赋与气质。

——詹姆斯 · 拉塞尔 · 洛威尔

《亚伯拉罕 · 林肯》，刊于《北美评论》（1864 年 1 月）

经受沉重打击的一天

1994 年 6 月的那一天，我早上醒来面对的是星巴克历史上最糟糕的危急时刻。这危机在你毫无防备时突然降临。不是什么人的过失，也无法预测，一时间我们都不知道该怎么应对它。

当时我正在度假，这是我 10 年来的第一次假期。因为公司发展的需要，雪莉只得忍受我一次又一次地延宕和取消假期。那时我终于确信星巴克已进入良好的运作状态，可以放心地离开两个星期了。奥林 · 史密斯在担任了 4 年的首席财务官之后担起了总裁的职责。我俩都没有意识到他就要面临严峻的考验。

我在汉普顿的海滩租有一间度假屋，租这房子时我和雪莉尚未认识。现在，孩子们有时和我母亲、我妹妹罗妮一起去那儿住一段时间，我弟弟迈克尔和他的家人以及我们家在纽约的其他亲戚也会去那儿度假。那地方颇似一个小小的孤岛、一个没有熟人来打扰你的避风港，家人和朋友在那儿可以免去日常事务的干扰。雪莉和孩子们要在那儿待上一个月。前两周我会和他们待在一起，后面两周就要回西雅图了，之后再飞往纽约把他们接回来。

这个度假屋满足了我们的所有要求 ：一幢大小适中的白色房子，带有一个大露台，离海滩只有300英尺。我们到达那天，阳光非常明媚，孩子们马上套上了游泳衣。雪莉微笑着收拾东西，嘴里还哼着歌儿。这些年里，这是我见到的她最幸福的样子。头两天，我们把房子收拾干净，然后带孩子们到附近的市镇和海滩上去闲逛。

第三天是6月27日，星期一，我打电话到办公室了解一下情况——多年习惯如此，很不幸的是，我没法改变这习惯。我一直等到上午11点，正好是西雅图的上班时间。我站在厨房里打着电话，穿着运动鞋和宽松衬衫，一边朝后面的院子里张望，孩子们好像在那儿玩。我刚和儿子一起投过篮，这会儿还能听到他在外面运球的声音。

我的助手乔盖特·艾萨德马上听出了我的声音，她紧张地对我说：

“你得马上和奥林或是戴夫谈一下。”

“出什么事了？”我问。

“你得和他们谈一下。”她只能这么告诉我。

陡然间，各种可怕的情况像蒙太奇镜头般一幕幕地闪过我的脑海，我的胃马上抽紧了。我预感到有什么不好的事情发生了。

我的电话被接进会议室，戴夫和奥林在那儿等着。

“霍华德，”奥林说，他原本平静的声音听上去很紧张，“巴西发生严重霜冻，咖啡豆价格涨疯了。”

巴西？星巴克压根儿没从巴西买过咖啡豆啊。巴西出口的大多是经过加工的罐装咖啡。

但我马上理解了霜冻的严重影响。巴西的咖啡产量超过世界总产量的1/4，严重的短缺势必导致各地咖啡豆价格上涨。因为星巴克只采购顶级咖啡豆，我们按照高于纽约咖啡、糖和可可交易所咖啡大宗商品价格的溢价支付。生咖啡的标准价是该交易所普遍挂牌的C合同价格，即生咖啡豆的综合价格，这个价格一上升，我们的采购价格也会水涨船高。

奥林告诉我，那天早上，咖啡合同的价格直线上升，从每磅1.26美元跃升至1.80美元，是自1986年以来的最高价格，比1994年头4个月80美分的价格要高出许多。受其影响，企业的直接成本要涨一倍多，而生咖啡豆的价格还在上涨，星巴克的股票开始下跌。

巴西最近一次遭受严重霜冻是在 1975 年，当时咖啡价格涨至每磅 3.40 美元，而且在高价位上盘桓数年之久。那次传奇般的"黑色霜冻"毁了巴西大部分农作物。回顾当时，星巴克只有三家店铺。现在我们有 350 家店铺，进货量大得惊人。如果咖啡豆价格再次翻倍，那么我们该怎么办呢？

5 分钟内，我就知道自己的假期结束了，我得赶快搭乘下一班飞机赶回西雅图。虽说他们没有要求我回去，但我知道大家必须坐在一起应对这个问题。奥林刚上任一个月，他单独处理这件事还有困难。

因为这个电话，我的整个生活都变了——不仅是这个夏天，甚至影响到下一年。事实上，我们花了整整两年的时间才从这一天带来的打击中恢复过来。

我挂上电话，突如其来的打击让我一动不动站在那儿好几秒。我喊雪莉，她在另一个房间里，她能听出我声音里的紧张。当她走进厨房时，我可以看见她因为关切同时又强忍失望而呈现出痛苦的神色。

"你简直不能相信，"我对她说，"我得回西雅图去。"

我们是否跟着涨价？

我搭乘第二天一早的飞机，于中午 12 点 30 分回到我的办公室。奥林正在召开会议，我一进去，触目所及都是星巴克高层主管们忧心忡忡的面孔。对于眼前这种最糟糕的局面，我们只能以团队的力量做出回应。房间里每个人脸上都透露出忧虑和惧意。我得再次让他们确信我们能够解决这个问题，可是我对自己却充满怀疑。

坐在会议室里的是各个重要部门的经理，包括咖啡采购部、创意部、烘焙加工部、财务部、计划部、零售部、邮购部和咖啡豆销售部。首先，我们要弄明白这次危机涉及的面有多广，对我们将造成多大的危害。对于这件不由我们控制的突发事件，整个星巴克都需要一种不同寻常的控制力和应变能力。

每个人都提交了自己的工作进度报告——这个名词在当时的形势下真是一种矛盾的说法，因为随着咖啡豆价格上涨，情况每分钟都在改变。

戴夫·奥尔森为我们讲述了霜冻造成咖啡价格波动的历史背景。具有讽刺意味的是，在过去的两年里，他还一直抱怨咖啡价格太低。20世纪80年代后期，国际咖啡组织中的咖啡生产国想用一种出口配额制来抬高咖啡价格。但在1989年7月，这个条约失效了，咖啡价格降到了历史最低点。满世界都是卖不出去的咖啡，全球咖啡生产量远远高于消费量。到了1992年，生咖啡豆的综合价格降至每磅50美分，远远低于生产成本。

你也许以为戴夫和那些咖啡买主会对这样的低价兴高采烈，事实上，他很担心这种低价造成的负面效应。全世界的咖啡种植户会因此买不起化肥农药，也不愿再精心打理咖啡树，从而造成许多地区咖啡质量下降。一些种植者拔掉咖啡树，改种别的作物，比如甘蔗。虽说这导致咖啡产量大减，但对于远远高于市场消费水平的产量来说，最初几年的过剩供应还是使价格相对较低。到了1994年年初，生咖啡豆的综合价格只上升到80美分一磅，仍然低于历史标准价格。

到1994年4月咖啡价格开始上扬时，说来戴夫还真松了口气。他多年来一直在世界各大咖啡产地转悠，跟咖啡种植者和出口商都建立了良好的关系，这使他亲眼看到了低价造成的惩罚性恶果。他知道，更为正常的价格才能持续保证咖啡的供应量。5月，市场恢复到每磅1美元的水平。

在价格低迷时期，戴夫曾幸运地以固定的期货价格事先锁定了10个月的生咖啡豆供应量——大多是与咖啡生产国签订的合同，少数是与其他国家签的。购买期货是我们自我保护的一贯策略，理论上是出于保证存货和维护投资者的资本金两方面的考虑。长期合同也使我们可在优质咖啡供应量有限的局面下保证自己的进货。总体来说，我们比其他咖啡公司的情况更为有利一些，因为我们是一个垂直系统：烘焙的是自己采购的咖啡豆，卖的是自己烘焙的咖啡，这比从独立烘焙商那儿购买经过加工的咖啡豆要好得多。

在遭受霜冻打击后，听到手边还有大量存货，我松了一口气。但如果生咖啡豆价格一路上涨该怎么办呢？是不是应该现在买进咖啡豆以应对将来价格持续上涨的局面呢？我们无法在第一天就做出这样的决定。

接下来的几天，大股东、股票分析师、交易商和记者们差点儿把我们的电话打爆，他们想知道我们对此做何反应。我们必须做出决策。涨价吗？涨多少？什么时候涨？这对销售会有什么影响?

三大咖啡烘焙商——雀巢公司、卡夫食品公司和宝洁公司的罐装咖啡马上就涨价了。他们这三家控制了美国70%的咖啡市场。随着手头的存货越来越少，边际利润越来越低，我们看起来似乎无法选择了。单是福杰士的价格那一周就蹿升了一倍。

我们没有马上决定提价，提价对我们的顾客是不公平的。我们记得，当年汽油公司决定涨价的那一刻人们的反应有多么强烈，当时他们也是为了转移上涨的成本，尽管他们手头还有几个月的存货。我们决定再等等，看看生咖啡豆的价格情况再说。

遭受第一次打击后的两个星期，第二次打击接踵而至。7月11日，又是一个星期一，我早上醒来就听到了最糟糕的消息：巴西又遭受了一场霜灾，这一次情况更加严重。初步估计第一场霜灾毁掉了巴西30%的农作物，这一次至少又毁坏了10%。到这一天，星巴克股票已经下跌三个月了。

几天里，新鲜咖啡豆的价格蹿至2.74美元一磅，与过去3个月的价格相比上涨了330%。对我来说，这事儿像是一夜之间发生的，它给了我沉重的一击。

在每日的例会上，大家心情焦急，却默不作声。我觉得大多数星巴克的伙伴都还不知道情况有多可怕。至此，我们的盈利每年递增50%的局面已持续了4年，华尔街的投资者们预见我们来年还会有这般盈利水平。如果我们没能达到他们的预测，股票价格就可能应声而跌，跌到我们难以筹集扩张资金的地步。交易者们眼下预测咖啡豆的价格可能会达到每磅4美元。所有我们搜集到的信息——关于1975年霜冻灾情报告、关于世界咖啡豆供应量大幅减少的分析、关于各地区产量大大降低的评估——都促使我们相信那些预测是对的。

三巨头很快再次涨价。

公司内部在是否以及何时提高零售价格的问题上争论得很激烈。一些董事会成员提醒我们谨慎行事，他们认为，涨价是很容易的，而短期行为会使降低成本和提高效益的努力成为徒劳之举，这会使我们在竞争中处于不利地位。但随着我们原料成本的飞速上涨，我们必须做出回应。

7月13日，我们宣布将于7月22日提价，幅度在10%之内。虽然对消费者来说，每杯咖啡只是涨了5~10美分，而我们的烘焙咖啡豆每磅要上涨1~25美元，平均达到

8.50 美元。我们的顾客会怎么反应？我们的价格早就高于超市了。我们的整颗咖啡豆的销售是否应大幅度收缩？

跟那些汽油公司和其他大宗货物公司不同，我们有意识地选择了另一种做法。我们没有以提价来冲抵各项成本，把原料涨价这回事一股脑儿地直接转嫁到顾客身上。如果这么做，我们的价格就会像超市里那些罐装咖啡一样，变得非常高。我们的目标是，在 1995 年的财务年度里，将价格升幅控制在能补偿实际增加的成本的范围内。

在那些日子里，我在公司扮演是给大家打气的角色，鼓励大家坚定信心渡过这次危机。在对外交往方面，我也担负起一个领导者的职责。我们还必须应对大量的顾客，就别说华尔街那帮人了——星巴克已是众目睽睽的靶子。他们在长仓和短仓上押注。我在戴夫·奥尔森的陪同下，去向我们的伙伴解释目前的局势。接着，奥林和我又找投资人商讨解决办法。我们开通了会议电话频道，升级了面向全美的语音邮箱，并在我们的门店里张贴告示，以便使顾客同步了解情况。

我们千方百计地与顾客沟通，真诚、坦率地向他们解释由于成本上涨了，所以我们不得不适度提价以使生意能够做下去。很幸运的是，我们已经与顾客建立了良好的关系，同时伙伴的信任也使我们能够果断行事。更重要的是，大部分人都愿意为他们心目中最好的咖啡多付一些钱。

短期决策带来的长期成本

在这些表象的背后，有着某些最艰难的决策。我们是否应该以目前的价格加大采购量，以备价格继续上涨？ 2.74 美元的价格是否已经到顶了，等一等是不是可以买到价格更低的咖啡豆？当市场价格是每磅 80 美分时，我们担心它涨到 1 美元，期盼着它跌至每磅 70 美分。涨到了 2.50 美元，我们担心它变成 4 美元，盼它能跌至两美元。

在 7 月份紧张的日子里，这些问题塞满了我的脑子，当时我们必须做出决定，是否买下几千袋哥伦比亚咖啡豆。在这样的高价位上，这意味着这一决策将花费数百万美元，是数月前采购同样数量咖啡豆价钱的三倍。这笔买卖或许是个明智的主意——避开了更高的价位；或许是个灾难性的决定——恰在最高价位上进货。

当我们大家都痛苦不堪时，奥林以他沉静的态度以及多年在金融圈内摸爬滚打的历练稳住了我们的阵脚。“胡乱猜测市场价格是愚蠢的，”他劝道，“让我们来看看眼下的局面。照推测只有两种概率相等的冒险：咖啡豆价格有可能继续走高，也有可能就此走低。问题是，我们能够接受的是哪种风险？”我们争论了很久，最后还是决定以目前的市价买下额外的存货。奥林理性地分析道，如果价格跌了，我们就会被高价位的合同套住而遭受损失，但那样的话我们还能够撑过去，而如果价格真的涨到 4 美元一磅，我们的财务就根本无法承受了。于是，我们决定押涨势。当然我们也仔细考虑了套购保值以防价格下跌的思路，但发现那样一来成本更难以承担。

做出决定以后，我们买进了那批当时堪称天价的哥伦比亚咖啡豆。这年夏天，我们还必须再买进一批数量较少的其他种类的咖啡豆，以补充日渐消耗的存货。这批高价购进的咖啡豆堆在仓库里，足够我们使用两年。

过了 7 月份，生咖啡豆的价格下跌了。我们不知道的情况是，之前有一批投机商在哄抬市价。而那些投机商一撤出市场，价格很快就回落到与早些年相当的水平了。短短几个月后，我们看到的是一个更能真实反映供需关系的价格，到 1995 年年底，每咖啡豆的磅价格接近 1.10 美元。

由于是在 1995 年 7 月的高价位上进的货，而这批咖啡豆存量又相当可观，以致我们以后的几年内不得不把价格稍稍往上提一些。这个决定很难对我们的顾客解释，他们不会意识到，这是为了保护他们免遭霜灾以后咖啡价格直线上涨的损失。但我们相信，当时的决策是正确的。

尽管我们承受了如此的价格重负，但从未有人指责这个非常时期的高价采购行为。由于这次事件而产生的极其巨大的恐惧、困惑和忧虑之感笼罩在我们大家心头，我们知道最重要的是稳住阵脚、团结一心、互相信任。

对我来说，最难忘的是我们在六七月间这段非常时期所做出的决定，从来没有背离过我们“提供最佳咖啡”的宗旨。当时，最简单方便的做法无疑就是告诉戴夫·奥尔森和玛丽·威廉姆斯（我们的咖啡采购部门主管）：“好吧，到这时候了，你们得采购低品质咖啡豆了，因为我们必须控制成本以保护边际利润。”但这样的对话从来没有发生过，也根本没有人会想到这一招。我们本可以采用其他公司也在用的（似乎也挺管用）方式：把优质咖啡豆和那些便宜货掺着用，然后抬高价格。许多顾客都不会留意那有什么不一样。我们本可以省下几百万美元，但那样一来，我们就亲手制造了另一个危机。

……还有长期的利益

一旦价格回落，直接的危机就过去了。可是由此造成的混乱局面还有待我们去收拾；我们不能向顾客转移财务负担，那么怎么来实现赢利的目标呢？

奥林提出了一项工作计划，他确信能够从后台运作找到答案，我们可以通过增效节支来消化生咖啡豆涨价带来的成本。他把这计划称为“效益改进”。

我最初有点儿怀疑。星巴克以前从未在后台运作方面谋求增效节支的途径。当你达到每年50%的增长效益时，就不可能再有什么增效节支的方法了，你需要那种富有弹性的工作机制来调动大家的积极性。我们许多重体力工和业务岗位上的伙伴，在会计、法律、财经、计划、生产、信息管理部门默默无闻地工作着。他们已经感觉到高速发展的压力，再要求他们付出更多却得到更少是不公平的。可我们没有别的选择。

这套计划的实施真正体现了奥林的领导才能。他请来一个专家指导这项工作，组织了一个委员会，定期召集各个部门开会解决问题，把危机转化为机遇，以一种更为系统化也更为专业的方式来管理企业。大家发现还有许多合作关系没有被合理利用，还有一些合同尚有重新磋商的机会——还可以把成本降得更低，把计划做得更完善，把工作做得更精细，把资源利用得更充分。当然，即使没有这次危机，我们可能也会逐步改善那些运作环节，但眼前的情势迫使我们更早地认识到，解决这些问题对于打造一艘更结实牢固的船的必要性。

我们发现，仓储和烘焙环节上尚有不少可以节省开支的空间。1995年4月，泰德·加西亚从贝氏堡公司跳槽到我们这儿，接管了物流运营工作，很快致力于把我们的烘焙工厂、包装流水线和配送操作提升到世界级水平。他领导的一个项目安装了最尖端的电脑操作系统，在提高效率的同时，计划在三年内把成本降低8%~10%。这期间，我们的生产线也变得更复杂了，因为我们增添了许多新的包装规格，还需要向美国航空公司和一些大买家提供更多特殊规格的大件包装。泰德的团队重新敲定了许多合同，大大削减了运输费用和纸袋费用。他制订了一个 5 年计划，要在 2000 年之前，在不影响质量的前提下继续降低成本。

虽说不是每一个部门都像冰激凌或音乐业务那般引人瞩目，但奥林和他的团队这一年所取得的成就恰恰毫不含糊地体现了星巴克不落俗套的精神。

直到一年后，1995 年秋天，高价咖啡豆存货才开始冲击盈亏账面。华尔街的分析师每个季度都在用怀疑的眼光检视我们的业绩。有那么几个季度，情况看起来已经很危急了。但是到 1996 年年底，我们手里所有的高价生咖啡豆几乎全消化掉了，这一年我们达到了赢利目标，还与一些长期买主签了协议。当然，顺利渡过难关主要靠的是有条不紊地削减成本，摒弃无效运作，改进工作程序。

有这样一种说法：一家企业处于亏损、裁员状态，或远离公众视线之际，反倒更会引起人们的关注。我一直对这句佯装无知的反话感到吃惊。专家权威可以很聪明地分析什么是错的，什么是本来不该发生的，但专家权威对于成功的分析并不在行。怎么做才能连续 6 年在销售和利润两方面都取得 50% 的增长？怎样才能使星巴克成为一个既具创新精神又严谨慎重的公司，一个规程井然又求新思变的公司（很少有公司能够做到）？

星巴克用了两年时间渡过了如此巨大的危机，并实现了赢利目标，我如释重负，奥林也是。但没有人问过我们：你们是怎么成功的？

也许听起来是老生常谈，但我相信通过这次咖啡豆价格危机的管理，星巴克成为一个更出色的公司了。它使我们知道我们的脆弱之处，促使我们去加强自己有所欠缺的方面。

星巴克在那年夏天长大成人了。在 1994 年前，我们就好像拥有点石成金的手指。每一个项目，每一次机会，只要我们敢于尝试，都能获得成功。这次危机震撼了我们，没有一点儿预警，突如其来，它促使我们的经理人员（包括从其他公司新招募来的高管人员）融合成为一个更为紧密的团队。这场危机也证明了奥林在火线上的勇气，使我看到了管理层新的一面。

大公司既需要有远见的领导人，也需要内行的实干家：前者高瞻远瞩，后者持家理财。诚如《财富》杂志的罗纳德·亨科夫在 1996 年 11 月所阐述的："一般来说，那些逐步成长起来的企业，其方式不外是节省开支和增加岁入，两者不可或缺。对两者永远抱有一种清醒态度，是进入成功之门的门票。"

这次事件使我谦卑地认识到我们有多么脆弱，外部力量有可能瞬间改变一个企业的命运。它教会了我必须永远对危机保持一种警觉，并随时对此有所准备。你不能只应对已知的一面，还必须学会应对未知的一面。今天的星巴克对于不管来自何处的不测之虞都更有准备了，因为它已经有了经验。

当1997年咖啡豆价格再次翻倍上涨时，我们在应对突来的暴风雨时有了更为明确的措施。这一次我们知道如何计算成本了，而且知道当消息刚刚传到顾客那儿时该如何采取行动。这一次我们还是只提了点儿价，而不是把生咖啡豆的价格上涨完全转嫁于顾客。

1994年那次事件过后的几个月里，我得到的教训甚为深刻。如果我们当时走捷径，结果会怎么样?

如果采购相对便宜的咖啡豆，我们一年就可以省下几百万美元。星巴克花在生咖啡豆上的钱几乎比世界上任何一家公司都要多，虽然也许只有10%的顾客喝得出其中的区别。

如果能以90%的顾客根本意识不到的方式来节省成本，获取更高的利润，那么何乐而不为呢?

但是我们自己明白其中的区别。在星巴克内部，我们知道最好的咖啡是什么味道，正宗咖啡就是以我们为代表的咖啡。这就是星巴克之所以是星巴克的部分原因。如果我们为了更高的利润而在这个原则问题上妥协，那么我们所获得的将是什么呢？最终所有的顾客都会发现我们在品质上做出的妥协，他们就没有理由多走几个街区到我们店里来了。

好在这种情况发生之前，星巴克内部所有的人早已意识到了。是什么使我们每天都在努力？是以低品质、低成本来获取更高的利润吗？倘若如此，最优秀的那些人将会离去，道德感将会丧失，我们最终将犯一系列的错误，不再有所追求。

每个企业都有自己的记忆，为利润而牺牲品质只能使星巴克人一辈子都抬不起头来，这将是一种无法弥补的缺憾。

POUR YOUR
HEART INTO IT

第 18 章

建立品牌的最佳方式：面对每一个顾客每次都给予诚挚的服务

从心里来，必往心里去。

——塞缪尔 · 泰勒 · 柯勒律治

《席间漫谈》

1988年年初，星巴克进入芝加哥市场的第一个冬天，我记得自己站在电梯里看顾客拿着我们的杯子，杯上绿色的星巴克标志在他们指间若隐若现。星巴克这个品牌对他们似乎毫无意义。

6年后，我们在曼哈顿开了第一家店。早上8点30分，柜台前排起了长龙，一直排到店外。为什么那么多纽约人选择在那一天来星巴克呢？

在整个北美，我们进入了一个又一个城市，门店里人头攒动，几近客满。在亚特兰大，在休斯敦，在多伦多，每当我们进入一个新的地区，开业的第一天，人们都会排起长龙——从很远的地方赶过来。似乎完全没必要在新市场打广告，即使打广告，也不可能达到这般熙熙攘攘的程度。

我们的品牌已经在美国和加拿大打响，那么在日本它是否也有吸引力呢？1996年8月，我飞越半个地球想亲自去探个虚实。星巴克国际公司打算在东京开第一家店，店址选在异常繁华的银座商业圈。这一次，自然也不打广告。星巴克的名字对日本人有没有吸引力呢？东京几乎每个角落都有一个咖啡吧，更别提我们还有一个拥有500多家店的竞争对手了。胜负赔率是可怕的。

开业那天，在95华氏度的气温下，加上100%的湿度，我都快融化掉了。我不知道东京有这么热。然而，从店门打开到打烊，顾客总是保持在四五十人，人们络绎不绝地来品尝星巴克咖啡。男人都穿着深色西装，女人系着优雅的丝巾，孩子们背着书包，所有的人都耐心地站在酷热中排队等候。他们有些人要了调制的星冰乐，那是我们才面世一年的新饮品。我们一直被人这样告诫，文化背景不同于美国的日本人不习惯当街吃喝，所以他们不买那些可从店里外带的东西。但许多顾客手里就拿着星巴克的杯子，开心地走出门去——星巴克的标志清晰地印在杯子上。

我和霍华德·毕哈一起站在那儿，构想着我们的国际化扩展宏图。他转向我，眼中含着泪，星巴克的品牌在日本也打响了，就像在纽约和西雅图一样。它展示的是生活本身的样子。

强大的品牌建起了热情四溢的人际网络

我们从来没有刻意去创建品牌。我们的目标是建立一个强大的公司——一个具有某种象征意义的公司，追求产品的正宗，珍视人们的工作激情。在公司创立早期，我们忙着出售咖啡，一次一杯，忙着发展店铺，把重烘焙的咖啡知识传授给大家，而从未想过什么“品牌战略”。

然而，有一天我开始接到这样的电话，人家问我：“你可以拨冗给我们讲讲如何在5年内建立一个国际品牌吗？”人们告诉我，星巴克如此迅速打开国际知名度，可以说是非同寻常的奇迹。在某些城市，这好像是一夜之间发生的事情。当我回顾往事时，我意识到我们是在引领一种时尚的品牌潮流，这是没有一所商科学校的教科书上讲到过的事情。

创建星巴克的品牌，首先靠的是我们的人，而不是消费者——这与饼干与谷物食品公司的做法正相反。因为我们相信，要迎合乃至超越顾客期待的最佳方式，就是聘用和训练那些出色的伙伴，我们聘用的都是对咖啡有热情的人。我们的这些伙伴是将激情贯注于行动的典范，也是我们的咖啡品牌大使。他们的知识和热情会在顾客中引起共鸣，并将顾客再次吸引到店里来。这就是星巴克品牌的强大秘密：我们的伙伴以自己的个人感受来联结顾客。

我曾从詹姆斯·申南那儿学到一些有关伟大品牌的知识，他是星巴克董事会成员，曾为宝洁公司、百事可乐和通用食品公司制定市场战略。他于1990年投资星巴克，因为他相信星巴克会成为一个强大的品牌。他说，凡属伟大的品牌，都有其鲜明的特征、令人难忘的品质，其产品会使人们看上去更好或感觉更好，并且有着强大顺畅的销售渠道，这些特征基本上都体现在星巴克的门店里。为了获得成功，你需要在与许许多多同类的竞争对手中变得强大而生气勃勃，这样你才会有清晰的头脑和不受干扰的远见。他说，所有这些因素都是基本和必需的，最后还要有指挥得当的管理团队。詹姆斯认为星巴克最终能够成为像可口可乐那样的全球性知名品牌。

在美国，大多数国内品牌都由市场牵引，虽然我也身处市场中，但星巴克的驱动力不是市场——至少不是传统意义上的市场。自1987年以来的10年内，我们在广告上投放了不到1 000万美元，这倒并非因为我们不相信广告，也不是我们承担不起广告费用，而是因为我们这个企业的驱动力在于产品，在于价值观，在于人本身。

如果你想寻找品牌市场方面的智慧，那么你会发现，找来找去基本上都是宝洁公司的那种模式，即走大众市场、大众销售和大众广告的路子，然后变着法儿从你的竞争对手那儿把市场份额夺过来。这是成熟产品在已有基础的市场上的基本生存方式。如果百事可乐公司多拿到一两个百分点，可口可乐公司就会失去这个份额。汽车和香烟品牌也大抵相同。最大的包装食品公司花费数百万美元策划花样百出的广告攻势，目的就是在市场份额中多占几个百分点。

星巴克的路数则有别于此。我们开创的是某种新的东西，我们拓展市场，重新定义市场。我们不会把福杰士、麦氏或希尔斯兄弟那些咖啡公司的铁杆顾客挖过来，我们不追逐市场的最大化。我们的创意是，陶冶人们如何浪漫地享用咖啡。我们向他们推广的理念是，好咖啡也跟好酒一样，需要一点儿一点儿调制出来。如同人们谈论哪种品质的酒产自法国哪个特定区域一样，我们要求咖啡师也能以渊博的见识跟顾客解释咖啡的不同风味，肯尼亚、哥斯达黎加和苏拉威西出产的咖啡豆的区别何在。

星巴克是在自己经营的门店里，通过自己的伙伴，每一次面对每一位顾客都以诚挚的服务来塑造自己的品牌的。时至今日，那些成功的消费品牌经理们都已意识到，如果你能控制自己的销售，你就不会任由那些对你的产品似懂非懂的零售商摆布。这是建立正宗品牌的极为有效的途径，当然这条路并不轻松易走。

美国的咖啡销售大约有80%经由超市这一渠道。可是一开始，我们就把这一传统渠道让给别人去做，我们则集中精力把自己设在闹市区或居民社区的、有着鲜明标志的零售店做好。我们在写字楼的大堂安营扎寨，在人们上班途中的街道边开设店铺。于是，人们被吸引过来了，在第一次浪漫地享用了浓缩咖啡之后，开始喜欢我们的咖啡。

要说跟咖啡业内的大品牌竞争，星巴克的优势也在于自己的人员。超市销售不是通过语言表达的，是没有个性的，因为没有互动的人际交流。但是在星巴克的店里，你会遇到对咖啡相当熟稔、对各种品类的咖啡津津乐道的人。你说，哪种方式给你留下的印象更深？

今天的市场上充斥着夸夸其谈的关于产品附加值的虚饰之词。在星巴克，产品的价值一开始就摆在那儿了，就是咖啡本身。当你的平均售价只有3.5美元时，必须保证顾客能够再次光顾——我们的情况是人均每月18次。

当然，星巴克不是第一家通过零售方式建立品牌信誉的公司。在每个城市里，数以百计的特种食品零售商也在做着同样的事。也许你们本地的某家比萨店对自家独有的香辣沙司口味比萨饼颇感自豪；也许你知道有一家中国餐馆，他们的广式点心非常地道，因为厨师是从中国香港请来的；也许你经常去本地的一家书店，因为店主会特意为你去订购一本鲜为人知的书籍。重要的是，你通过自身体验，或口口相传，知道这是本地最好的店。

从传统意义上说，本地零售商总是以特色取胜，以顾客无法就近获得的产品服务或质量来赢得忠实的顾客。而星巴克格外出色之处在于，我们以同样的优势做成了一个全国性企业，把品牌优势扩展到了自己的门店以外，以批发方式，通过销售网点、便利店和其他销售渠道打造我们的品牌。

星巴克的成功证明了这一点：几百万美元的广告并不是打造一个全国知名品牌的必备条件——并不是只有财力雄厚的公司才能创建名牌。你不妨以这样的态度从一点一滴做起：对每一位顾客每次都提供诚挚的服务，对每一家新店都付出自己的心血，对每一个市场机会都认真把握。事实上，这些也许就是取信于顾客的最佳方式。经过岁月的磨砺，你的口碑就建立起来了，就有可能把一个地方性的好牌子打造成一个全国性的知名品牌，而且这个品牌依然与顾客和社区保持着紧密联系。

实打实的牌子天长地久

在这个不断变化的世界上，最强大、最持久的品牌是建立在人们心里的——这才是真正可持久发展的品牌。这样的品牌基础坚实稳固，因为它被赋予人的精神力量，而不是全凭广告的狂轰滥炸。这些公司之所以能够持久发展，就在于它们的可靠性。

以耐克为例。很少有人记得菲尔·奈特多年来一直鄙视广告，他宁愿去组织促销活动或者赞助体育项目。他按照实打实的原则打造了耐克品牌，他所关注的是耐克鞋对运动成绩提高的作用。在跑步鞋成为一种时尚和街头休闲鞋后的很长一段时间内，耐克依然致力于技术领先。很久以后，耐克因为在电视上砸下亿万美元大做广告宣传而变得人尽皆知，但耐克的传统依然薪火相传，始终是一流运动员的最佳选择。

而格罗里亚·吉恩斯是一个相反的例子，这是一家在芝加哥一带起家的咖啡公司，1986 年开始以特许连锁经营的形式向全美扩张。到 1991 年年底，其规模已超过星巴克，拥有 120 家店铺，而我们当时只有 110 家。但格罗里亚·吉恩斯从不像星巴克这样发展自己的忠实顾客，甚至连公司也数易其主。一个原因就是，这家公司是以特许经营的连锁理念向全美扩张的，下面那些特许经营者并未营造出一种吸引力来留住顾客。更为要命的是，这家公司从来没有试图在顾客中建立出色的口碑。

大众广告可以帮助建立品牌，但是，只有真正实打实的产品才能天长地久。如果人们相信他们与公司分享同样的价值理念，他们就会对这个牌子保持忠诚。

星巴克的品牌基于咖啡

建立一个影响久远的伟大品牌，首先要有一个有吸引力的产品。这一点无可替代。

就星巴克的情况而言，我们的产品不仅仅是咖啡本身。顾客之所以找上我们，说来有这样三个因素：咖啡的因素，人的因素，感觉的因素。

赋予咖啡豆的浪漫。 在我们的生意中，没有什么是比咖啡的口味更重要的事情了。我们满世界精挑细选，采购最优质的阿拉比卡咖啡豆，并使每一个品种都烘焙出特有的风味。对于咖啡的每一件事我们都尽力做到最好，这已成为我们的基准。

我们通过讲述奥林·史密斯和玛丽·威廉姆斯如何在各咖啡原产地国家游历以及如何与咖啡农交谈的故事，来赋予咖啡采购一种浪漫色彩。可是说到底，重点不在于营造神秘气氛，而是杯中物的制作过程。

咖啡的味道很容易遭到破坏。虽说你买进来的是好东西，但它们在货架上搁久了就会变质，会烘焙得不够或者过了头，会在煮的方法上有问题或者端给顾客时温度不对。我们对每一个步骤都严格控制，以保证不出一点儿差错。

这些细节的背后，是我们的伙伴使咖啡保持新鲜可口所付出的努力。我们把咖啡豆保存在真空密封袋或深色匣子里，以尽量避免空气、阳光和湿度的侵蚀。我们根据烹煮效果最佳的要求来决定咖啡研磨的精细程度。然后，按精确标准调配咖啡与水的比例。在培训中，一位咖啡师烹煮咖啡的时间如果不到18秒或超过23秒，我们就要求他重新来过，直到把烹煮咖啡的时间掌握得分秒不差。

一杯咖啡中98%是水，水质不好会把上佳的咖啡毁掉。所以，每家店的柜台后面（顾客一般看不见）都有专门安设的水过滤装置。每一个环节上的审慎考虑都增加了运作成本，但最终保证了顾客可以品尝到最好的咖啡。从一个门店到另一个门店，从一个地区到另一个地区，我们都能保持咖啡风味和品质的稳定。

走进顾客心中的浪漫。 戴夫·奥尔森说过：“离开了人，咖啡就只是一种概念；而若没有咖啡为伴，人就少了许多趣味。”

霍华德·毕哈则另有一个说法：“我们不是靠咖啡做人的生意，而是靠人做咖啡生意。”

是我们的伙伴把自己的咖啡知识和星巴克的激情传递给顾客。在接待顾客时，针对不同对象只需稍稍变换一下服务用语，或专为他们的口味定制饮品，他们就会再度上门。

美国的许多零售企业服务体验都很平庸。无论在干洗店、超市还是银行，顾客统统被简化为一个数字、一张信用卡或一个号码。你不过是众多顾客中的一个罢了——你前边有人，后边也有人。

可是，你如果走进真正高水准的服务场所，受到的则是积极主动的接待，那儿的人使出浑身解数就为了使你觉得自己是独特的，迎面而来是一张微笑的脸，给你提供的服务想必也是精心别致的。

由于星巴克的品牌掌握在咖啡师傅手中，所以至关重要的一点是：聘用高素质的伙伴，并以我们对咖啡的热情去深深影响他们。我们有一套培训程序，这套程序的精细和深入在一般零售业很少见。

多年来，星巴克在人员培训方面所花费的钱远远超过产品广告的投入。我们不断完善对每一个新伙伴的 24 个小时的培训课程。每一位新来的咖啡师傅都必须学习“咖啡知识”的基本课程（4 小时）、“如何烹煮一杯完美的咖啡”（4 小时）和“顾客服务技巧”（4 小时）这些课程，还有一些基本的零售技能。从他们来上班的第一天起，我们就尝试以企业的核心价值观来影响他们，让他们知道接待顾客的重要性，以及如何以敬重和有尊严的态度互处。培训教员都由门店经理或地区经理亲自担任，他们都是富有经验的人。我们训练咖啡师傅怎么用眼神与顾客交流，怎样预先知道他们的需求，如何简单扼要地介绍各种咖啡，怎样用星巴克的免费赠券来补偿不满意的顾客。

每在一个新的市场开出一家新店，招募伙伴都要花费许多力气。在开张前的 8~10 个星期，我们就发布招聘咖啡师的广告并着手进行培训。我们从现有的店里抽调有经验的门店经理和咖啡师傅组成明星团队，两人一组，一对一地进行培训。

我们还通过各家店铺发评议卡的方式鼓励顾客与我们对话。通常每个月大约能收回 150 张评议卡。其中一半评议是负面的，30% 是正面的，其余则是问题和建议。最多的负面评议是排长队的问题。有些顾客给我们写了很长的信，那些信的语气、情绪各异，从万分推崇到极度厌恶的都有。有位先生给我们写了整整三页，其中有一页叙述他开车送怀孕的妻子去医院时，拿铁咖啡缓和了他的紧张情绪。为了对这些评议卡和信件给出认真的回答，我们让资深伙伴芭芭拉·里德负责这件事，由此于 1992 年建立了顾客联系网。芭芭拉是 1982 年作为咖啡师来到我们公司的，在派克市场店当了多年门店经理，后担任加拿大地区经理，在店面服务方面非常有经验。

使门店内的一切都给人浪漫的感觉。在星巴克，我们的产品不仅是了不起的咖啡，还有被我们称为“星巴克体验”的东西：一种洋溢于门店间的放松自如、时尚、惬意的氛围，这是一种独具风格的优雅。

我越来越意识到，顾客寻找的是一处“第三空间”，一种具有新鲜感的闲逸场所，以缓解来自工作或家庭的压力。人们来星巴克是为了抚慰心情，忙中偷闲，小憩片刻，放松身心。应该让他们觉得，来这儿很值。一旦哪个方面的细节出了问题，品牌就会蒙羞。这就是为什么我们总是喜欢说：“每一件事情都重要。”

实际上，门店就是我们的广告牌。顾客进了星巴克的门，就对星巴克的品牌有了印象。在营造环境氛围这一点上，我们使出的力气丝毫不少于对咖啡质量的关注。

每一个星巴克门店的布置都做了精心设计，顾客看到的、接触到的、听到的、闻到的或尝到的每一样东西都有助于加深品牌印象。所有的感官标记都必须符合同样的高标准。那些艺术品、音乐和香味，这外在的一切都传递着一种饶有咖啡风味的信息：这里的每一样东西都是最上档次的。

走进星巴克，你首先注意到的是什么？几乎所有人的回答都是咖啡香味。甚至那些不喝咖啡的人们都爱上了烹煮咖啡的扑鼻香味。这令人陶醉的香味充溢饱满，深沉且富有暗示性，它唤起的记忆比任何视觉场景更为强烈。显然，咖啡香味是吸引顾客的主要因素。

然而，要使这咖啡香味保持纯正并非易事。因为咖啡豆很容易吸收其他气味，我们在打开全美市场之前很多年一直禁止在店内吸烟。我们要求伙伴不要使用香水或古龙水，我们也不出售有其他化学添加剂的咖啡豆，我们不卖汤羹、不卖切片五香熏牛肉或其他卤食。我们的目的是，你闻到的只有咖啡香。

门店里的音乐也是品牌形象的一部分。直到前不久，我们的品牌音乐还只是古典音乐或爵士乐，最近，蒂莫西·琼斯增加了一些音乐品种，有歌剧、蓝调歌曲和雷盖，甚至还有百老汇的舞台剧音乐。但音乐只是你听到的一个元素，在你点单后，你通常会听到收银员报出你所要饮品的名字，然后听到旁边咖啡师傅的回应。浓缩咖啡烹煮的嗞嗞声，咖啡师敲击过滤器的当当声，牛奶在金属蒸锅里的噗噗声，还有金属勺舀起半磅咖啡豆的沙沙声，咖啡豆倒在秤盘上的嗒嗒声，所有这些声音对我们的顾客来说，听上去都非常熟悉，非常悦耳。

为了与顾客手上那杯热咖啡的感觉相衬，所有要与顾客接触的物件都须悉心打理：椅子的式样，调料柜和餐具柜摆放的位置，乃至地板的质地。清洁卫生更是我们门店体验的一部分。为此我们定期进行检查，派出我们的“神秘顾客”，让他们扮作一般顾客去检查门店内每一样东西是否符合标准。

我们将咖啡的浪漫体现在门店视觉设计上。其中包括不同烘焙阶段的咖啡豆的陈列，从生咖啡豆到用于装罐的浅红褐色咖啡豆，再到星巴克的重烘焙咖啡豆——并配以说明，向顾客解释为什么我们信奉重烘焙。我们最新的门店布置不再将咖啡豆放在专用抽屉里，而把它搁进硕大的金属料斗里，这样更使顾客产生一种好奇心，引发他们提问。

我们让门店内的色彩标记和招贴画在不同季节唤起不同的情绪，只要保持一种新鲜感，总能使星巴克的品牌形象产生一种视觉冲击，由此引起人们的兴趣。我们接到数以百计的顾客要求为他们复制最喜爱的招贴画，那些色彩炫目的招贴画有早期的苏门答腊虎和最初的三个塞壬的形象，是我们为庆祝塞壬形象诞生 25 周年委托艺术家绘制的。店里的杯盏上也印上这些图像，其中包括我们 25 年来经历的三个“阶段”的标志。

商品展示也是一种品牌展示。每一个细节我们都仔细推敲，还为此发生过许多激烈的争论：麦片粥的袋子对于品牌形象是加强了还是削弱了？用腕表做标记好不好？软心豆颗糖呢？我们甚至直接找意大利工匠，请他们设计图样并直接手工绘制在带柄的咖啡杯上。

实打实的品牌并非由市场大小所决定，也不是来自广告效应，而是源自公司所做的每一件事情，从店址选择、店堂设计到伙伴培训，从产品出货到包装，还有各种原料的采购。一个拥有强大品牌的公司，其资深经理人在评估每项决策时都需要掂量一下：“这会加强品牌还是削弱品牌？”

你真的可以通过口口相传来建立品牌吗？

在西雅图，我们花了 15 年时间使优质咖啡流行开来，花了 5 年时间使浓缩咖啡被人接受。但我们似乎总是低估了其他城市在这方面所需要花费的时间。

当 1987 年进入芝加哥时，我们是如此踌躇满志，理所当然地以为顾客自然会蜂拥而来。但我们失算了，人们口头的赞誉并没有使我们占据优势地位——西雅图以外的人很少知道星巴克究竟是什么。

鉴于那次的经验，我们明白，仅仅是跑到一个地方把店铺开起来是不够的，别以为顾客会自然而然地来。我们必须事先造势，在将要进入的城市掀起一股旋风。当人们发现星巴克在自己家门口开出第一家店时，怎样才能让他们七嘴八舌地谈论起来呢？随着一处处新市场的开拓，我们逐渐摸索出了门道，1994—1995年，当我们以加速度开发新市场时，已经摸索出了多管齐下的市场进入方法。

詹妮弗·蒂斯黛尔从1992年起担任我们的零售市场部门副总裁，她总结出一套市场进入战略，包括雇用当地的公关公司来帮助我们理解那个城市的传统背景。我们在当地布设一系列店铺之前，总是先选好一处旗舰店址，这个店址必须位于城市繁华地带，借地段优势大张旗鼓地高调行事。华盛顿特区的杜邦商务圈、纽约格林尼治村的阿斯特广场，都是成功的例子。

同时，我们的创意部门则根据每个城市的个性设计图案，比如代表波士顿风格的应是保罗·里维尔还是豆豆城？一对咖啡杯或许可以作为双子城的象征，一个桃形咖啡杯便是亚特兰大的代表，自由女神喝咖啡的造型可以代表纽约。我们把这些图案印在大咖啡杯和T恤上，也印在发给伙伴和顾客的招待会请柬上。

与其他零售商不同的是，咖啡店是人们自然聚集的一种场所，所以我们要让星巴克店融入当地的社区。在进入每一个新市场时，我们至少要结合当地的慈善事业策划一个社区活动，以便为开张造声势。在波士顿和亚特兰大，肯尼·基举办过慈善音乐会，我们还请来了当地的头面人物。

在每家门店开张前，我们都会把那些可能成为当地的星巴克“大使”的人士列入一张名单。我们向伙伴们打听，他们是否可以邀请当地熟识的朋友参加开业仪式。在开业前到正式开业的那段时间里，我们和当地的股东、邮购顾客和慈善活动发起人取得联系，给他们寄一封附有两张免费咖啡券的信，请求他们成为“星巴克之友”。我们和当地记者、厨师、知名餐馆的老板们一起举行咖啡品尝会。为了给咖啡师实习的机会，我们让他们邀请自己的朋友和家人来参加预演的开张派对，免费品尝咖啡和点心，不过我们会建议他们每人给当地某个非营利组织捐赠三美元。最后是一个大型开张派对，一般是在星期六下午，有时竟有上千人涌到星巴克来。

社区活动已成为我们市场部门的常规工作了，其目的不仅是让人们了解我们，还因为我们相信这是进入当地市场的正确途径。除了赞助美国援外合作署的工作，我们对当地的社区问题也并非无动于衷，我们的主要关注点有：艾滋病防治和儿童问题——特别是儿童医疗卫生问题，环境问题（其中包括饮用水的清洁问题），还有对艺术的支持和赞助——特别是爵士乐和电影节。在过去的几年里，有三四百个星巴克伙伴和顾客一起参加了西雅图一年一度的防治艾滋病徒步行走活动；我们与波特兰的杜恩贝奇儿童医院建立了合作关系，其中有一项是为这个医院专门设计的咖啡杯举行义卖活动；我们赞助了多伦多、旧金山和西雅图的电影节；还有为保护罗得岛的海湾工程募捐。这些活动源自我们的“使命宣言”中“积极贡献社区和环境”的承诺。这些活动不仅仅是善意的表达，更产生了一种持久的积极影响，它使我们的伙伴们为服务于这样的公司而感到骄傲。

在新店开张的几个星期后，通常都有一种对回头客的奖励机制。我们在 1993 年开始发放一种“护照”——如果顾客品尝过不同产地的各种咖啡，做了一次“咖啡世界游”，我们就奖励他们半磅免费的咖啡豆。在有些城市，是让这些顾客品尝 5 种不同饮品，然后他们可在当地星巴克店铺任选一种免费享用。

我们还提供公司印制发行的内部刊物，向顾客介绍各种信息，以引起他们对咖啡知识的兴趣。这些小册子每家店里都有。其中的一个栏目“咖啡的世界”，详细介绍我们出售的各种咖啡豆的不同风味；另一栏目“居家极品之饮”，向顾客讲述如何研磨和烹煮咖啡；还有“星巴克特种饮品指南”，以图文并茂的形式介绍卡布奇诺和拿铁。

此外，我们出版发行的《咖啡纪事》月刊，多年来一直关注着咖啡文化以及各种典故、珍闻。我们也采用企业年鉴的形式来传播星巴克的故事，从 1992 年的“让咖啡豆浪漫起来”和“烘焙的艺术”，到 1996 年的 25 周年店庆专辑，都是极富创意、设计别致的宣传品。还有一个对品牌至关重要的得分点，就是邮购目录，那是我们与顾客直接联系的渠道。我们的 800 免费电话可使顾客直接向咖啡专家请教有关知识，或讨论苏门答腊咖啡和苏拉威西咖啡有何不同，“黄金海岸”和“优肯综合”在口味上有什么不同。

随着快速扩展，西雅图的市场营销部门不可能继续监控各地的市场需求和顾客反应。我们相应地采取“去中心化”的对策，派出12名伙伴分管美国4个市场大区，并负责打理新店开业活动以及与当地有关的其他各种活动。

在同一时期，由于星巴克采用了比同行都要高的标准（而其他零售商则在降低人们的期待），它成为零售业的一个标杆。一个顾客可能会这样说：“哇，这儿的接待这么好，我第二天再来他们居然叫得出我的名字，而且知道我要喝什么！这儿有坐的地方，还能欣赏爵士乐，可以从家庭和工作的压力中暂时摆脱出来，闭上眼睛待上一会儿。为自己着想，我不妨每天都过来一下，花费只是一两美元。我掏不起去夏威夷度假的钱，可我总可以来这儿享受享受吧！每天来也来得起。”

像这样满腔热情地满足顾客的要求，就是我们口口相传的品牌策略背后的力量。如果每一处新店都能激起顾客这样的反应，星巴克的品牌所代表的就是一种含义丰富又充满个性化的体验。不管怎么说，这样的体验在星巴克无所不在。

门店外的品牌建设

今天，星巴克的品牌早已突破门店的局限。在机场，在轮船上，在书店，在超市，人们与星巴克不期而遇的机会越来越多。这种日益扩大的影响力使我们想到，必须重新估量品牌的地位。

除了餐馆和机场，很久以来我们一直拒绝在别处出售星巴克品牌的咖啡。为了保护品牌，我们尤其不愿意在药店、便利店或加油站那些地方售卖星巴克产品。1993年，我们与诺氏百货签订协议，在他们的商场里出售我们的咖啡。诺氏百货经营服装和高档用品，具有很高的信誉，因而我们觉得它是一个具有战略意义的合作伙伴，会给我们的品牌增添光彩。后来，我们打算进入超市，目标也瞄准了那些已在自己经营范围内享有顶级声誉的公司，比如西雅图的优质食品中心。

因为我们有了像咖啡冰激凌和瓶装星冰乐那样的新产品——两者都在超市里销售，平面设计就变得非常重要了。我们的星冰乐瓶子容易使人联想到老式的牛奶瓶，但在瓶贴上饰以星星和旋涡的图案后就不一样了，会给人一种喜出望外的口味期待。当瓶装星冰乐达到市场极限时，我们开始考虑铝罐包装。这又是一个艰难的决策，因为铝罐意味着主流软饮料。于是我们又一次以出色的设计提升了星巴克的副产品星冰乐，进而使自己的品牌地位得到了巩固。

我们内部意见分歧最大的争论也许就是冰激凌产品的包装设计了。一个团队的方案是，考虑到这是星巴克不具影响力的一个领域，我们应该采用已广为人知的绿白相间的图形，或者干脆就用咖啡包装袋上的图案。做冰激凌已是出格的创新了，在包装上我们必须印上顾客熟悉的东西来证明这是星巴克的产品。

而另一个团队则恰恰认为，应该用大胆出位的设计来抓住这个机会，以此显示星巴克品牌的可爱，表现出冰激凌的怡人趣味。他们担心，倘若使用已有的设计，那就等于承认："我们只能做到这样了。"

最后，富有创意而有趣的方案胜出。我们采用了泰瑞·海克勒的更大胆的设计——以星星旋涡反衬棕色、橘色和黄色的背景。我把这项设计视为一次向外打开局面而不是原地踏步的象征。

星巴克的品牌形象甚至影响了我们总部办公楼的设计风格。1997年，当我们重新装饰办公大楼并把它命名为"星巴克中心"时，我们希望大楼外观能够体现一种带有谐趣风格的新感觉。我们把原来的SODO标志从大楼钟塔上取下，换上作为星巴克标志的塞壬头像，让它高挂楼顶。以前我们的大楼以默默无闻的形象缩在街道一边，现在每一个人来到它的面前，一眼就能看见高高的钟塔上那双星冠下面塞壬的眼睛。

虽然很少会有顾客光顾我们的办公大楼，但我们还是以星巴克超越传统零售业的新企业精神设计了这幢大楼。我们对于保持咖啡和咖啡馆的体验具有一种狂热精神，也同样希望人们能够意识到星巴克具有幽默和谐趣的一面，意识到星巴克是一个兼具多种品质、多种风格，给人以多层面感受的品牌。

把品牌提升到新的高度

1995年，星巴克品牌面临着一次认同危机。虽然，顶级产品和良好的客户关系早已为我们奠定了品牌信誉基础，但是在一个鱼龙混杂的市场里，有些顾客还是难以把我们从一大堆竞争对手中区分出来。由于我们现在的发展规模和遍地开花的局面，他们很容易漠视我们的质量，忽略我们与社会的互动关系。

显然，我们的信息仅靠口碑向外传递已经不够了。如果我们不能清晰传达出我们所奉行的宗旨，人们就可能无法理解我们的意图。

我们一直靠咖啡质量本身说话，但我们渐渐意识到，必须以更积极主动的方式来表达我们的理念。你走在街上，一路过去可能有两三个咖啡馆，你怎么知道哪一家供应的浓缩咖啡最好？你怎么知道哪一家的咖啡是自己烘焙的，哪一家的咖啡豆是跑遍全世界去搜寻来的上等货？在 20 世纪 90 年代中期，我们需要更好的表述方式来描述一个更具普世价值也更有概括性的企业形象，其中包含我们的灵魂和理念。

伟大的品牌所代表的往往是比产品本身更宏大的东西。如迪士尼的名字包含着家庭、欢笑和娱乐，耐克意味着出色的体育运动，微软的目标则是让每张办公桌上都有电脑。我要把星巴克提升到一个新高度：不只是一杯优质咖啡，也不仅仅是温馨的氛围。

随着企业发展，我们显然需要一位专门打理品牌事务的专家，负责廓清星巴克一切对外信息，提升我们的品牌。以前是我自己直接负责市场营销事务，因为这里面的一切都与整个公司的各项运作息息相关。可是到了 1994 年，我不得不物色新的市场高管，我想找一个有经验的人，就是已经成功地把一个品牌推向全美乃至全世界的人。市场主管的位置空置长达 18 个月之久，在此期间，我一直在寻找合适的人选。

事实证明这种人才非常难寻。合适的候选人必须在市场营销方面受过正规训练，这个人既能向公众展示星巴克品牌的特质，把它融入人们的生活，同时又能与公司其他部门协调合作。他需要是一个既有创新精神又有管理才能的人，除此之外，我还希望这个人在品牌发展和市场营销方面都能拿出最佳方案。我知道，星巴克品牌的未来就掌握在这个人手里。

1995 年 2 月，我发现了斯科特·贝伯瑞。在俄勒冈中部的一个小木屋里，屋外大雪纷飞，他正在撰写一本关于企业创新的专著。1987—1994 年，斯科特在耐克公司担任广告总监，就是在那几年里，“Bo Knows”和“Just do it”成为美国流行语的一分子。从耐克公司出来独立后，他给我写来一封信，表示希望担任星巴克的市场顾问，而我则另有打算。

“嗨！”他拿起电话，还以为是他妻子打给他的呢。

“是斯科特·贝伯瑞吗？我是霍华德·舒尔茨。”

“噢，你好！”他寒暄了几句，马上笑了起来，“你不会相信吧，我的书里有专门讲到星巴克的章节呢。”

他给我读的那一页充满了真知灼见。他的声音听起来年轻开朗、精力充沛。他很健谈，我们不时碰撞出火花。我邀他来西雅图，这样我们可以面对面地交谈。

不到两个星期，斯科特就出现在我的办公室里，但他还是只想做一个顾问。他穿着非常随意，这是他一贯的风格，谈话时那双蓝眼睛不停地闪烁着光芒。他实际年龄为37岁，但看起来很年轻，穿着打扮也像20多岁的人。他兴奋地聊起了他新上手的咨询业务，还有他将要接手的三个客户。

才谈了5分钟，我就把表格递给他。“我不需要什么顾问，”我告诉他，“我需要的是一个主管市场的头儿。”

他吓了一跳，他已经把自己的生活安排到20年以后了。可他最终还是接受了这个职位。6月份，他把家搬到了西雅图，开始为星巴克制定长期市场策略。

斯科特马上就发觉自己面临着这样的挑战：星巴克不仅是一个品牌，还是一个进口商、制造商、零售商、批发商和邮购商。他不知道还有哪家企业可以同时做5项生意而且样样都很红火。不过，他也发现，星巴克和耐克一样，都身处低利润的行业，并且都将自己的商品转化为一种文化象征。后来我很惊奇地听说，耐克也是以针对每一位顾客的每一次服务来打响品牌的。菲尔·奈特最初雇用了一些热心的跑步爱好者，在汽车后备厢里装满耐克鞋上门做推销。

1987年，斯科特进入耐克时，该公司正处于大转型期，开始向全美大量投放广告。但是，作为最出色的运动鞋制造商，耐克却从未尝试在田径运动员和篮球运动员以外的人群中去发展市场。斯科特帮助耐克“扩大了接触点”，把品牌推广到女性及“周末玩家”，其意义也不再局限于提高运动成绩，而是为了开心，为了体验体育活动带来的快感。耐克把自己的核心产品与运动形象紧密地联系在一起，探索运动给人带来的乐趣，以及人们对运动产生的依存感——无论篮球明星还是业余慢跑者，甚至靠导盲犬引路的盲人，都会从中获得这份喜悦。耐克的电视和平面广告以富有冲击力的情感攻势激起了巨大的反响，大大超越常规的广告效应。许多广告甚至在5年乃至10年之后还让人记忆犹新。

当斯科特来到星巴克时，他带来了许多我们其他任何人都难以望其项背的创意。他特别指出，星巴克不必囿于自己的门店，他的想象力远比我们丰富。他说，我们本该把咖啡带到人们最喜欢和最需要的地方去——只要能保证质量就行。我们有数千名顶呱呱的咖啡师傅，其中许多人甚至不乏艺术和音乐天分，他们走入街区去转一圈，就能对顾客的需求有个了解。

斯科特相信星巴克应该是一个被人“知道”的公司：这名字应该出现在最新的玩笑中，出现在最新的音乐中，跟眼下的新闻人物也能扯上关系，乃至跟政治、文学、体育和文化潮流相偕而进。他计划以富有生气的创新精神颠覆星巴克的孤陋理念，来一次大规模的革新。

斯科特到来以前，星巴克在广告方面的花费占预算的比例很低。对于一个曾在耐克公司以 2.5 亿美元的大手笔做世界市场广告的人来说，我们的几百万美元似乎太小儿科了。我真希望在斯科特走进我办公室的那一刻，就能给他一大笔广告款项让他玩转世界，可眼下居高不下的咖啡采购价格意味着我们一时还无法考虑那些大把花钱的项目。然而，我们还是没让那些困难捆住手脚，勇往直前地投入品牌个性建设的进程。

其实就在聘任斯科特之前，公司已经做出决定要寻找一个新的广告代理公司。我们挑选了 4 家顶尖的广告公司，要求每一家做一个展示报告。那年夏天，我们的一个团队和那 4 家公司的人碰了面，我向他们解释了星巴克的目标。在做展示之前，他们向星巴克的顾客和伙伴做了市场调查，发现了一个令人不安的现象：随着星巴克的发展，顾客越来越觉得公司成了一个按部就班、墨守成规的机构了，变得不懂变通和难以亲近。对星巴克品牌来说，这可是一个关键性的威胁。

这些感受的激烈程度使我大为震惊。作为首席执行官，我一直刻意保持低调，因为这样就可以把所有的注意力都集中在我们要做的事情——咖啡和门店上。可是当我听到有人把我们视为一家面目不清的公司时，我知道自己必须拿出更为开放的姿态，向公众表达我个人的立场和我对星巴克的期望。

具有讽刺意味的是，一个公司一旦发展到能够砸钱做广告的程度，他们所面临的困难就是要消弭人们因公司规模而产生的疏离感。很显然，我们的事情向公众透露得太少。我们需要把自己的形象表达出来：一个富有激情的、富有创新精神的公司，不只是提供优质咖啡，也在每时每刻地丰富着数百万人的日常生活。

选择哪一家广告代理公司，无疑是一个艰难的决策，因为那 4 家公司都有很棒的创意。我让斯科特来决定，他选择与古德拜（Goodby）广告公司合作。它是旧金山一家顶尖的广告公司，曾制作了最富有创意的“Got Milk”，就是那个有名的牛奶胡子的广告。

我告诉斯科特和古德拜公司的人，我要星巴克成为人们生活的一部分，要用发现和希望去丰富人们的生活，它应该是富于人性和充满真实感的。我们的广告应该告诉大家，我们是怎么回事，我们是干什么的。

和古德拜公司一签约，斯科特就投入了市场调查，他从耐克公司挖来一个专家——杰勒米·康龙，让他具体负责这项工作。杰勒米在耐克工作了 14 年，其中有 10 年是担任消费者研究部门的主管。他们两人开始做一个“大开挖”的项目，分三个阶段，用 9 个月的时间做调查，带领一个专职团队从三个城市入手。他们通过单向取样的方式采集顾客或潜在顾客的意见，询问他们的个人感觉——关于咖啡和星巴克的体验。为什么人们要到星巴克来？他们心目中理想的咖啡馆是什么样的？斯科特对年轻人和大学生的意见尤为关注，他们是未来的咖啡消费者，他们中许多人喜欢不落俗套的本地咖啡馆。

某些意见再一次使我们大吃一惊。大体来说，三四十岁的顾客和咖啡豆爱好者对星巴克颇为喜爱，可是二十来岁的人，说到咖啡馆就另有一套想法了。他们想要的是与众不同的好玩之处，不必有雅致的灯光布置，至于服务效率，也无所谓；他们看重的是能在晚上出来喝一杯，而不是在上班途中叫一杯外卖拿铁咖啡。

调查使我们意识到顾客的不同需求，而这正好给我们提供了革新的机会——在不同的门店以不同的方式向他们提供不同的服务。大学生也许白天希望有个地方能有咖啡伴着他读书，而到了晚上，同样是这个人，却更想要一个约见朋友的地方，不能喝得酩酊大醉，但最好有很棒的音乐相伴。一位中年律师上班途中开车经过星巴克时，没准儿想要一杯很快就能送到手里的双份拿铁，若是上午 10 点左右，他也许会坐下来，在轻松的气氛中和客户边喝咖啡边聊公事。我们所面临的挑战是，就算不能更进一步，也至少必须保持我们的品牌对不同消费人群的吸引力。

调查也促进我们重新思考市场战略。我们自视为令人敬重的欧式咖啡传统的继承者，具有艺术、人文和进步理想的内涵。其实，我们也可以同时从当代美国生活中吸纳某些理念来加强和丰富星巴克的体验，这也是我们从1997年开始在店内出售奥普拉·温弗瑞推荐的图书的缘由。我们要继续满足某一部分核心顾客的要求，但也要“扩大接触点”，吸引那些想在晚上找一处令人兴奋的“第三空间”来聚一聚的顾客。

做全国性的广告，对我们这样的公司来说是一个悖论。由于星巴克在全美有一千多家店铺，必须同时在许多城市向顾客发出我们的声音。但就广告本身而言，无处不在的集中轰炸肯定会激起人们的恐惧感。怎样才能使星巴克在全美家喻户晓，又不失去本地居民的敬意呢？我们为此做了几个月的策划，放弃了许多方案。

不管以何种方式与顾客沟通，都必须尊重对方，做到聪颖、幽默和富有活力。在当今世上，你只有把他人作为一个大家庭中可敬的一员才有可能抓住人们的注意力。就我们而言，这样的朋友就是我们的顾客。品牌与伙伴，品牌与顾客、产品及核心价值观的密切关系，就跟一个家庭似的。

古德拜公司帮我们梳理了一个简洁而优雅的概念，一个真诚而富有进取的形象，一方面着眼于我们所寻求的咖啡休闲时光的从容自适，另一方面也体现了古德拜素为人知的幽默、谐趣之风。他们努力寻求成功的商业巨头与个性化、人性化服务之间的平衡，而后者正是我们的顾客每一次花时间外出品尝自己最喜欢的咖啡时所感受到的。

那些广告词显示了古德拜的风格：

“让咖啡也酷一把”，这是我们1996年夏季为冰激凌和星冰乐做的广告。

“今天，写作的障碍一旦在柯纳咖啡的热气中蒸发，伟大的美国备忘录就会应运而生。”

“小啜一口冰镇星冰乐，感受那独一份儿的清凉。”

我们的目标是制造一种出人意料的效果，给人一个聪慧的另类形象。这些广告词所传达的信息比我想象的更有力。说到底，我的目标并不只是打打广告，而是在全世界范围内，在一次一杯的服务中，在那弥足珍贵的片刻，搭建情感的桥梁，为顾客提供具有个性的完整的星巴克体验。

POUR YOUR
HEART INTO IT

第 19 章

为 2 000 万名新顾客冒险，值！

其实，安全这东西差不多是一种迷信。自然界并不存在什么安全，
人类的子子孙孙也不曾体验过安全。长期来看，
躲避危险并不比全然暴露在外更安全。生活，要么勇于冒险，要么一无所成。

——海伦·凯勒

《敞开的门》（1957 年）

冒险争取商机

1996 年 1 月，几乎是一夜之间，星巴克的顾客人数翻了一番。美国联合航空公司开始出售我们的咖啡。

接下来的几个星期里，我们接到来自全美的几百个电话。“你们已经不是原来的样子了，”人们抱怨着，“美联航飞机上的星巴克咖啡淡而无味，还冷冰冰的。”“没人相信这真的是星巴克咖啡。”“你们得留心点儿才好。”

与美国联合航空公司合作的荣耀一眨眼变成了一场灾难。我们下了重注，可是看样子，开头就很不顺手。

每个旅行者都知道飞机上不可能供应什么地道的咖啡。对星巴克的名誉来说，成也咖啡，败也咖啡。我们为什么要甘冒风险去跟美国联合航空公司联手呢？因为我们想利用这个机会去做以前从未有人做过的事情：让飞机上的咖啡改变一下形象。

和美国联合航空公司做这个试验，乃是以我们企业的一个基本信条为基础的，那就是信任。如果人们不信任星巴克即优质咖啡的代名词，那么这个品牌就毫无意义。

和美国联合航空公司的合作始于文森特 · 艾德思的一个电话，那是 1995 年 6 月间。文森特三个月前才进入星巴克，是专门负责营销和市场开发部门的副总裁，管理着我们的咖啡豆销售以及与餐饮业相关的业务。他发现，在美国联合航空公司最近的一次调查中，乘客们都在抱怨飞机上的咖啡难喝。他想，星巴克也许可以解决这个问题。

美国联合航空公司的总部在芝加哥，他们公司的大部分雇员都知道星巴克，听到这个合作意向无不欢呼雀跃，虽说星巴克的咖啡通常要比它的竞争对手贵一倍。美国联合航空公司的飞行员和乘务员们经常要忍受乘客的冷脸：因为飞机上的咖啡实在太难喝了。

可是在星巴克内部，这个点子却遭到了强烈的反对。这个举措对公司而言是可行的吗？如果弄糟的话，会给我们带来什么样的损失呢？我们能够从中赢得多少新顾客呢？最终，归结为两个关键性问题：这会降低品牌的价值吗？还有，我们可以把顾客信赖的优质咖啡交给一家有500多架飞机满世界飞来飞去的航空公司去打理吗？

这是一个巨大的机遇：每年平均有近8 000万人乘坐美国联合航空公司的飞机，其中有25%~40%的人会点咖啡。这是一个每年将近2 000万人次的大市场，他们中许多人也许是第一次喝到星巴克咖啡。

文森特和公司连锁供货主管泰德·加西亚一起去美国联合航空公司考察了解供应咖啡事项。泰德发现，我们可能需要在地面上提供2.5盎司的过滤包装，才能保证咖啡的最佳质量。这就意味着我们的设备供应商要提供全新的包装器械以解决这一特殊需求。但制造商需要6个月时间才能做出样品，泰德提前向他们订货，但不确定是否能赶得上。

事实上，我们已经向地平线航空公司供应咖啡了，那是一个以西雅图为基地的服务质量很好的区域性航空公司。他们是第一家意识到用向乘客供应优质咖啡来帮自己的服务增值的航空公司。不过，地平线航空公司在地面上烹制我们的咖啡，加工好后随即送上飞机供应短途乘客，这样各项条件都能得到有效控制（在地面上加工要比空中可靠得多）。

美国联合航空公司的风险则要大得多。它的航线长，只能在飞机上加工咖啡，制作也比地面餐厅困难得多。飞机从落地的各个城市取水，水质和口感很难把握；在穿越各大洲和大洋的长途飞行中，咖啡烹煮时间通常会超过我们所推荐的20分钟的上限；飞机上的灶具也良莠不齐，而且一般来说飞机上的用具总是偏向于分量轻的；美国联合航空公司在世界各地有22 000多个乘务人员，要对每个人都进行相关培训看样子不太可能。这件事情的风险还在于，2 000 万第一次喝星巴克咖啡的乘客，也许会对星巴克咖啡产生一种糟糕的印象。

9 月间，我们决定拒绝和美国联合航空公司合作。文森特简直要崩溃了，泰德·加西亚也是。但是，市场部的人和一些董事会成员都觉得，跟这种主流的大公司合作，我们的品牌很可能遭受不可逆转的损毁。他们担心美国联合航空公司仅仅会把我们视为另一家普通供应商，不相信美国联合航空公司会按我们的要求去制作咖啡，最后，他们也不能确信美国联合航空公司会像我们所希望的那样，尽可能地推广星巴克的品牌。

可是，美国联合航空公司并未对我们的要求说不。双方又接着磋商，直至我们拿出两家公司都觉得可行的方案。

我们提出，让美国联合航空公司实行一套我们两家都从未采用过的方案。对于加工咖啡，我们要求飞机上的设备和操作能切实保证其最佳品质。我们还要求训练他们所有的乘务员，不仅涉及烹煮咖啡和有关咖啡保鲜的问题，而且要向他们灌输星巴克的历史和价值观，以便所有的乘务员都能回答乘客提出的相关问题。

为了确保咖啡质量，我们毫不动摇地实行全面扎实的措施。每一个过程都仔细地检查了一遍——从配料单到研磨工序，再到水过滤系统。美国联合航空的机上烹煮设备是所有航空公司中最好的，但我们的调查部门发现，他们想用更低廉的塑料制品取代不锈钢器具。我们在烹制测试中比较了两者的性能，测算出不同器具中的固体可溶性成分，要求他们不要做这种替换。他们同意了。

美国联合航空公司保证一切都将按照我们的要求去改进，以尽快投入星巴克咖啡的销售。1996 年 1 月，《商务周刊》、《时代》和《美国新闻与世界报道》的封底上打出了美国联合航空公司销售星巴克咖啡的广告。这是我们头一回打全国性广告，其实也是一项毫不含糊的第三方责任担保，它来自全美最大的、拥有最多的雇员和机长的航空公司——搞得这般轰轰烈烈，光是我们自己可玩不起。那些广告词里有一条我特别喜欢："毕竟，在这儿我们并不只是工作，我们也得喝咖啡。"

甚至，美国联合航空公司还用一个幽默的电视广告表达了星巴克在他们眼里的魅力。在那个节目中，送货人拎着一个豁了口的袋子，从机场走到机舱门口，星巴克咖啡豆撒落了一路，引来许多乘客。

经过如此细心的准备，又有了质量监控措施，第一次在美国联合航空公司亮相的星巴克咖啡应该非常棒，可是没料到还是出了大纰漏。原定于从1996年2月起美国联合航空公司所有航班上都开始供应星巴克咖啡，并将前边的咖啡供应商提供的货全部清仓。但到了那一天，美国联合航空公司的500多架飞机中，只有30%~40%配有合乎标准的烹煮设备——我们认为他们原有的设备不适合煮星巴克咖啡。由于供货商未能在2月份之前把所有的新设备都赶制出来，为填补不足，美国联合航空公司只好采用一种底部经过特别加工的金属烧杯来煮星巴克咖啡。在有些航班上，甚至只能用老的咖啡机来应对第一个月的咖啡供应。

美国联合航空公司也听到了许多抱怨，但靠着勇气和决心，两家公司都坚持把事情做下去。我们马上派出大队人马去解决问题，4个月内，新的烹煮设备在全部飞机上安装到位，人们终于可以喝到了风味地道且口感颇佳的星巴克咖啡了。

如今，美国联合航空公司把供应星巴克咖啡视作他们的最佳举措之一——就和在飞机上为孩子们供应“快活餐”的创意一样。我们在1996年4月所做的一项调查表明，美国联合航空公司71%的乘客勾选了“出色”和“好”的选项，大约10%的乘客是在美国联合航空公司上第一次喝到星巴克咖啡。虽然有部分乘客认为机舱里喝到的咖啡不如他们在星巴克店里买的，但绝大部分乘客认为美国联合航空公司的咖啡比其他航空公司的咖啡要好。

文森特特别喜欢引用这样一句比喻：“如果你根据空气动力学来研究蝴蝶，试图让它飞起来，它不可能会飞起来。正因为蝴蝶不懂这个道理，所以它飞起来了。”星巴克所做的事情也是一样，我们所做的正是我们以为自己不能做的事情。

对于美国联合航空公司和星巴克来说，这样的冒险是值得的——2 000万人次，一天2 200个航班，飞往全球各大洲的各个目的地，在35 000英尺的高空，喝着星巴克咖啡。

你代表了你的公司运作模式

许多人对我们拒绝过那么多合作机会感到惊讶——拒绝的比接受的多。就在我们争论着是否接受与美国联合航空公司的合作时，我们几乎要签下另一笔几百万美元的大单，合作对象是一家有可能把我们的咖啡带入全美许多小城镇的连锁公司。可是由于那家公司的形象和经营理念与我们大相径庭，事情最终作罢了。

虽说我们有 87% 的销售额是通过自己的门店做出来的，但拓展咖啡销售途径的各种提议却一直困扰着我们。从种种销售途径的评估来看，文森特的营销团队不仅是在寻找普通的零售渠道，而且要物色一个战略伙伴。

我们有着相当苛刻的程序。那些被拒绝的合作者，通常与我们自己的门店有着过于直接的竞争，或者在管理方面没有像我们那样以质量为重，或者经营态度与我们不兼容。有时，对方的地理位置使我们在后续供应上暂时还不能充分顾及，这种情况也不予考虑。我们还必须从双方的利益和品牌建设方面考虑彼此的长期合作关系。

文森特的团队起初是星巴克联络餐饮业的部门，负责向西雅图地区的高档餐馆供应星巴克咖啡，现在成了一支精英团队。文森特不满足于只是提出跨部门的建议，他已经把这个部门建设成一支专业的销售队伍，有目标、有步骤地拓展业务，以实现我们更为远大的目标。

我们的目标是，人们在购物、旅游、娱乐和工作的每一处都能喝到星巴克咖啡。我们已经建立的长期伙伴关系使星巴克咖啡得以出现在诺氏百货的商场里，出现在荷美航运的游轮上，出现在喜来登酒店、威斯汀酒店、巴诺书店和查普特书店，还通过美国办公用品公司的销售渠道进入了许多写字楼。这份名单仍在扩大。

然而，随着我们的供应范围越来越广，保持品牌的品质和扩大销售渠道之间那种与生俱来的矛盾就越来越突出了。当然，理想的状态是，我们希望每一个人都能喝到星巴克咖啡。可是每次签下一份大单，我们都会产生与美国联合航空公司合作时同样的担心：质量会难以保证吗？大量的外销对零售店的生意有益还是有害？

我们发现，解决这个矛盾的办法是，找一个合适的合作伙伴，对他们的人进行全面培训，不间断地以我们的标准密切监控操作过程。

当我们与任何一个合作伙伴接触时，首先要对候选人的资质做出评估。我们要找的是在酒店业、航空业或海运业信誉良好、品牌有保证的公司，必须有高水准的顾客服务意识。我们的合作者必须理解星巴克的品牌价值，并能对我们的咖啡给予质量保证。所有这些因素都置于财务考量之前。

文森特·艾德思是从霍尔马克贺卡公司过来的，对于那些不合适的合作伙伴，他有一套迅速排除的方法。他只简单地问对方："如果一壶咖啡在灶具上搁一个小时了，这一个顾客走进来，你会把这样的咖啡卖给他吗？"如果得到的回答为"是"，就请他走人吧；如果他不愿全部倒掉，只是掺入一半新煮的咖啡，那么他们对星巴克质量至上的理念也是不甚理解的。

还有一个关键问题，那就是未来的合作伙伴对培训员工的态度。一般来说，股东或经理人并不是那个给顾客端上咖啡的人。在谈判桌上，他也许会说自己也喜欢优质咖啡，但他的公司真的愿意花必要的时间和金钱去为培训员工吗?

我们一般是先签一年的协议，然后视合作关系成功与否再续签多年的合同。这样做使得我们有时间去评估合作方在履行承诺方面是否达标，也使他们有时间来判断星巴克能否为他们的企业增值。到目前为止，我们与所有的合作伙伴都合作得很成功。

在与美国联合航空公司的合作过程中，那些让人紧张不安的时刻凸显了冒着风险做出决定的重要性。没有风险就没有伟大的事业。对一个依赖品牌生存的企业来说，捍卫和提升品牌是至关重要的，但你不能因为这个目标而不敢放开手脚去开辟新的领域。出现意外问题时，来自顾客的严重反馈可能会威胁到你悉心打造的形象，在你使出浑身解数解决困难之前，不要轻言失败。

不管你做什么，都不可能总是风平浪静。不要用老一套的方式去做事，不要使运作模式僵化。如果你故步自封，你就永远不可能超越他人。

POUR YOUR
HEART INTO IT

第 20 章
做大之后如何保持小企业的优势

根本性的工作是在大的框架内实现小的目标。

——舒马赫

《小的是美好的》

怎样做到泛而不滥

女演员杰妮安·加罗法罗最近在家庭影院频道（HBO）的《搞笑时光》节目中拿我们开涮："他们就要把星巴克开进我家客厅了。"

我们倒挺喜欢这句话，把它改编后用到了瓶装星冰乐的一个广告里：一个女人站在一块空地上，标题是"开星巴克的好地方"。

这样的句子虽然好玩，可是却戳中了星巴克最脆弱之处。我们开了那么多的店，以至人们觉得我们无处不在。公司越大，危险也越大，因为个性会随之变得模糊——无论是对伙伴还是对顾客。如果说星巴克的竞争优势一直是我们与伙伴的互信关系，那么当公司从 2.5 万人发展到 5 万人时，怎样才能把这一优势保持下去？

毫无疑问，在我的脑子里，星巴克不难实现它的财务目标。可是，问题在于，我们在继续扩张的同时，是否也能把自己的价值观和指导准则完好无损地延续下去。在我看来，如果我们以牺牲自己独有的以人为本的价值观为代价来换取利益，那么，即便收益达到 20 亿美元，也是一个败局。

如何在做大以后还能保持人际关系的亲和状态呢？这是我作为星巴克领导人所面临的最棘手的难题。

实现上述理想似乎是一个不可能的悖论。但我们尝试了，如果我们不去尝试，星巴克只会成为又一个连锁销售的庞然大物而已。我已经下定决心，永远不让公司出现这样的局面。

一个企业做大了能够不成为“大公司”吗?

在美国，一般来说小企业是令人羡慕的，而大企业往往令人望而生畏。原因也许在于美国人强烈的个人主义倾向。然而，小公司越成功，就越容易发展为大企业。那么，它是不是到一定时候就该受人指责了?

如果在一个特定群体的社交场合向别人打听：“你对大企业印象如何？”你几乎马上会得到一连串的负面评价。他们也许会愤愤然地提到埃克森公司的瓦尔德兹号油轮泄漏造成阿拉斯加海域污染的事件，还有“石棉事件”“爱河事件”。你也会听到“他们在撒谎”的谴责，并扯到丹尼·迪维图主演的影片《抢钱至尊》。一句话，在公众眼里，大公司总是唯利是图，令人恐惧。

那么对小公司他们又怎么看呢？向同一群人询问，他们会给你一连串完全相反的评价：小公司意味着人们兢兢业业地在为生存而打拼；小公司老板总是满怀善意、体贴顾客；他们中间有些人是从大公司辞职出来的，想以不同的方式过自己的日子。

最后，如果你问：“有多少大公司的行事方式能像小公司那样呢？”大部分人会这样回答：“不多吧。”当我们告诉人们我们想以一个小公司的价值观为基础来建设一个大公司时，许多人都无法相信。他们或许会觉得我们是盲目的乐观主义者，或者会追究我们这样说背后的真实意图。

星巴克面临的一个最大的挑战是打破“大公司不可能好”的思维定式。如果我们不这样做，就会失去最初吸引人们向我们投资的价值。

价值观不随销售发展而枯萎

自从星巴克走上快速发展的轨道，我们就一直面临着对此持怀疑态度的批评。我们大部分人鼓足劲要实现我们的目标，倒也不在意那些批评意见。我们的顾客以经常光顾星巴克的行动和热情洋溢的意见表达对我们的支持。今天，支持的声音比以往任何时候都强烈。超过500万名顾客每星期都光顾我们的门店，这些就是投给我们的赞成票。

可是，在星巴克开出几百家店铺，并发展到西雅图之外的几年里，我们越来越多地听到另一种对我们存在误解的声音。一个店铺的操作不当，就有可能毁掉我们几年来建立的声誉。

在好几个地方，我们都遇到过社区活动者的抵制，他们反对星巴克进驻他们的社区。有些当地的店主由于害怕与我们竞争，便鼓动他们的顾客反对我们进入。在少数情况下，批评者不公正的指责使我们在毫无防范的情况下无法应对。怎样才能使那些不了解我们的人相信我们不是“无情的猎食者”呢？

听到这样的指责我感到非常痛心。星巴克不是那种没脸没皮的企业，它是我本人、戴夫·奥尔森、霍华德·毕哈，以及其他人，摒弃了传统的经商理念而建立起来的有激情、有价值观的企业。我们是想赢利，这毫无疑问，但我们的目标是有尊严地赢利，是要在一个自由竞争的环境下，作为一个有天赋并且有高度原则性的玩家来加入游戏。对垒的一方是能量远甚于我们的竞争对手，比如那些大型包装食品公司，而不是那些街头小店。我们的使命是扩大优质咖啡爱好者的群体规模，使人们可以在更广的范围内享用最好的咖啡。

我认为从针对我们的这些批评意见中，可以看到更深层面的问题，那就是对一个地方和一个社区单一化的恐惧。我们遭遇的大部分反对意见其实都与城市化问题和小城镇问题紧密相关，那儿的人对于消弭个性的事情总是非常抵触。他们担心全国性的连锁企业会取代当地的特色店，快餐食品会把街角的小餐馆打击出局。有少数团体甚至试图通过某种法令或声称没有足够的停车场来阻止我们开店。

有些社区的人不知道星巴克卖些什么，因为我们没有被归入某个明确的零售店、餐馆或是快餐店的门类。星巴克不是餐馆，但它是高端的供应咖啡饮品的特殊零售商。但由于大多数零售店都不供应食品和饮料，我们有时不得不申请一个“变更经营范围”的许可证，因为我们像餐馆一样设有座椅。但也有人以为咖啡馆总是波希米亚式的，有木地板，有抽象画或涂鸦的墙面，有磨损的桌子和不配套的椅子，看见星巴克是那么干净，服务又那么好，还有一整套与咖啡搭配的食品，他们便迷惑了。

显然，在给定的经营范围内，咖啡馆也可以有各种不同的风格。我们注意到有些咖啡馆彼此挨着，但各自都有许多顾客。当人们决定要到一个地方去聚一聚时，他们大抵会选择去一家咖啡馆。至于去哪一家，也许视当时的情况和心情而定。最终，大家都有生意可做。

我看见的这一切，显然拓展了咖啡的经营范围。自星巴克成立后，咖啡消费在美国无论数量还是质量都大大提高了，很大程度上也是因为特种咖啡业的发展，使得人们对咖啡知道得更多，选择余地也更大了。我们有些竞争者公开声称，等星巴克先把消费者调教好，他们再开店。西雅图的一个竞争者宣称要在星巴克的每家店铺对面开一家店。这样的情况让我们高兴吗？不。我们的注意力一向集中在顾客身上，而不是在竞争对手那里。

新市场的地皮也成了我们面临的新问题。好的店址很难找到，特别在小城镇，那儿只有两三条商业街。我们的房地产部门一旦发现理想的店址，就得赶紧出手。房产主人有时候会把星巴克作为向其他店主讨价还价的筹码，告诉别的咖啡公司或想租这房子的人，星巴克对这儿有兴趣了，然后提高价码。于是星巴克被指责是抬高租金的罪魁祸首，其实我们从来没有参与哄抬店租。

有时，我们遭到了有意的误导。往往是房主们打电话来问星巴克：“你们有兴趣来租我这个店吗？”可他们根本不提那里已被别的咖啡店租了，或是早有别人租下了，但因租户跟房主的关系搞不好，房主想赶走租户。一旦我们表示有兴趣，还没等我们做调查，本地报纸就登出了可怕消息：“星巴克即将杀入本镇，他们使出抬高房租的撒手锏，无疑要将其他商家都踢出市场。”还没等我们找到当时的租户，对方就发起了一场草根阶层反对我们的运动。一旦我们被描述成一个没有良心的全国性连锁公司，就没人要听我们的解释了。

在两个案例中，我们都遭遇了当地激进分子对星巴克入驻当地的抗议，经过详细调查，对当地情况完全了解之后，我们就决定不在他们那里开店了。我们之所以想进入那个社区，是要给人们带去欢乐和兴奋，而不是把什么东西强加于人。我们要找的，是那些非常想让我们进入的地方。

《新闻周刊》上有一篇文章把星巴克和沃尔玛搁在一起比较，特别让我感到愤怒。那篇文章的指责是不公正、也不正确的。首先，我们不可能去改变小城镇的经济格局。我们并不以降价为手段跟其他店家竞争，大多数情况下，我们的价格是偏高而不是偏低。我们并没有改变当地的商业格局，把人流从商业街引到别处；相反，我们扩大了当地市中心的商业范围和零售面积，也为当地社区商店增加了人气。事实上，星巴克最近还被授予了“斯塔福德奖”，这是“环景美国”组织颁发的奖项，表彰我们“对城区原有空间富于灵感的重新利用”以及出色的设计风格。“环景美国”是旨在保护全美乡村和城市社区景观风貌的唯一的全国性组织。许多与我们生意上可以互补的零售店，譬如那些专营烤面包和百吉饼的店铺，都喜欢挨着我们开店，这是他们生意上的策略。

这些本地的小咖啡店，仅仅因为星巴克发展得那么大，就指责我们抛弃了自己的原则。他们抱怨我们有意把店铺开在他们对面，把他们的顾客抢走了。事实上，即便他们不和星巴克竞争，也免不了要跟其他对手竞争。至于店面租金，作为承租者，我们无法控制，租金是由房地产业主和市场需求说了算的。

作为一名企业家，我自己对任何一个出来做生意的人都非常敬重，不管他是咖啡店主还是做其他生意的。像咖啡这种成长中的商业门类，尚有足够的空间可让许多人都取得成功。投顾客所好，事先做好周密筹划，这要比把店开在街对面更重要。

从一开始，我们就根据自己的选址策略来执行扩张计划——在一处我们觉得有吸引力的地方落脚——而不是冲着竞争对手而来。我们仔细分析可行区域，分析我们的人力和资金运作能力，分析顾客对咖啡的认知水平和当地市场对商店密度的承载能力。

我们开的每一家店，几乎都为当地社区创造了附加值。我们的咖啡店很快就成了当地的聚会场所，一个吸引人们聚到一起的“第三空间”。这是社区应当具备的氛围，可难免会有一些激进分子硬说我们破坏了他们社区的特色。就实际情况而言，我觉得这更多的是出于某种误解。然而，这种说法也造成了许多麻烦。

我从这些事情中学会了一点，那就是面对当地的问题，尤其当事情涉及人们对当地社区的忠诚感时，星巴克应当更敏感些。碰到那些不愿意让我们进入的社区，我们就去会见当地社区的负责人，了解他们心存芥蒂的原因。我们也需要把自己的价值观和对社会的贡献更高调地表达出来。星巴克的管理者有能力赞助和支持当地的公共事业，比如芭蕾舞和歌剧团体、预防艾滋病组织、食品银行[①]、学校和家长教师联谊会等。在每一个城市，凡上柜超过8天的咖啡豆就会被捐赠到食品银行去。店铺经理们也为募捐活动提供咖啡。西雅图的一家店铺还把自己一半的利润捐给一家由非洲裔美国人开办的基督教预备学校。在1996的财务年度里，我们以现金和其他方式捐出了1 500多万美元，相当于我们纯收入的4%。因为我们从未向公众披露过这些事情，许多顾客压根儿不知道我们做过这些。

从一开始，对社区义务的承诺就是我们的基本原则。我们这样做是因为这是正确的做法，同时也使星巴克的伙伴们为他们所工作的企业而感到骄傲。在星巴克，我们是人，所以我们不必总是直奔生意而去。我们要努力做好自己，实现自己的价值。我们希望公众根据我们的意图和行动来判断我们，而不是根据道听途说。

怎样做到既“大”又“小”？

最终，解决这些困扰的钥匙掌握在我们的咖啡师傅手里。一旦开了店铺，站在柜台后面的人，做出浓缩咖啡和售出咖啡的人，他们的脸就是星巴克的形象。顾客才不在意星巴克是不是开得遍地都是，如果门店经理就是他相熟的邻居，咖啡师傅是她儿子的朋友或是她所喜欢的一个熟人，他们就会由衷地接纳你。

可是，我们怎样才能让新来的咖啡师傅对星巴克产生认同感呢？我们一个月要聘用500多人。这么一个城市一个城市地扩展，零售店的形象很容易落入一种窘境。在星巴克的发展中，怎样才能让每一个咖啡师傅都对咖啡有一种激情，有同样的驱动力，像公司早期的咖啡师那般有发自内心的行动呢？

如果你问星巴克早期的伙伴们，他们的工作动力是什么，那么他们会说那就是亲密的气氛和共同努力的目标。1987年，我们只有不到100名伙伴，办公室和工厂都在一幢楼里。门店经理有什么要求可以打电话到工厂，几个小时就可以把事情搞定。我有一个

---

① 食品银行（food bank），欧美国家为低收入人群提供食品的慈善机构。——译者注

开放的政策，谁有什么烦心事，都可以到我办公室来找我。我们一起为孩子的生日举办聚会，为父母过世哀悼，在每年万圣节举行扔馅饼比赛，人人开怀大笑（馅饼从未扔到我脸上，奥林和毕哈倒被扔中过）。戴夫·赛莫尔曾于1982年在我们的工厂做过配送工作，后来成了我们非正式的摄影师，他有一大盒子照片和底片，都是在那些聚会上拍的。

我曾觉得市场部是星巴克最重要的部门，但今天想来，我得说，人力资源部的重要性无可比拟，我们的成功完全依赖于我们所聘用的人。不论我们的市场销售、门店设计、门店地址、门店运作、新产品或研发项目做得多么出色，最终都要通过公司的人来体现并赋予其活生生的意义。每一项功能的运作情况，完全取决于人们相互间的感觉和对星巴克的关注程度。

可是，如何让2.5万名伙伴对公司产生亲切感？我一直在思索这个问题。

给伙伴股票期权可能是最好的一个方案，它使公司保持个性，也让伙伴之间充满关爱。作为伙伴和股东之一，甚至最边缘的咖啡师都会产生一种与公司休戚与共的感觉。

我们的计时工资一直高于同行业平均水平，而且我们提供的福利在同行业中别无他例。另外，我们起草了一系列条款以确保伙伴的独立人格和地位。另外，为了回应伙伴的“使命评议”，我们还设置了公开论坛，让伙伴与我们进行直接的交流。

每年秋季，我们召集全美国和加拿大的地区经理来西雅图举行领导团队会议。我们向他们展示总部的工作情况，并以大组和小组的形式和他们进行交谈。我们从每一地区每一部门中评选出“年度杰出经理人”，邀请他们出席西雅图的年度晚餐，席间对他们进行表彰。

每一家门店都有电子邮箱，叫“星巴克日志”，我们一直努力与零售店的伙伴保持联系。凡遇到公司有重要消息，我都会给所有的伙伴发语音信息。只不过这种单一的声音，不能完全起到亲临现场的作用。

1994年年中，当星巴克伙伴总数达到2 800人的时候，我们招募了一个高级人力资源主管夏伦·艾略特，帮助我们处理公司发展中的“人的问题”。由于有在梅西公司、施贵宝公司和联信公司工作的经验，夏伦理解一个大公司所面临的危险。但她从来没有碰到过像星巴克这样既能快速发展又能持守爱心的公司。“这不是一个神话，这是星巴克所做的。”她来到我们公司后发表了简短的感言，“就像在家里一样。”

我们当时给了夏伦两个主要任务：招募高级管理团队人员，使我们能够完成2000年的计划；把小公司的关爱气氛保持下去，这是孕育公司价值观的基础所在。

不到一年，第一个任务完成了。我们有了7个新的资深经理人，他们都有在比星巴克更大的公司里工作的经验。

迈克尔·凯西是我们的财务主管，曾在格雷斯公司和几家餐饮公司干过。

文森特·艾德思来自霍尔马克贺卡公司，后来是我们特种咖啡销售和市场开发部门的副总裁。

泰德·加西亚主管生产和配送部门，来自大都会公司。

雪莉·兰萨曾是本田公司美国总部的总顾问。

斯科特·贝伯瑞曾是耐克公司的广告部负责人。

旺达·赫尔顿负责我们的公关事务，她从杜邦公司和陶氏化学公司带来了工作经验。

对这些新来的才俊，公司里有些人感到了威胁——一下子进来那么多人。可我却对此兴奋不已，这表明公司已经发展到这样的程度——高级人才宁愿离开原来成功的大公司到西雅图来工作。

在招募高级人才过程中，我们注意寻找那些与我们有共同价值观的人，希望这样的人带来我们所需要的技能和经验。当然，我们也有意识地使高层管理团队的成员尽可能多样化。作为一个能力很强的非洲裔美国人，夏伦自己就特别注重这一目标的达成。在她到来之前的1994年，我们的高级管理团队由8名白人男子和2名白人女子组成。到了1996年，则是9名白人男子、3名白人女子、2名非裔美国女子和1名非裔男子——这个团队的构成更好地代表了20世纪90年代美国的人口比例。

然而，作为一个专业的人力资源管理者，夏伦多元的观点远远不只种族与性别。她倡导一种含有各个年龄层次的很有包容力的工作团队，其中包括残障人士、不同个性和学历的伙伴。我们已做出决定，向公司内部的同性恋伙伴提供福利，不是作为一种政治姿态，而是对所有为星巴克工作的人（无论是什么类型的人）的一种认可。我们也开始在那些人员杂居的社区选择店址，以体现我们的一种理念，即任何种族、任何年龄层次的人都应该得到享用高档咖啡的便利。我们还以各种不同的方式来培训伙伴；我们不仅将其视作一件正确的事，更是认为这样做能帮助我们获得成功、走向世界。

1996 年，夏伦建议在我们的“使命宣言”中加上一条关于多元化的宣言，这是自 1990 年以来对使命宣言的第一次修改。对我们来说，这就如同修订宪法一样事关重大，它获得了全体人员的一致通过。

夏伦对我们彼此关系的多向性和丰富性提出了更高的要求。自从来到公司，她就经常遇到被她称为“遮丑”的情况，即所谓以平等的态度对待下属存在一个误区，上级明明看见下属的不足与失误，甚至下属自己也知道上级对自己不满，而上级就是不愿诚恳坦率地指出，到头来下属在被解聘时感到非常惊愕。这是错误的好意，我对此也深感愧疚。夏伦毫不留情地以更为专业的态度提醒我们，应该直率地指出伙伴的不足之处，这样才能使人进步。

夏伦的另外一项重要举措是聘用了旺达·赫尔顿。处于一个对我们的疑虑日益增多的环境中，旺达很善于对外界阐释我们的价值观，在这方面她是一个关键人物。她发展了我们公共形象的战略计划，不仅加强了我们和伙伴的联系，也发展了公司与社区、顾客和媒体之间的联系。她还有计划地召开股东大会，使投资者们感到他们在星巴克的团体中是有价值的一员。旺达擅长解决负面问题。她是那种衣着时尚人又漂亮的非洲裔美国女性，短短的头发，富有感染力的笑容，她完全没有人们所想象的那种大公司高管的刻板形象。她一扬起眉毛，总是显出一副诚挚、坦率的模样。

为了确认与门店伙伴的双向交流关系，我们采用了常规调查和文化审计方式。1996 年 10 月，与美国红十字会所做的联合调查给了我们一个明确的结果。美国红十字会指导 15 个专业团体，在 7 个城市通过电话调查了 900 名伙伴。他们的总体印象印证了我的信念——我们那种与众不同的文化理念已真正被人们接受了：

> 88% 的受访者对他们的工作表示满意；
> 85% 的受访者认为星巴克表现出了对伙伴的关注；
> 89% 的受访者为在星巴克工作而感到骄傲；
> 100% 的受访者认为“为一个你所尊敬的公司工作”是工作满意度的重要因素之一。

美国红十字会中曾在其他公司做过调查的专业人员对我们说，这些数据高得出奇。

调查还揭示了我们的咖啡师中 20 岁左右的人所占的比例非常高，其中许多人把在星巴克的工作视为通向富有意义的人生的可以接受的“一个中转站”。咖啡师很为自己学到的技艺感到骄傲，觉得在星巴克工作比在一般的快餐店的地位要高。这真是好消息。

令人担忧的是，他们的满意度有所下降。当门店经理感到工作太劳累而咖啡师觉得人手不够时，他们会把这些问题归咎于公司的快速发展。他们表达了对星巴克是否会成为又一个没有个性的庞然大物的忧虑，担心它成为那种失去对个体尊重的连锁公司。虽然有这种担心的人只占少数，但也有其他伙伴开始嘀咕星巴克会越来越关注利润，而不是伙伴。

幸运的是，我们已经能够提供一种使人们乐于为我们工作的环境了。除了股票期权，咖啡师傅们说他们对工作是否能给他们带来情感上的满足也很在乎：像伙伴间志同道合的投契，与顾客之间的互动关系，对新技能和新知识的骄傲，从经理那儿得到的敬重，等等。最根本的满足感来自公司对他们的善待。

很显然，我们需要找到更好的方式，以确保星巴克能继续给伙伴和顾客带来一种开心的感受。

当我得知这个结果时，我知道公司已经站在十字路口了。与快速发展伴随而来的紧张态势是病在其骨的一种表征，它可能会带来长期性的后果。如果我们打算刹住飞速发展的车轮，哪怕只是一年，也会令股东们失望，他们盼着得到快速增长的收益。刹车也会挫伤伙伴们的工作劲头和荣誉感，在他们眼里，这是一个生机勃勃不断迈向成功的公司。在我看来，解决的办法只能是继续以最大努力来为伙伴创造出色的工作环境，并为他们发展自己的才华提供更多机会。我们应该更好地与伙伴交流我们的使命，以帮助星巴克人理解我们不是为发展而发展（或更糟的：为华尔街而赢利），而是把我们优质的咖啡奉献给更多的顾客。我们需要在公司与他们的情感关系中重新注入活力。

你在发展，你的人也需要发展

任何一个像星巴克这样急剧扩张的公司，都可能会遭遇快速发展带来的痛苦，那就是对其中的个体成员造成的伤害。在星巴克，我们试图从内部提拔人才，但有时候，快速发展带来的挑战已经超越了早年筚路蓝缕那一代伙伴的能力了。我们也发现那些伙伴全身心地投入工作，以至我们需要特别当心不要让他们把自己累垮了。在快速发展中，一个公司经理人如果很难刹住车，就很少有时间去表彰员工的成绩（而这些成绩在其他公司也许早就该庆贺了）。

对我来说，最痛苦的莫过于处于那样的境地：我们不得不让那些曾经非常投入也非常忠诚的伙伴离开，因为他无法适应进一步的工作。我永远无法忘记那一天，一个忠心耿耿在公司干了很长时间的伙伴，流着眼泪走进我的办公室，因为他的经理说他不具备继续留在那个职位上的专业技能。“这是我的公司，该死的！”他喊道。我心里充满了同情，但我不知道我们还能为他做什么。幸运的是，他在星巴克找到了别的位置，而另外一些人则不得不离开了。对我来说，这种经历是让人痛心的。它迫使我考虑这样的问题：如果一个人不再能满足我们的需要了，我们能够为他(或她)做到哪一步？

在那段时间里，当那些富有激情和奉献精神的伙伴走进我的办公室，告诉我他们再也无法承受这样的压力时，我也深感困惑。这样的事发生得太多了。我知道，对于许多人来说，星巴克的工作强度太大、要求太高。对于其中一些人来说，要做到日复一日、年复一年地保持工作的热情是一件非常困难的事。当你与某人具有同样的梦想和目标时，看到他（或她）离去是件很难过的事。

反过来，对我来说，最有意义的体验之一，也就是目睹许多人伴随公司的成长提高了自身才能（不管有时候这种成熟会多么痛苦）。不久前的一次董事会上，我怀着骄傲和敬意，聆听了我们的一位主管所做的具有相当专业的有说服力的演讲。她就是克里斯汀·戴，现在是星巴克负责服务运作的副总经理，她的责任是为我们最大的部门制订战略性计划。她就是当初“天天”公司时期在我办公室做助手的那个克里斯汀·戴，那会儿我们只有一家门店。

克里斯汀的成功很好地证明了，一个快速发展的公司也意味着更多的机会。当然，她在公司发展过程中并非全无恐惧和焦虑。我们并购星巴克时，她的转型非常困难。她必须放开一些以前由她掌控的事情，然后在一个更小的职责范围内扮演好一个新的角色。后来，她先后管理过采购、物流和投资部门，1990 年以前还负责协调新店建设的工作。她必须把自己从公司创业时期的万金油的角色转变为一个具有专业管理水准的专家。

1990年，克里斯汀成为负责门店计划的副总经理，在那段时间，我们每年都加速扩展门店。1995年4月，她转岗到零售运作部门。随着从各个层面上获得的知识和技能的不断累积，她在自己的位置上感觉越来越好，而且越来越能干了。她学会了与不期而遇的变化和压力共生共长，而与此同时，她的一些伙伴却无法适应转型，因而不能继续为星巴克工作了。

克里斯汀把星巴克的前途视为自己的前途，公司里大部分经理也和她一样。“我们都相信，”她说，“我们相信，我们的产品、与我们共事的人、我们工作的环境，都是有价值观和品质的。这就是我们与众不同而且一直运作良好的原因。”

虽然克里斯汀是唯一一个从助手升为副总经理的人，但星巴克不乏像她这样的个体，他们不惧怕跨越难关，选择继续留在公司并与公司一起成长。我们还有一位老资格的伙伴叫盖·尼文，1979年进公司时帮助销售经理接电话，当时星巴克只有三家门店。后来，当我们发展到有50家门店时，她成为零售购货部门的负责人。从那以后，她学习了零售训练课程并在几个部门工作过，现在她是打理星巴克文史档案的主管，负责把我们的传奇故事和文化背景介绍给新来的人。

德勃拉·蒂帕·霍克是我1982年请来的，当时是一家门店的经理，现在是负责市场和产品的副总经理。詹妮弗·埃姆斯·卡勒曼在1986年是“天天”一家门店的咖啡师，后来成为西北区零售运作的负责人，现在是负责咖啡零售的主管。还有无数像他们这样的人，仍然保持着激情与活力，辗转各个部门的历练使他们找到了增长自身才干的途径。1990年帮助一起修订“使命宣言”的大部分人都还留在这儿，无论是在烘焙工厂、仓库还是门店，都有许多这样的人。

待在首席执行官的办公室里，很难评估怎样把我们的热情植根于新开辟的市场。1996年12月，我不停地在天上飞来飞去，去加利福尼亚、新英格兰、威斯康星和加拿大，参加当地圣诞节前的销售大会。所到之处，我都是主要发言者。当我坐下来听开幕发言时，我会把相关要点记下来，那是人与人之间的、人与咖啡之间的以及最终人与公司之间的关系要点。

其中有一次会议在罗得岛的新港举行，许多伙伴来自纽约、新泽西、费城和新英格兰各地。那是我最关注的一个会议，因为我觉得从东海岸那边的运作情况来看，似乎困难更多些。有人告诉我，你很难在那些地方见到有什么人对雇主和工作不是抱着愤世嫉俗的态度的。想到那些会议是在远离西雅图的地方举行的，我生怕出现星巴克文化遭遇挫折的场面。

然而，令人惊奇的是，我发觉自己完全置身于一种充满活力和激情的氛围之中，每个地区都是这样，特别是在新英格兰。从一个城市到另一个城市，我听到经理们强调的是同样的主题，我看见听众也有同样的反应——在同样有感染力的地方会有同样的笑声和热情的应和。那些我从未谋面的伙伴走过来对我说，他们从来没有在这样的公司工作过，没有遇到过这样重视人的公司。

这次旅行告诉我，每一个城市都有许多人认为工作并不意味着看着钟点混时间，工作更应该是吸引人的、富有成效的事业。我现在叫不出每个人的名字了，对伙伴们也不可能像 1987 年时那样熟悉了，但星巴克依然能够提供一种比大部分同行都要优越的工作氛围，以及一种更有人情味的情感关注，这使得公司在人们心中分量很重。

我们的伙伴们知道什么是真诚，什么是虚伪。当我推心置腹地对他们说心里话时，他们就把自身与星巴克的前途、星巴克的体验联系在一起了。当管理层倾听他们关心的问题并给予真诚的答复时，他们就会意识到星巴克既不是没有个性的企业，也不是没有人情味的咖啡商。我们会犯错误，但如果我们的人发自内心地意识到自己正在从事的事业，意识到这是在为我们所有的人创造价值，他们就会原谅我们的错误。许多人已经渐渐理解了我们的发展规模带来的好处，并帮助我们一起确保在把公司做大以后仍然保持原有的优势。他们就是星巴克，星巴克的成功也是他们的成就。

POUR YOUR
HEART INTO IT

第 21 章

企业怎样担负起社会责任？

事实似乎表明，那些以富有创意的方式，带着深具道德感的深思熟虑投入许多赞助活动的企业，给股东带来的利益也最大。只有甘愿做好事的公司，才能做得更好。

——诺曼·里尔（企业信用理论的奠基人）引自戴维·波勒的《瞄向更高的目标》

作为首席执行官，我最基本的职责就是对星巴克的所有人负责，其中包括伙伴、顾客和股东。另外，我对那些创造了星巴克传奇并把它建设成今天这样一个企业的人也负有道义上的责任。

克林顿总统在 1996 年 5 月的首席执行官会议上提出了“社会责任感”一词，我认为此词意味着管理层必须好好关照员工，而且对他们居住的社区也有关照的责任。

然而，“社会责任感”这个名词意味着什么呢？有些企业抽出他们利润的百分之几去做慈善事业，贩售不喷农药的有机农产品或发起试图拯救热带雨林的活动，并以“社会责任感”来诠释他们的举动。我们无法使用这个名词来形容星巴克，部分原因是我们公司没有任何政治倾向，我们在内部鼓励多元化和多种观点并存。不过，当有人把我们归类为热心公益的企业时，我们也不反对，因为“对我们的社区和环境保护做出积极的贡献”是我们的使命之一。

当然，作为一个大量用人的公司、一个上市公司，星巴克需要维持和发展企业。我们需要产生利润以证明这是一个健康的管理良好的公司。事实上，我们从未发放过红利，所有的利润都用于商业运作了。

有些股东认为公司不应捐赠那些慈善事业；但他们只是直截了当地这样表示，并未通过手里的股权做出裁定。而我自有不同想法。为了反映伙伴们的集体价值，我们认为星巴克应该支持我们门店所在的社区，应该参与我们的咖啡原产国的某些值得支持的活动。

由谁来认定哪些活动值得支持，或是应该采用何种方式来支持？如果这些活动与我们的品牌建设和公司发展产生冲突，该如何承担这些责任呢？随着公司的发展和对与众不同的形象的塑造，诸如此类的问题出现得越来越多了。

当夹尾巴狗成了赢家时，欢呼声没了

在星巴克上市之前的1992年，我们是西雅图的一家拼命想要做大的公司。一旦我们成了大公司，公众的态度就开始转变了。某些群体中那些曾坚决支持我们的人开始攻击、诽谤我们，一旦他们觉得我们不再是夹着尾巴的狗，他们就要找机会把我们打压下去。

相对于每周500万名心满意足的顾客，诽谤者在人数上算是少的。可是，当你真诚地想以高标准来建设一个企业时，当自己的意图被误解甚至歪曲时，你会忍不住感到沮丧。

大多数顾客和股东还是把我们视为一个讨人喜欢的本地公司，一个受欢迎的“第三空间”咖啡馆，一个总是新招迭出、大胆进取的优秀企业。但正是我们的成功引起了一些人对我们的怀疑，他们甚至对那些最糟糕的传闻深信不疑。我曾被人称作“咖啡大鳄”，被指责为一个高傲的小气鬼。这就是成功的另一面，真叫人吃不消。

大公司的主管一般都习惯于被人称为“大鳄”，人们只关注你发达起来的过程。当星巴克开始成为靶子时，我们简直无法招架。我们觉得自己是好人，是夹着尾巴奋斗的狗，所以我们根本不相信自己会遭到别人的攻击。一开始，我们真被那些误解给搞糊涂了。我们会真诚地对问题做出答复，但有时也不得不忍气吞声。

你应该遵守哪一种行为准则？

我们建立星巴克之初就把企业的标准定得很高，却没有预想到，有人竟还因为我们的高标准而发难。事情发生在1994年下半年，一个危地马拉激进团体的下属组织散发小册子和信件，发起反对我们的运动。

这事情要从头说起。1989年，作为美国援外合作组织在西北地区的负责人，皮特·布劳姆奎斯特一天早晨在星巴克排队买卡布奇诺，他拿起一份星巴克的名为“咖啡世界”的小册子浏览着，上面有戴夫·奥尔森的照片，还有与我们有采购关系的咖啡原产国的地图。所有我们采购咖啡豆的那些国家，几乎都是美国援外合作组织开展卫生、教育和人道主义援助计划的地方。“你们这张地图差不多覆盖了美国援外合作组织所帮助的所有国家。”皮特说。

他找到了戴夫，协商星巴克向援外合作组织的捐赠事宜，双方在这个问题上一拍即合自是在情理之中。戴夫曾去过世界上每一个咖啡产地国家和地区，只有他才真正了解那些第三世界农村地区的贫困状况。他向那些生产优质咖啡豆的农庄支付较高的收购价，认为这样做就是对当地经济的一种支持，也能促使咖啡种植者用心栽培高品质咖啡豆。毫无疑问，我们的生计也须依赖咖啡种植者，所以他非常热心于通过一个有信誉的组织来帮助当地人改善生存环境。

戴夫和我谈过有关援外合作组织的事情，我们两个都喜欢这样的方式。援外合作组织的活动并不仅仅是给饥饿者解决温饱问题，他们要开展教育，增强当地人的卫生意识，帮助他们解决清洁的饮用水问题，通过这些方式来改善那些国家贫困人群的生活状况。虽然当时我们还只是一个规模不大的自募资金企业，每年销售额仅有2 000万美元，但我们还是愿意通过援外合作组织来回馈咖啡生产国。

不过，那次我们没有捐赠。1989年星巴克正急于扩张，在26家门店的基础上又增加了20家门店。我们还在亏损——仅一年就亏了100多万美元。我们须在向董事会提请慈善捐赠之前把亏损弥补回来。但戴夫和我确立了一个目标：一旦公司赢利了，我们就开始与援外合作组织合作。

1991年，戴夫·奥尔森去非洲考察美国援外合作组织在肯尼亚的项目开展情况。他访问了学校，目睹了数百个非洲孩子在阅读援外合作组织的杂志《黑白鹊》，他们从杂志上学到了许多知识：医疗卫生、家庭与社区、土地垦殖、环境保护与乡村发展。200个肯尼亚年轻学生唱起了肯尼亚国歌，为他们和他们的家庭祝福，戴夫的眼泪流了下来。他回来后便计划与那边结成一种固定关系。

1991 年 9 月，我们终于赢利了，星巴克和美国援外合作组织宣布结成伙伴关系，并以肯尼·基的公益音乐会作为开端。我们不仅每年至少向援外合作组织捐赠 10 万美元，还向皮特·布劳姆奎斯特保证，我们将把援外合作组织的精神融入星巴克事业的方方面面。我们开始在店里和通过邮购出售援外合作组织印制的咖啡样册和其他与该组织有关的物件，比如马克杯、背包和T恤等。顾客买走这些东西，所付的货款中有一部分是捐给这个组织的。我们还搞了以援外合作组织为主题的门店装饰，包括带有其标识的非常独特的售货亭，举办过名为“咖啡之语”的征文比赛。另外，还通过举办肯尼·基和玛丽·蔡平·卡彭特的慈善音乐会来支持援外合作组织的工作。

我们向援外合作组织捐赠的金额每年都在增长，一直到 1993 年，我们都是该组织在美国国内最大的赞助企业。1996 年，在援外合作组织成立 50 周年庆典时，我们派出了三位合伙人——戴夫·奥尔森、唐·瓦伦西亚和活动策划专家维维安·玻尔，他们在基金募款的登山活动中攀上了非洲乞力马扎罗山的顶峰。我们通过对援外合作组织的捐赠在 4 个咖啡生产国资助了一些项目，这些国家是印度尼西亚、危地马拉、肯尼亚和埃塞俄比亚，项目包括清洁水饮用工程、医疗卫生培训和扫盲活动。还有一个在埃塞俄比亚的塞格半岛帮助小咖啡农的新计划，传说那儿是人类最初发现咖啡的地方。我们所支持的是有助于当地持续发展的计划、能够拯救生命的项目，这样一来，当援外合作组织转向其他项目时，原有的项目在较长时间内还能继续发挥作用。

由于跟援外合作组织结成的伙伴关系已经成为我们引以为豪的资本，所以在 1994 年圣诞节前夕，那个以芝加哥为基地的危地马拉劳工组织到我们店里散发传单，让我们大吃一惊。他们的传单完全是误导性的，并且极富煽动性。他们声称，危地马拉的咖啡种植者在非人的生活条件下种出的咖啡豆每磅只能赚到两美分，而星巴克的咖啡豆每磅却标价 9 美元。他们的传单使大家误以为，那些咖啡种植者是从星巴克领取工资的。最后，他们号召大家给我写抗议信，并发起抵制星巴克的活动。

可以想象，我们当时完全被搞蒙了，因为我们不仅没有这样的行为，而且事实上任何一家咖啡公司都不可能做这样的事情。出于公共关系的考虑，我们没有利用赞助援外合作组织在那些国家的项目把自己打造成慷慨解囊的形象，而现在我们都不知道是不是错在没有把自己做的好事宣扬一下。显然，我们必须对这种攻击做出回应，可是该怎么做呢？

接下来的几个星期里，我们接到几十个电话、数以千计的明信片和激愤的来信。好心人在信中要求我们把咖啡种植者的日工资提高3倍，而有些人则指责我们跟援外合作组织的长期合作是“施舍”。其实我们的咖啡采购量只有世界咖啡总产量的1/20，咖啡豆的价格是由国际商品贸易所决定的，人们似乎相信我们有能耐一手改变危地马拉的咖啡生产格局。

事情很快就清楚了，星巴克成为靶子的原因是：我们既是著名咖啡品牌，又是一个诚信的公司。恰恰就是因为我们对援外合作组织的捐赠，使激进团体意识到我们对第三世界咖啡农的问题相当在意。他们的目的是，借助我们的购买力，根据他们的想法去进行社会变革。我们的一些支持者甚至对我们发出这样的诘问：“为什么不干脆停止购买危地马拉咖啡豆呢？”但我们知道这种对进出口贸易商的抵制——甚至只是口头上的抵制——到头来伤害的只会是那些最缺少自我保护能力的人——咖啡种植者。

这些抗议者根本不知道，正因为我们不可能自己种植咖啡，我们才不可能掌握咖啡的产量，不可能掌握由哪些人来采摘，给那些咖啡种植者多少工资。我们所采购的危地马拉咖啡豆来自几千个不同的种植场。运到我们这儿之前经过了加工、打包和运到出口商那儿的诸多工序。我们能检查出质量好坏，却不可能轻易分辨出哪一包是在哪儿种植的，因为打包货运的咖啡豆，事实上已经不能确切区分具体来自哪个地区、哪个种植场了。我们也是顾客，甚至不是最大的主顾。即使我们拒绝从危地马拉出口商那儿购买咖啡豆，他们也会卖给其他咖啡公司。那样，我们的顾客就会流失，而咖啡种植者的境况也不会得到任何改善。

我们不会盲目屈从那些对我们大加挞伐的团体。然而，咖啡种植者的问题却让我们忧心，我们甚至不希望再有一个顾客认为我们会对此袖手旁观。于是，在与戴夫和董事会商议后，我们决定研究一下这些问题，看看是否可以为我们的援助行动建立一个行动准则。

2月份，在接下来的年度会议上，我做了一个建立行动准则的公开承诺，制定了向咖啡生产国提供援助的行为指导原则。我也解释了远比抗议者眼中看到的更复杂的情况。人权活动激进分子对这个决定大加赞扬，但是我告诉他们，事情并不那么简单。“我不想签一个自己做不到的协议。”我当时这样表示。

接下来的6个月，戴夫领导着一个深度研究小组，仔细分析有过同样遭遇而且也同样制定过行动准则的那些公司，比如李维斯、盖普、杰西佩尼和锐步，也认真研究了我们自己的信念、道德价值观和对供应国的态度。他与那些激进团体的代表会面谈话，还邀请美国援外合作组织和危地马拉咖啡协会的代表一起参与讨论。他努力使这些会面和商讨呈现出积极、富有建设性的基调。他要传达出去的信息是：对星巴克的攻击并非找准了一个不顾体面的企业，星巴克恰恰是一个与批评者持有相同价值观和目标的实体。

1995年9月，戴夫和他的团队完成了“星巴克责任承诺”的行为参照标准，大体框定了我们的信念和意向，也包括某些特定的帮助改善咖啡生产国农民生活质量的短期项目。我们用的是“行为参照标准”这个说法，而不是行为准则，这是因为我们的指导原则不可能跟那些找人代工的牛仔服和运动鞋厂商一样。以李维斯为例，世界上有600多个互不相关的工厂给他们贴牌生产，每家工厂都有自己封闭的厂房，要在那儿控制生产条件不难做到。而星巴克则完全不同，我们并非直接从数以千计的咖啡种植场采购咖啡豆，我们根本不可能对生产环境进行实质性的掌控。

曾有人建议我们，对那些达不到我们标准的危地马拉的大种植园施以削减咖啡豆采购量的惩罚性方案，考虑到实际执行的难度，我们终止了这个方案。不过，我们制订了一个帮助供应商理解我们的价值观的工作计划，包括与咖啡生产地全面沟通，向他们解释我们的目标，通过访问咖啡生产地，进一步搜集信息，更审慎地选择原产国。我们的目标是以我们相信可以带来明显效果的方式来尽自己的一分力量，为那些我们有责任帮助的人负责。

就我所知，没有一家进口农产品的美国公司为国外供货者制定过行为准则。可是，在我们宣布了自己的行为参照标准后，还是有人批评我们的纲领没有切中要害。

1997年年初，我们与一家推广相关技术的国际组织联手行动，加大对危地马拉小种植园和贫困人口的扶助力度，通过提高种植质量和拓展市场来增加他们的收入。我们用7.5万美元的第一笔捐赠创办了一个循环式基金，为生产者提供合作贷款，建立一个可以最大限度减少环境破坏的湿咖啡豆处理中心。我们扶助的大部分咖啡种植者都挣扎在贫困线上，他们只靠一丁点儿土地上的产出来维持一家人的温饱，饱受疾病和营养不良的折磨。这些工作只不过是第一步，但在我们眼里，这是一个可能扩大到其他国家的革新计划，也许能使其他咖啡生产国同样受益。

传单事件在责任感问题上给了我们一个反面教训。正是责任感，使你有可能成为某些目标宽泛的利益团体攻击的目标，还有，那些意见纷纭的人也会向你发难。在温哥华，我们的店铺曾被人喷了油漆，某个团体进来撒传单又肆意捣乱，就因为星巴克赞助的温哥华水族馆养了几头鲸鱼。还有些团体要我们向合作伙伴百事可乐公司施加压力，使其停止在缅甸的生意，说是那里的人权状况比较恶劣，弄得我们也不能在缅甸做生意。甚至奥杜班协会①也向我们提交请愿书，申言保护候鸟，说是由于开辟咖啡园，那些鸟类赖以生存的森林被砍掉了。

一个公司在发展过程中，它的价值观不可避免地会受到挑战，而那些挑战往往以不可预测的方式出现。大的、成功的企业应该比小企业承担更大的社会责任，也理应慷慨大度，但是以不可理喻的高标准来要求它们，也不现实。

要对雇员、社区、股东以及更伟大的善举负起责任，意味着要仔细平衡好它们与企业竞争性利润间的关系，你必须十分确信自己的价值观，并老老实实地把握好企业经营与履行社会责任之间的平衡关系。如果你去激怒供应商，如果你与顾客群体疏离，如果你把太多的时间和金钱花在社会活动上，你就不可能建立一个强有力的基业长青的公司。如果你的公司失败了，或者没能发展起来，你就不再能够承担起社会责任了。

在星巴克，我们必须认真考虑什么是我们承担得起的，什么是我们认为正确的。这也是我们在财务并不宽裕的1996年年初就一直与美国援外合作组织保持联系的原因。我们于1997年建立了星巴克基金会，聘任皮特·布劳姆奎斯特为基金会总干事。当然，我们会根据自己的价值观和信念来赞助和支持一些慈善事业，而不是听从他人的指令。

“别说我们什么也没做，”戴夫对我们的批评者说，“我们做得比你们要求的还要多。”

不管别人怎么评价，我们还会继续以当年处于劣势时的价值观坚持自己的处事态度——不管有没有欢呼声。

---

① 美国一个保护野生动物及自然资源的团体。——译者注

当环境道德与基本生意冲突时怎么办?

以很高的道德标准来运作一个公司可能会带来另一个困境：有时候你都不知道怎么来维持这一标准。

且说星巴克杯子的案例。

20多年来，星巴克外卖咖啡一直是用加塑料杯盖的纸杯。就是这个杯子使我们不断受到指责，这似乎成了一个我们的价值观与服务顾客的要求背道而驰的陷阱。

事情是这样的：盛满热咖啡的纸杯握在手上可能很不舒服。浓缩咖啡和拿铁还不算烫手，因为里面加了蒸过的牛奶，已使温度降了下去，但通常的滴滤式咖啡和美式咖啡就比较烫了，因而，我们又在里边塞进一个纸杯，这样拿起来不至于太烫手。

出于方便顾客的考虑，双层杯子自然更好些。但每次我们用双层杯子装咖啡，就意味着多了一倍的垃圾——显然这种物质浪费很容易让人质疑我们的环保意识。在西雅图这样一个环保意识相当强的城市，我特别在意这类涉及浪费的问题，因为它特别容易惹上麻烦。

如果你去问问星巴克的伙伴们——许多人都是20岁上下的年纪，他们最关注的问题是什么，十有八九是环保。他们讨厌一走出星巴克就看见被人扔掉的纸杯，丢在人行道上的餐巾纸，用过的一次性塑料杯盖。他们喜爱咖啡，却不想为垃圾填埋地增加更多负担。

星巴克对这种关注做出的回应是承担环保义务。一个高水平的团队一直在研究一套系统有效的办法，如何减少、重新利用以及循环使用废弃物，还有如何为社区的环境保护做出贡献。

我们开发了也许是独一无二的环保方案。为了配合门店的努力，我们在全公司范围内组建了一个绿色团队，由来自各地区的门店经理组成。他们每年与高层管理部门和来自各部门的代表一起开三次会，就像对待市场营销和零售运作一样，研究如何配合“地球日”活动计划、指导回收利用物资，并在环保方面鼓励新的创意，他们会将新创意带回各自的地区。我们非常重视从伙伴那儿得到的关于环保的最好的想法。我们不仅对环境保护相当敏感，而且在这一领域中一直走在前头。

在每个区域，大约 10 家门店就有一名环保联络人，由这个人负责配合社区的环保行动。大多数门店都指定一名伙伴负责监督废物回收利用，并考虑如何减少废弃物。各店经常举行“绿色清扫行动”，派人去邻近社区，甚至附近的海滩、公园、停车场和各处角落去捡垃圾。我们鼓励顾客支持我们的环保行动，如果自带杯子来喝咖啡，我们就会给予折扣鼓励。如果顾客指明是在店里喝而不是外带，我们就用普通杯或陶瓷杯盛咖啡。

我们的努力并不总是尽如人意，但它至少能确保我们从事这项工作的人都意识到自己的环保目的。

通常好的点子总是先出自基层店，然后一层层向上传递。有一家店撤掉了餐具柜上的塑料刀叉和勺子，仅在顾客指明要的情况下提供。这一创举大大减少了塑料刀叉的丢弃量。有个地区则另出一招，他们和本地奶业公司协商回收用过的奶盒。这方面的点子须依赖当地的店铺，因为全美各地有各种各样的回收利用的服务方式。

1994 年 10 月，我们从华盛顿大学商学院请来苏·玛克林伯格担任环保事务指导。在她加入我们公司时，我们已在包装和运输环节上采用了许多减少污染和浪费的措施。她回想说，并没有许多“唾手可得”的事情可做。她决定从对最困扰我们的环保问题——双层纸杯入手。

1995 年，我们组建了一个“热杯团队”，从环保事务、采购、市场、研发、零售、食品与饮料各部门抽调来一些人员。第一步就是与供货商协商解决办法。他们觉得替换纸杯的第一个选择是聚苯乙烯，这种材料用来盛热饮料远比纸杯好。

我们选择了三种聚苯乙烯杯子，在 250 名特定群体的顾客中试用。最后选中了一种薄型压塑杯子，这种杯子在便利店和加油站用得很多。我们在丹佛定制了大量印有星巴克标志的杯子投放试用。有些顾客觉得这种杯子比双层纸杯要好，可也有许多人觉得不好。聚苯乙烯杯子不是人们对星巴克的质量期待，而且在公众看来，塑料甚至比纸更不环保。处置用过的杯子必须运到加利福尼亚的一个聚苯乙烯回收工厂。事实上，从技术上说，聚苯乙烯的回收利用是可行的，但许多城市没有这样的回收工厂。

还有一个实际的麻烦：一般来说我们的顾客都拿着杯子从店里出去。门边搁放着垃圾桶，但对于那些离开店堂饮用的顾客，这只桶形同虚设。而任何一个打算在店里喝完咖啡的人，一开始就会要求使用陶瓷杯。实际上，大部分顾客不可能再次使用自己用过的聚苯乙烯杯子。

在当时，改用聚苯乙烯杯子每年也许能为星巴克节省500万美元，当未来的店面成倍增长时，这个数字会更加可观。但我们还是决定不用，因为它并没有解决环境污染问题，与我们的形象也不符。

我们开始寻找一种更好的纸杯，但找不到符合我们要求的杯子。于是只能加一层纸套来取代双层纸杯，我们在通常的咖啡纸杯中间套一个带皱纹的卡纸圈。这种纸套所用材料只有第二只杯子的一半，其中甚至还含有一些可回收利用的成分。在把自己的标志印在上面时，我们意识到杯套不可能给我们省什么钱，但我们还是决定用它。

为了彻底解决这个问题，我们决定看看其他公司是怎么做的。1996年开春，苏找到了环境保护基金会，他们与麦当劳一起找到了一种比以前包装汉堡的塑料盒更为环保的材料。为了帮助公司发展环保项目，环境保护基金会和教会仁爱基金会一起建立了环保创新联盟。1996年8月，星巴克和这个联盟一起致力于减少咖啡供应中的有害物质行动。我们的目的是，通过可反复使用的杯子和采用新的环保型一次性杯子来减少可弃型杯子的使用。

我们前后跟45拨人进行过接触，包括纸杯供应商、工业设计师等，任何我们认为有助于解决这个问题的人，我们都找过了。我们和其中的25人讨论了他们的创意和样品，列出一个有8种杯子的单子，把这些杯子投放到三个城市的特定群体顾客中试用，又从中选出三种杯子再做市场试验，那是1997年夏天在西雅图、芝加哥和波士顿进行的。我们想在1997年秋天把下一种杯型最终确定下来，以便在1998年投入生产和使用。

给你自己定下一个更高的标准是要付出很大代价的，并会耗费大量时间。它要求你为此花上大量的时间和金钱去处理许多问题。也许在其他公司看来，这都是一些可以忽略不计的问题。但是，当找不到解决办法时，你必须硬着头皮做下去，直到解决为止。

这是一个持续不断的拼搏过程。但我们在乎人们的感受，在乎我们的伙伴所想，在乎我们的顾客所信。所以我们坚持这样做。

POUR YOUR
HEART INTO IT

第 22 章

如何避免千篇一律

艺术是进入未知世界的一种冒险，只有那些甘冒风险者，才可能有所发现。

——马克 · 罗思科

《纽约时报》（1943 年 6 月 13 日）

没有什么比听到把星巴克和打折商店、快餐店的连锁模式相提并论更令我痛苦的了。我并非不喜欢沃尔玛和麦当劳的企业经营模式，因为在他们的成功中可让你学习的东西很多。但他们在产品和店铺设计中树立的形象，却与我们星巴克形成的优雅风格相去甚远。

也许我把标杆定得太高了，就像一个期望过高的父母，我希望星巴克拥有的是：所有传统意义上的成功都要有，还要有别具一格的创新和自己的风格。

在星巴克，我们对于店面设计也有着与衡量咖啡一样的高标准。它必须是最出色、最高档的，既精致优雅，又具有亲和力。我们要求每一家店都能具有所在社区的特点，又毫不含糊地表明这是星巴克的店面。快速的发展促使我们给设计和售货都做了标准化规定，但同时也有许多创意可供选择，以避免成为一个模子的克隆物。我们要使自己的风格延续下去却又不至于越来越缺乏想象力。从一开始，我们就与这种固有的矛盾较劲：如何在快速开店的同时打造出一种个性鲜明的风格？

我永远不会以牺牲星巴克的优雅风格为代价来换取快速发展。事实上，我们一直不事张扬地走着另一条路。随着公司的发展，我们有财力来做创意上的投资，以推进整体的包装。它使得星巴克一直维持着令人惊喜的氛围，它是星巴克浪漫体验的标志。

创造设计的个性

我一直很喜欢星巴克门店的设计。我觉得生动的店面设计是创造与众不同的形象的基本要素，它向顾客展示的是星巴克的第一印象。我们许多顾客都有着成熟的品位，颇具鉴赏力，对我们的方方面面都有期待，不仅是咖啡制作，还要看你的店堂和产品包装怎么样。他们走进我们的店里，是冲着消费得起的奢侈享受而来，如果门店设计毫无脱俗之感，那么他们下次为什么还要进来?

在“天天”时期，我们就想借鉴意大利浓缩咖啡吧的经验，打造出欧洲式的、现代的、明亮而又温馨的氛围。我和建筑设计师伯尼·贝克一起制订了店面设计方案，包括标志如何摆放，如何处理靠窗的吧台、搁报纸的位置等，而饮品食品单则设计成意大利报纸的模样。浓缩咖啡机立在中间的柜台上，柜台成弧度拐向后面。

“天天”与星巴克合并后，我们又把门店全部重新设计了一遍，所有的门店都统一成意大利风格。在新的格局中，我们把浓缩咖啡吧置于门店后端，这样顾客进来后首先看到的是整颗咖啡豆的陈列。我们改变了沉闷的门店基调，增设了一些椅子，最初一家店不超过 9 把。当时，这样的设计风格是独一无二的。

在合并以后，我产生了一个设计方面的想法，这后来成了星巴克最鲜明的直观特征：用平面造型来展示每一种整颗咖啡豆的独特之处。

原先，当你走进星巴克说要买一磅咖啡豆，比如家常综合咖啡豆时，那个站在柜台后面的伙伴就照例往一个棕白相间的袋子上盖上这种咖啡豆名字的橡皮章。但这简单的一个名字很难表明不同产地、不同风味的咖啡豆的丰富性。在我看来，基于不同的产地和调制方法的每一种咖啡豆都有着自己的个性。用直观的方式向顾客展示咖啡的多样性是我们的职责。

我再次找到泰瑞·海克勒，他与星巴克的创办颇有渊源，并且在设计上颇有想法，我向他咨询有什么办法能够表现每一种咖啡豆的形象。他设计的绿色的星巴克标志，已经印在了我们的咖啡袋上，这回他又为我们设计了一套用于出售各种咖啡豆时加贴的票签①。

---

① 星巴克的咖啡票签略似藏书票的形式，不同的是藏书票多为雕版印制的黑白图形，而星巴克的咖啡票签是普通胶版或丝网印刷的彩色票签。——译者注

每种票签的设计都会使人联想到原产地的文化因子，或由当地的动植物种群联系到那种咖啡豆所唤起的某种情感。如今，只要你走进店里要半磅肯尼亚咖啡豆，咖啡师傅就会把它装入星巴克的标准袋子里，但加贴在上面带有彩色图案的票签却是专为这一种咖啡豆所设计的——以前是一头象，现在是一个非洲人敲鼓的图形。苏门答腊咖啡的印模上多年来一直是虎头纹饰，新几内亚咖啡是彩色的巨嘴鸟，哥斯达黎加咖啡则是一个女人用手平衡着顶在头上的果篮。我希望这些图案能够凸显一种强烈的视觉信号，这种信号唤起的想象甚至能一直持续到顾客将咖啡豆买回家以后。

采用这种票签是一笔额外开销，每袋咖啡豆要增加两美分成本。不仅是制作这些票签，在店里把它加贴到咖啡袋上也要付出些许额外的劳动。当然，我们有充分的理由认为："每件事都重要。"

最初的这套票签用了将近10年，只是更新过损坏的印版或是有需要时添换了几种。1997年，我们新设计了一套图形不同的票签，代替了原来的那一套。

许多公司都在模仿我们这个咖啡票签的创意。但在星巴克，票签已经成为视觉风格的象征，它唤起人们对星巴克体验的共鸣，并吸引他们再次光临。

别的咖啡经营者也开始模仿我们的设计，因为他们也看到了设计对于吸引顾客的重要作用。事实上，星巴克也曾干涉过某些公司的形象设计，因为跟我们的搞得太像了。有家公司不仅模仿我们的店面设计、色彩和标志，甚至连店里的小册子也和我们的如出一辙。

近年来，我们的整体包装也做了重新设计，基本原则是在保持一贯风格的同时，进一步传达出不同层次和深度上的意蕴。从1987年开始，我们的咖啡豆包装袋、咖啡杯、餐巾纸和其他物件上都印上了绿白相间的标志。到了1992年9月，我们想改变形象，便聘请霍纳尔－安德森公司来重新设计我们的包装袋。他们和我们市场部的迈拉·高斯一起，设计了以大地、自然为基调的新的图形语汇。同时又设计了带有水雾效果的咖啡图形，可用于咖啡袋、壁饰、招贴画和包装纸，上面的品牌形象后来成为星巴克的视觉标记。他们还设计了别具一格的咖啡袋，使用褐红和炭黑做背景色，上面同样带有水雾效果的咖啡图形。1992年，我们又让泰瑞·海克勒修改了塞壬图案的标志：那个塞壬大体上还保持着原来的形象，但撇除了其蕴含的航海意味。在公司内，迈拉成了这一形象的维护人、星巴克的设计良知，他让每一种包装和产品形象都以我们理想的模样出现在顾客面前。

早期的店面设计：一致性与风格的平衡

从1987年开始，我们就实行了风格统一的总体设计，以确保我们的各个门店看起来是一致的。我的目的是，让新开的每一家门店都能体现最早的西雅图那家店的风范。当我们进入芝加哥、洛杉矶和其他城市时，我要求那些门店都具有星巴克最初的风味和格调。

当店铺像滚雪球一样越开越多时，我们渐渐意识到自己设计店面的重要性。起初我们想请外面的设计师和建筑师来做，但他们达不到我们的要求。他们拿给我们的是零售业当下最“时尚”的设计，而我们想要的则是独一无二的面貌，并将这种风格保持下去。

于是我们做出一个成本不菲却能带来长期效益的决定：于1991年建立了自己的建筑师和设计师团队，以保证每一家店都能正确无误地体现我们的形象。创业时期的公司大多不可能在这个发展阶段负担起这种费用。最初，这个团队在克里斯汀·戴的领导下工作，她是负责店铺计划的副总裁。我们实际上拥有了一个室内设计和装潢公司。

最初的100多个店铺的设计图纸是在绘图桌上手工完成的，每一家店的每一个细节都由我亲自把关，从标志图形到柜台摆设。曾有一次，在洛杉矶最初三家店的设计中出现了意外情况，我专程坐飞机到那儿，第二天和设计师一起制订出一个正确的方案。

虽说我们的店铺看上去颇为相像，但它们并不是一个模子刻出来的。事实上，最初我们的店铺采用的是定制设计，因为只能那样做。与麦当劳不同，铺面房产不在我们自己手里，房子不能由着我们随意改造，我们的房子是租赁的，只能在现有的空间里做文章。为了便于控制成本，材料和家具也大致相同，但没有两处店铺完全是一个模样。比如，根据所处环境——市区或郊外，讲究习俗的地区或比较随意的地区——我们使用的木材会有所区别（深色樱桃木、浅色樱桃木或枫木），设计的变数会很大。

为了保持风格的一致性，又要把成本控制在合理范围内，我们的两个设计师布鲁克·麦克柯迪和凯瑟琳·莫里斯，确定了一组系列用色，每种有6个基本色和3个选项，适用范围涵盖了各种不同的灯具、工作台面和硬木镶板。克里斯汀·戴把它们比作姐妹档——每种都有自己独特的外表，但显然出自同一个家族。我们的设计师对每个项目都有自己的审美把握，每当建筑经理没有按图纸把一面砖墙移去或是发生其他影响设计的事情，他们就会从工地打来电话。

然而，当星巴克快速在全美发展时，人们还是开始抱怨我们千店一面的风格，这也是我们容易被竞争对手攻击的软肋。在美国的每一个城市，都有一种小小的咖啡馆，它们的装潢风格获得了本地人的情感认同；在大学城，咖啡馆一般都呈现另类而前卫的风格；在郊区，咖啡馆一般都带有很温馨的家庭意趣。其实无论装修成什么风格，只要气氛是舒适而令人愉快的，那么不论咖啡味道如何，都能吸引顾客进来。可是，人们却在议论我们的设计就像轮廓僵硬的抽象画，老是这一套。

这是让人很痛心的批评。我们想与顾客建立一种关系，但又希望人家一眼就能找到我们的店铺。你怎么能在一年开出 300 家店铺的情况下，每一家都与当地的特点契合，每一家都有自己鲜明的设计风格呢？

1994 年，在亚瑟·鲁宾菲尔德的主持下，我们开始试验各种不同的“版本”。我们做了一些独辟蹊径的设计，以适应特定的需求。针对一些上下班繁忙地段的店面，我们做了一些试验性方案。同时，还设计了设在超市和其他公共场所的小卖部的样式。

然而，最重要的是要考虑到那些需要“第三空间”的顾客，我们增加了座椅，并引进了“富丽咖啡厅”的概念，在旗舰店里放置壁炉、皮椅、长沙发，搁上报纸。顾客很喜欢这些东西。蜷缩在壁炉前喝上一杯咖啡，很容易让人心满意足。

在曼哈顿上城东面的一个店里，我们在二楼布置了一个波希米亚式的店堂。搁上一些磨出窟窿的沙发，还有从搬迁户那儿淘来的安乐椅，那儿很快就成为城里那些不知找什么地方打发时间的人们能泡上一个下午的绿洲，也成了他们晚上的聚会点。

可是这种方式带来了一个大问题。我们快速进入大量的新市场，随之而来的是我们更大的设计规划，这就导致了店面投资呈螺旋上升的趋势。1995 年，我们每家新开店的平均投资达到了 35 万美元的新高，再高我们就不可能承受了。而我们的“富丽咖啡厅”模式成本更高。

于是我们面临一个两难境地：怎样在有效控制成本的情况下仍然可以拿出下一代店

铺的设计方案——不管开多少店都会给人以新鲜感。

为了超前发展，必须投资创意

这个环环相扣的难题让赖特·马赛去处理了，1994年，亚瑟聘他来当我们的设计副总监。赖特有着大脸庞和结实的下巴，他那样子似乎更适合待在橄榄球场而不是设计工作室里。但他其实还不仅仅是一个有经验的建筑师，他设计过40家宾馆，还是一个水彩画家。他说话带有卡罗来纳人爱拖长音的特点，总是以直言不讳的态度发表意见，会迅速对什么事情提出批评，又会迅速认可某个点子。

赖特还从未经历过我们这儿团队作战的工作模式。他敦促他们先搞一个“协同展示”的计划，从店址选择到装修设计、施工作业、材料采购和合同管理的每一个规则，都为我们的人制订出一套预案来。在实际投入之前，我们的设计师必须在头脑中储存许多信息，诸如当地社团群体的背景情况之类，他都会催着他们记录下来并使之更加条理分明，目的在于重新改组整个店面设计规程，以用更低的成本取得更快的进程、更好的设计效果。

在聘用赖特之前，我们设计部门的人一直在试图压缩每项工程的基本成本。但赖特意识到，唯有利用我们的规模优势，才有可能省下大钱。一年兴建几百家店，我们的购买力十分可观，而我们从来没有利用这一点。于是我们决定把重点放在采购上，制定标准合同并确定费用，重新考量与合同承包人的关系，对那些成本控制在标准之内的开价者，给予合同大单。

但这还不够，我们需要的是不再落入千篇一律的窠臼。我们的零售运作团体框算出每一个核心店铺所需要的最低设备配置，然后，设计团队和采购部门一起按低于成本20%~30%的基准制定预算，通过直接向卖主大批量进货来获取折扣。这就意味着要有仓储空间和与之配套的设施，以便及时供货。对于每家店所需的东西，如装整颗咖啡豆的抽屉和浓缩咖啡吧，我们都可以制定一个标准，这样可以批量订货，包括所有吊顶的板材。这样做的目的不是使设计师埋在标准化的规程中，而是给他们的设计带来更多的方便。

虽然，对于一个优秀的设计师来说，模块组件工程通常会阻碍创意，但我们找到了一种大家都能适应的方式。1996 年，我们更新了电脑系统，开发了新的软件，以帮助我们进行标准化的设备配置，解决店内固定设施以及与设计有关的成本估算。通过利用规模优势，协调施工作业与设计的关系，我们大大缩短了开店的工程建设时间——从以前的 24 个星期缩短到现在的 18 个星期，这就大大削减了开店的平均成本。这样做还可以把资源用到更有成效的项目上去，即设计我们的未来。

赖特的目的是要把我们的设计水平提高一个档次，远远超过我们的竞争对手。他想以材质和丰富的表现手段，创造一种抒情风格的新设计，更有力地表述星巴克的理念，他想重组色彩系统，找寻另一种木材，或者更换座椅的风格，试图把星巴克体验的精髓表达出来。他指导创意团队从文化、神话中汲取元素来讲述浪漫的故事。

“好的设计并不只是漂亮的颜色，”赖特喜欢这样说，“它是把某种东西提炼出来，让人去感受。”

为了不使创意的灵感枯竭，我们建立了一个机密工作室，在西雅图星巴克中心大楼一个隐秘的角落里，我们聘用了一批艺术家、建筑师和设计师来勾画我们下一代的时尚店铺。很少有人知道这个工作室的存在，只有很少几个人有那儿的钥匙，其他人必须签过保密协议才能获准进入。我们一直把这个计划置于秘密状态，所以当新设计在 1996 年下半年问世时，人们感受到了一种巨大的冲击。

早些时候，戴夫和我跟未来店面设计团队碰头，向他们解释我们对星巴克未来的设想：正宗的咖啡体验，前廊富有意味的延伸，充满韵味的氛围，既适于快速供应又能提供宁静的闲暇之地。之后，设计师展开进一步的工作，研究咖啡本身，琢磨是什么铸成了星巴克的安谧、魅惑的气质，以及那些不可预知的因素。他们要使它成为精英阶层的第一选择。他们发掘关于海洋的神话、“第三空间”的理念，以及人类不同时期有关咖啡文化的艺术和文学典故。他们还学习咖啡的调制和有关原产国的知识。他们要把所有这些信息，通过壁画和形象设计潜移默化地传递给顾客。

设计团队摒弃了那些僵硬的、轮廓过于分明的几何图形，引入浪漫的梦幻色彩，借助柔和的暖色画面，以充满现代气息的创作表达了兼收并蓄的亮丽形象。当然，他们也艺术性地体现了我最初的意见——将浓缩咖啡制作置于显眼位置，在圆形吧台后面摆上咖啡机，旁边安装一个木制的“手递手”平台供咖啡师傅为顾客准备饮品之用。

他们并非偷懒地采用呆板划一的外观模式，而是根据自然的四大基本元素——土、火、水、气，提炼出相应的设计理念，对应于咖啡的4个阶段——种植、烘焙、烹煮到芳香四溢的杯中之物。于是有了4种店面设计的模板，每一种都有自己的色系、亮度和基本材料，但所有这些都统摄在一个总的理念之下。比如，种植以绿色来体现；烘焙是深红和浓重的棕色，棕色用来代表咖啡；烹煮选择蓝色，是水的含义；芳香用亮丽的色系来表达，在黄、绿、白变化之间。所有这些设计思想都体现在自然肌理的材质之中，包括人工吹制的灯具，有机部件组成的吊顶。按照这4种基本模型，我们因地制宜地采用了各种材料，并根据不同环境做了特定的细节处理，因为城市中心区域、郊外居住区或大学城情况各有不同。

对于参与者来说，整个过程就非常折磨人，时而激昂时而低沉的士气、对自身角色的重新定位，乃至核心价值的再度评估，整个儿就像是星巴克的重生。不管怎么说，它把我曾经殚精竭虑为星巴克设计的形象打乱重组了。赖特说，他不知道哪天他自己是否会因为他引入的一切被解雇或是成为被攻击的靶子。有时候，进展缓慢而令人痛苦，开始提出的某些理念，要么太过前卫，要么没找到正确的方向。但我还是决定抽身而出，别管他们了，让他们去发挥自己的想象力吧。

后来，我在15楼工作室看到了那个最终体现设计理念的实体店模型，我还记得当时自己的心理感受。亚瑟、赖特和我在一起，但我不想做任何讨论，也不想听任何解释，只想让自己沉浸在团队创造的氛围之中。我所见到的，正是对我们原初信念的艺术表达，也是“天天”最初的构想。

艺术家们向我展示的是经过他们设计的形象，他们使用各种不同的塞壬形象装饰店面，加上完全重新设计过的咖啡票签，这都使得我们的咖啡故事一下子就能让人抓住它的特质。这最终产生的一系列富有想象力和原创性的形象，使我对我们的能力所能达到的程度产生了一种敬畏感。

“真是了不起！”我说，“赶快按这个样子去装修新店吧。”

一旦通过了这些新店面的样本，我们面临的就是在苛刻的预算内营建新店的挑战，就是说不能突破现有的预算框架。这意味着要和诸多供货商重新洽谈合同。1996年6月，赖特和他的团队直接从卖主那儿采购了 300 种材料，将投资总额降低了 10%。

最后的方案于 1996 年下半年公布，其中包括各有 4 个系列的 4 种组合。最典型的核心模式是“A”型店面：有 1 400 平方英尺，分为固定的座位区和可以自由组合的功能区，设计时可采用 4 种色系中的任何一种；“B”型店面略小，注重空间效率的利用，同样可以选择 4 种色系中的任何一种，建造成本更低些。

我们还开发了两种新的模型：“店中店”和“双份浓缩咖啡”。“店中店”是专为设在超市和写字楼大堂吧设计的店面，是一个缩小版的星巴克（过去认为那种地方太小而无法塞进一个完整的星巴克）。“双份浓缩咖啡”是从饮品单上借来的名字，是那种最小的咖啡吧，大致占地 8 平方英尺。这两种店面是整体式的，但也可方便地重新搭配组装。虽是小店面，但风格与星巴克毫无二致。

赖特团队面对着降低成本又要提高设计品质的难题，他们不仅实现了这个目标，还有了额外的成就：设计出了我们以前从未考虑过的新奇的组合方案。

星巴克于 1995—1996 年推出了“未来之店”，不再是从受人诟病的“饼干模子”里倒出来的东西了，我们实际做到的甚至更出色。这就是典型的星巴克做事方式：一旦出现什么问题，不仅要搞定它，在解决问题的过程中还会产生创新的动力和优雅的创意。

POUR YOUR
HEART INTO IT

第 23 章

为长远目标和品牌建设创造价值

如果在众人六神无主之时，
你能镇定自若而不是人云亦云；
如果在被众人猜忌之时，
你能自信如常而不去刻意辩论；
……
如果在受众人指责的时刻，还能悠然慢跑，那么，世界就是你的，
万物尽在你宽大的胸襟中，而你——就是真正的男子汉了，我的儿子！

——拉迪亚德·吉卜林

《如果》

1995 年 12 月的圣诞假期简直是地狱。

每一个圣诞节，我们都跟大多数零售商一样，陷入一天比一天疯狂的忙乱中——烘焙工厂、咖啡店、办公室都忙成了一团。在星巴克，这是我们一年一度的零售狂欢节——咖啡豆、浓缩咖啡机、巧克力、马克杯这些东西销售额之高不亚于拿铁和卡布奇诺。通常这种时候处处洋溢着节日气氛，顾客啧啧有声地打量着货架上色彩缤纷的商品，店铺经理们在收银机旁忙得热火朝天。到月底，我们忙得快瘫痪了，却让我们对来年的兴旺更有信心。

然而 1995 年的圣诞节却不是这么一回事儿。暴风雪在几个地区肆虐，在这节骨眼上迫使那些地方的店铺纷纷关门。报纸上充斥着零售商们绝望的价格战，似乎无论如何都要把购物者拽进他们店里去。对于购物旺季的前景预测越来越惨淡了。

每天早上，零售部门那帮人都在我办公室隔壁的会议室里碰头。会上咬指甲、掰关节的声音此起彼伏。有人拿出电脑汇总前一天的零售情况，从商品分类说到销售额，分析人气指数，一连串的坏消息把大家弄得沮丧不已，许多地区都是这样。这好像在考试。我们拿实际所得与预期值相比较，然后修改每个星期的预期效益。如果我们一天没有达到计划指标，就会重新测算一些数据，以算出我们需要补回来的数额，继而推定对此后那个星期、那个月、那一季度和那一年度计划所产生的影响。

关键数据要看日销售额，它反映出一年内新开店铺的销售增长情况。店开得多了，总体的销售额势必随之增长。可是，每家店的销售额都比前一年有所增长吗？

月度销售比去年同期平均增长了5%。可是现在日销售额的同比增长基本上只有2%、1%、0，有时候甚至是负数。这是一个可怕的趋势。

我们的股票不断创下新高，这也给我们增加了压力，如果我们这个月的销售数字上不去，投资者就会马上做出反应，股票就会大跌。

更糟糕的是，我们知道预期的赢利目标很难达到了，因为星巴克仍然在使用1994年夏天采购的那批高价咖啡。奥林希望他采取的一些节省成本的措施能够奏效，但要计算出能有多大效果还为时过早，你根本不知道这些措施对账面底线有多大影响。和奥林在一起时，我坦率地承认了自己有多沮丧。他的感觉也一样。

我们能做什么呢？大多数的重要决定都是在6个月之前做出的，我们当时就下了订单、设计了包装、采购了咖啡豆。我们很快发现不能再坚持某些错误的决策了。比如这个1995年的圣诞节，我们摒弃了快乐饼传统的红绿包装，结果顾客不买账。我们订购的浓缩咖啡机太多了，却没有订购更实惠的礼品。我们的计划有误，以至有些品种的咖啡豆备货过多，其中包括圣诞节调味咖啡。我们的礼品咖啡豆采用一磅的包装规格，同时也首次推出1/4磅规格的样品包装，用来塞圣诞长袜。结果小包装大热，可是我们赶在12月前准备好的多是大规格的一磅装。后来烘焙工厂的伙伴不得不加班工作，忙着将咖啡豆从大包装拆出，装入小袋子里去，这又增加了一道工序。

以往的若干年里，我们一直在做圣诞节特别促销活动，或最后时刻大抢购之类的活动。奥林和我拟定了一个活动方案。我们要掂量一下，哪些产品应该提前应市，哪些应该压后销售。每个星期都采用新的广告词。斯科特·贝伯瑞很想打出一条树立形象的标语，比如“己所欲，施于人”，但最后我们还是采用直截了当的表达方式——“顶呱呱的礼品，20美元封顶”。我的建议是，不妨在傍晚5点左右供应免费咖啡，以鼓励顾客血拼之后来我们店里歇歇脚，他们在这儿打发时间时，也许会留意我们别的商品，买点儿什么。

这个月的早些时候，感觉上好像我们的生意成了股票市值博弈的游戏。一些蓝筹股跌了，我还确信我们会赢。但随着一天天过去，我也越来越沮丧了。我决定取消全家的夏威夷休假，这对雪莉和孩子们来说是很难接受的事情。但在这样的困境中，我觉得我必须和团队在一起。

每天早上，我在家里接收前一天的销售数据传真。然后 7 点半就冲进办公室，跟奥林碰个头。接下来，我们和零售运作团队开会。我开始害怕那些会议，一开会我的胃就会抽紧，但我知道自己必须摆出一副乐观的神情出现在人们面前。办公室里的人和店里的人都有些惴惴不安，我得去给他们打气。我想，我做过的最逊的事儿就是发表自己对圣诞节销售不看好的言论，这只会使事情雪上加霜。

我越来越意识到，作为一名领导，有一条最基本的要则是，哪怕在你自己也不是很有安全感时，你也要把信心灌输给别人。

最后，到了 12 月中旬，我的感觉是既痛苦又解脱。由于公司已经发展到这样的规模，我不能再独自解决关键性问题了。在过去，星巴克就像一艘快船，可以灵活而便捷地绕过障碍驶入自己的航道。不管事情怎么样，我都能集中精力找出解决的办法。如果是销售上的事，那么我可以花上一天时间来做研究，改变销售策略，迅速而本能地做出反应。我只需把舵盘偏移一英寸或半英寸，整条船就转过来了，效果立竿见影。

而到了 1995 年，星巴克则更像是一艘航空母舰了。一旦定好航向，就不可能轻易改变。无论我在最后时刻如何转舵，船总得凭着惯性向前驶去。它已经大到难以操作的程度了。

作为一家大公司，我们越来越需要按规程办事，而不是最后一分钟出于本能进行转向。我们本该在 1995 年圣诞节之前就具备这样一套制度，但不幸的是，只有出了大问题，我们才明白事前就应该制定出措施详尽的应急预案，以应付突发事件。我打算接受企管顾问给我的建议：作为一个持久发展的大公司，必须建立一套预防风险并能化解危机的机制，这样公司就能在任何情况下都可正常运作，而不必依赖领导者的个人才能。

我意识到这个问题后，便开始改变策略。我决定把自己的担忧公之于众，不仅向管理层公开，也传达给全公司的每一个人。

我在西雅图总部召开了一个由全体管理人员参加的大会。因为我们的公共区域装修尚未竣工，只好把会场设在三楼的餐厅，人们站着，把我围在中间。

餐厅里挂满了圣诞节花饰，却丝毫没有节日的气氛。我被一张张拉长的脸和一双双沮丧的眼睛包围着。虽说并不是每一个伙伴都看到了每日报表上的数据，但销售计划将要落空的传言早已不胫而走。

当时我这个做法有些非同寻常，因为我一般在讲话时总是给大家鼓劲儿和打气。而这一次，我知道自己根本讲不出那样的话来。

“也许你们多年来还是第一次在星巴克碰到这样的情况，”我开始说，“我们经历了一个非常让人失望的圣诞节销售季。我们的业绩不尽如人意。这事儿没有什么可以推卸的原因，也不是什么人的错，但我很担心。”我向大家说明了自己所担心的问题，同时讲到如果销售和赢利目标不能如期完成，将会带来怎样的一系列后果。

“成功，”我告诉大家，“不是来自赐予。”成功是靠我们每一天的努力赢得的。就像星巴克虽然这些年来取得了那么多的成功，但并不意味着我们对错误免疫。我们必须不断更新公司的管理模式，要意识到昨天的成功并不等于公司的未来。我们不能泄气，哪怕近期目标似乎无法达到，我们也必须坚持不懈。

对于这些不断获取成功的人来说，接受这样的信息很不容易。我看见人们的眼睛朝下垂落，不停地挪移双脚。

“我希望我们能够达到预期目标，”我最后说，“但即使做不到，我们也还是一个月前的那个公司。”我试图让他们把眼光放到长期的目标——公司将怎样发展上，不要总是去想一个失望的销售季就把我们建立的企业给击垮了。我们要从挫折中吸取教训。

会后有人走到我面前说：“我在别的公司也干过，却从未听到一个首席执行官如此坦诚而动情地陈述公司的困境。我感谢你直截了当地挑明我们必须面对的问题。”

但也有人说，希望我别这么坦率。他们把我视为征服困难的英雄，将我看作最后危急关头力挽狂澜的明星投球手，他们不喜欢看到我走下神坛成为凡夫俗子，他们觉得我本该掩饰自己的脆弱和忧虑。那天会后，有些经理还来到我办公室，说道：“霍华德，我真没想到你会这样做。有什么意义呢？想增加恐惧感吗？”

整合公司内部的意见又花费了几个月的时间。像这样同心协力苦撑危局，对于整个高层管理团队来说是一种磨砺——他们当中有 2/3 的人进入公司还不到 6 个月。

管理层面临的一个重要问题是负疚感。这次不像咖啡价格事件，我们觉得这次的情况本来是可以预料到的一场灾难。我们每个人都觉得自己对此负有责任，并未互相责怪。我们总在创造奇迹，这是第一次被打了个措手不及。

今天，以事后的眼光来看，我确信当时与伙伴坦诚相见是正确的做法。一个公司的领导者，不可能也不应该总是扮演一个啦啦队队长的角色。他必须让他的人员直面痛苦和惨淡之象——只要他们能够理解公司会有更大发展这一总体背景。

在蓝筹股下跌的情势下，再唱纽特·罗克尼①那样的高调显然不合时宜。人们需要的是引导者，而不是雄辩家。他们需要知道计划实行的情况，需要负起责任去协助解决问题，并有权根据职责行事。

许多经理人发现自己很怕向那些依赖他们做出决策的员工吐露内心的惧意。但我相信，如果你在困难时期把自己摆在与员工平等的位置上，他们就会在你说“事情会好起来”的时候更信任你。1995 年的圣诞节事件之后，我觉得我们的人对我更信任了，而且，更重要的是，他们更理解星巴克了。

别滑向未来，要一小步一小步地来

圣诞节事件给我的另一个启示是：一个当下的短期问题很容易吸引人的全部注意力，而忽略了对长期目标的认识。在时间紧迫的情势下，管理层的人很容易做出错误的决策，因为他们没有注意到更大的背景。

在早期，生意上的事情比较容易把握，每个经理人很快就能看到他做出的选择在公司整体效益上起什么作用。当公司发展起来后，我们更多地聘用了各个专业领域的专家，但他们当中许多人，由于来自更大的，也就是抗风险能力更强的公司，还由于他们习惯于从局部的专业角度观察问题，视角难免狭窄。

有一个最让我头痛的问题，我把它称为“渐变效应”。就是说，在每一个专业部门看来是正确的事情，对整个企业来说却可能变成一场灾难。

蛋奶酒拿铁的纰漏在那个圣诞销售季里一直是我思忖的问题。那是戴夫和我从 1986 年“天天”的饮品单里翻新的饮品，一直是星巴克顾客最喜欢的时令饮品。

---

① 纽特·罗克尼，美国著名橄榄球教练，以善于激励球员而闻名。——译者注

1994 年，食品饮料部门的人找到了一种可以节省大量时间和金钱的好办法，就是不必一盒一盒地打开蛋奶酒来制作这种饮品，因为从道理上说，完全可以事先调制好蛋奶酒糖浆，干吗不这样呢？于是一摁按钮，事先调制好的蛋奶酒糖浆就跟杯子里的拿铁配到一起了，既简单又从容。1994 年圣诞节我们在波特兰的新店里试售这一新版本的蛋奶酒拿铁，结果很受欢迎。可是，1995 年圣诞节当我们在全美各店推行时，不知怎么搞的，这种调制好的糖浆的味道不对了，没人能找出毛病出在哪儿。公司已是如此规模，这种工序上的变动我无从得知。

在那个恼人的圣诞节里，我仍像以往一样浏览顾客的评议卡，我注意到许多人都有同样的抱怨："你们的蛋奶酒拿铁尝起来味道真差。"还有人问："蛋奶酒拿铁出什么岔子了？"

我走进食品饮料部门正在开会的地方，问他们："蛋奶酒拿铁是怎么回事？"他们面面相觑。从理论上说，这种调制一点儿问题也没有，波特兰的顾客就丝毫没有抱怨。而蛋奶酒拿铁销量的急速下降，终于使他们意识到出大问题了。这就是大企业专业分工的一个典型案例，大家只盯着眼前的局部利益，以至没有人留意这会对全局有什么影响。

我们吸取了教训。下一年的圣诞节推出的蛋奶酒拿铁就非常正宗。

当人人都只盯着细节时，一个好主管的脑子里应该有一幅更大的画面。管理层则应当敦促各部门的负责人相互咨询，在更为广阔的背景下审时度势。一项关于压缩成本或提高效率的决策，只有置于企业长期目标的总体框架中才会产生增值效应。

从零售业过度发达的喧嚣中突围

不管我们内部有什么失误，造成圣诞节滞销的主要原因还是来自外部。整个 12 月份，我们听到来自其他零售商的令人警觉的报告：金百利是一个了不起的公司，但它 12 月份的销售额同比下降 19%；电脑城公司的销售额下降 8%；最大的折扣店魔文思百货公司下跌了 1.4%；据电信查询服务公司的报告，12 月份全美零售业的销售额同比下降了 4.1%。

相对来说，我们的麻烦似乎还小一些，12 月份我们最终的销售额同比增长了 1%。

显然，这是星巴克无法抗衡的困局。

美国已经变成一个零售业过度发达的国家，越来越多的商店盯着顾客手里越来越少的钞票。消费者只消朝市场粗略打量一番，就能根据口袋里可支配的钱做出明智选择。

早在 1990 年星巴克进入这个角逐场时，过度发达的零售业就已经是一个严重的问题了。我们发现，要把自己的声音传递出去是一年比一年难了。我们没有像大公司那样覆盖全美的大笔广告预算。人们变得越来越忙，留意周围新去处的精力越来越少。

可是话说回来，过度的零售格局也给星巴克带来了大量机遇。不同于包装食品品牌，我们能够通过门店逐次逐个地与顾客接触。而且因为我们一直在努力提供优质的产品和体验，当别的零售商陷入平庸的泥沼时，我们就能突围而出。

要讨顾客欢心也一年比一年难了，我们已经把顾客的胃口吊高了。像所有优秀的零售商一样，我们也一再向顾客提供他们在别处不可能得到的体验，不断更新自己的服务。我们必须把服务内涵挖掘得更深一些，把店面设计搞得更多样、更丰富。我们并不只是沿着高速公路一往无前，也时不时地会在路边的防护栏上磕磕碰碰。

顾客总是喜欢新鲜有趣的玩意儿，特别是在圣诞节期间。这就要求全美的零售商们不断地自我更新，创造出有新意的东西，对我们来说尤其需要这样。我们必须不断地推出新的创意，开拓新的领域和开发新的产品来激发顾客的想象力。

每一个零售商都梦想着货架上的东西瞬息之间就跑到顾客手里。这是 1995 年 3 月《蓝调集锦》唱片发行之日带给我们的感受，还有星冰乐在 1995 年和 1996 年夏天创造的奇迹。可是你不能指望这样的轰动效应每个月都出现一次。

这就是在遭受了令人心碎的圣诞节销售打击后，我还是敦促我们的研发部门继续从事他们的新产品试验的原因。我们需要那些前瞻性的项目来抓住顾客的兴趣，留住他们的心。

最好的首席执行官，既有长远眼光也有短期目标

搞到最后，这一年我们还是没有翻过身来。1996 年 1 月份，当我们宣布了销售额同

比数据后，股票就应声而落。多亏了奥林的后台管理多有改善，那个月中下旬，我们估计利润增长指数可能与预期目标只差一个百分点。星巴克仍然是赢利的，只是收益增长不如我们预期的那样快。

华尔街的分析家仍然是无情的。有人批评我和我的产品创意分散了公司的核心价值。有这样一个说法：历史经验表明，零售业和餐饮运作的最大危险就是失去聚焦点。"当这样的事情发生时，任何公司的品牌价值都会被削弱，"此人振振有词地说，"我们也许更乐意看见对店面的精心打理。"

这话让我大为光火。这正是华尔街使得许多首席执行官恼怒的短视之处。一个公司的管理团队如果不能为长远的未来做出规划，即便一个劲儿地赶潮流，也永远都不可能脱颖而出。

在那段时间里，星巴克内部的一些人也因为我对他们施加的压力过大而颇有微词，因为在公司的核心价值亟待修补时，我却对他们提出了目标要更长远的要求。我听到了各种各样的抱怨声，说他们在圣诞节前忙得昏天黑地的时候，我却玩上了"新游戏"：冰激凌、瓶装星冰乐、美国联合航空公司的合同大单。

我的眼睛没盯在目标上吗?

不。我的眼睛盯着更长远的目标。我巡视着各个方位，猜测下一步会对我们造成伤害的是什么。宝洁公司刚刚收购了最大的咖啡豆供应公司——总部在华盛顿州埃弗雷特的磨石咖啡公司，还趁势打入了超市。它是冲着我们来的吗？我们是否应该重新评估不在超市出售星巴克咖啡的决策？我们能够创造出什么新产品来与之抗衡，在永无宁日的市场角逐中成为难以攻破的堡垒？我们如何以星巴克的优雅风格为筹码来赢得更多的顾客？我们以长期眼光来建设星巴克品牌的目标，必须有源源不断的创新产品为依托。为了2000年的目标，我们必须马上开始试验。

通过对生产、零售运作和计划方面的改进，星巴克能够更好地实现其短期目标了。在1996年圣诞节期间，我们因吸取上一年的教训而避免了许多问题。总的来说，零售业的行情这一年未见起色，天气很恶劣，特别是在西北部太平洋沿岸地区，但我们的销售同比增长了2%。虽然这不是我们理想的局面，但成本控制的努力奏效了，利润水平与华尔街的预期相符。作为管理人员，我们知道他们的期待，股票市场也没有反应过度。

我们在 1996 年的圣诞节期间尽一切努力确保销售成功。我们做足了功课，按精心制订的计划操作，以更准确的预见、恰到好处的投放量满足了顾客对咖啡的需求。我没有期盼最后一分钟出现圣诞奇迹，而是专注于来年的计划。我们聘来了新的营销副总裁——彼得·吉本斯，他来自迪士尼公司。唐·瓦伦西亚的实验室也完成了一个新的大项目，我们会有新产品的流水线在夏天问世。

第二年遇到这种情况时，我们平静多了。我意识到，即便不能把圣诞节这个球接下来，也不会是世界末日。为什么？因为我们都知道自己是在为公司的长远目标和品牌建设创造价值，圣诞节并不是星巴克命运的劫数。

我就像航空母舰的舰长，把目光投向地平线和迷茫的前方。这一次，我甚至没理会那艘擦身而过的老式慢船。

POUR YOUR
HEART INTO IT

第 24 章

跟随内心前行

企业领导者就是要去探索自己公司注定要走的道路，
并充满勇气地不懈追求……经得起考验的公司都有崇高的宗旨。

——乔 · 贾瓦斯基

麻省理工学院学术中心

一个放眼未来的理念

在我办公室的书架上，有一个小小的水晶球。那是本地的青年领袖协会颁给我的“梅林奖”奖杯。

根据传说，梅林生于未来，其生命是从后往前度过的。他与自己同时代的人必然有些格格不入，也许觉得自己的想法都是异乎寻常的。我没有他那种睿智，可有时候，我觉得我能理解他的感觉。我的心境属于未来，在我的想法中星巴克也应该成为一个未来的公司，但我的想法很容易被人误解——无论在外界还是公司内部。

在新墨西哥州的圣达菲，作为企业管理顾问的查尔斯·史密斯，把有远见的企业主管比作巫师。他在 1990 年写道：“不同寻常的领导者，他们本质上是未来世界的各色代表人物，但他们在当下时刻养成了梅林式的行动习惯，在寻求一种突破性的同时又用能够把握的目标来引导他们的企业。”

早在 20 世纪 80 年代初，我就对星巴克的未来有了明晰的想法，今天就更清楚了。我知道自己想要的是什么，我们的店面要传递什么信息，发展的脚步应该怎么走，如何与我们的伙伴、顾客和衷共济。

今天，当我展望前景时，我看见的未来比星巴克到目前为止走过的历程还要漫长。

在每年制定关键性策略的会议上，我们的高层管理团队一直本着大胆开拓的精神考虑问题，并注重实际的可操作性，从这两个方面来修正和完善我们的规划。我们一直努力辨清公司的价值观，把我们的长期目标清晰地表达出来。虽说我们的许多高管都是新人，但我很惊讶地看到大家竟有如此相似的信念和目标。

我们心目中的星巴克是一个伟大的、长盛不衰的公司，对于自己将优质咖啡带给每一个人、每一个地方的使命一如既往地满怀热情。我们的咖啡店将通过每次一杯咖啡，向人们提供有意味的体验，并以此丰富世界各地人的社区生活。当然，我们有时不妨大胆出位，把传统的商道引入新的方向——给品牌注入新的活力，投资令人惊喜的新产品，或创新资源配置，开拓多种销售渠道，甚至可能将不再以单一的咖啡生意来与人们的日常生活发生联系。

机会是令人兴奋的。在大多数国家，一个成年人的日均咖啡消费量是两杯，但大部分地方的咖啡质量却相当糟糕。我确信，我们在亚洲国家开出的店铺最终能超过北美市场。我们期望，与百事可乐合资经营的瓶装星冰乐以及其他产品，几年内将有超过10亿美元的收益。

然而，我们的目标远不只这些数据。公司最根本的基础不在于发展和做大，而在于我们与伙伴、与顾客和股东之间有激情、有灵魂的联系。

不管星巴克发展得有多大，开拓的路子有多宽，我们的基本核心价值观和终极目标都不可能改变。我希望，星巴克受人尊敬不仅是因为成功，也因为取得成功的方式。我相信我们能够在成为全球性大企业之后，还能保持我们的激情、风格、创造力和个性，以此证明传统商道并非金科玉律。星巴克的人，无论在经济上还是在情感上，都要在所有的层面上共享公司的成功，这一点非常重要。如果我们的管理方式和运作模式能够把别的公司也引向更高的目标，那无疑是值得高兴的事情。

我现在更加深信不疑，我们不但可以运作得很成功，而且会是有良知的企业。以一个极为受人敬重的品牌，以一种对自己伙伴极为尊重的管理方式，我们可能会成为一个利润丰厚而极富竞争力的公司。说到底，两者并行不悖是完全可能的，撇开其中的一件事去做成另一件事却是不可能的。

我们必须追随内心前行。在生意上，如同在生活中一样，我们每个人内心都有一个标准，对于什么是世上最重要的事情，有一种本能的理解，并以此为指导做出决策。对我来说，这种理解不是利润，也不是销售或开店的数量，而是激情、对责任的承担、对一个具有奉献精神的团队的热忱。这件事不关乎金钱，却关乎对在别人看来无法实现的梦想的追求——要找到一种回馈伙伴、回馈顾客和回馈社会的路径。我希望，如果你认真审视星巴克，那么，当你每次关注任何一个局部情形时，你都可以看到更清晰的公司指导原则，而不仅仅是零星的理念。如果你观察得足够深入，你就会看到真诚、敬意和尊严。

在《基业长青》那本书里，作者吉姆·柯林斯和杰里·波勒斯谈到了星巴克的“远大宏伟目标”，我们雄心勃勃的长期目标是，成为一个生命持久、基业长青的公司，具有最受人尊敬的品牌，也由于能够鼓励和培养人而广为人知。

今天的星巴克还没有达到这样的高度，我们也有过许多失误。没有一家公司能成为一个乌托邦，然而，如果你不把目标定得高一些，仅仅是“够好就行”或是“中上就行”，你就不用再做什么了。如果你的目标是优秀，那将激发你的团队为更高的目标而奋斗。当你遭遇困难或被什么事触及自己的软肋时，你应该想到将来你会做得更好，应该以直截了当的态度和持之以恒的方式去处理它。如果团队成员理解你正与他们一起为之努力的共同使命，那么你的团队会变得更加宽容。

最近几年星巴克面临的问题很多——我们四面开花的店铺招致猛烈抨击，咖啡价格遽然波动，圣诞节销售不甚景气，以及遭到怨恨，这些却并未遮挡住我们已经铸就的长期价值。没有一路伴随而来的挑战和失望，就没有企业的发展和梦想成真的一刻。我们付出的真诚越多，伴随而来的伤害越大，我们就越有能力拿出反映我们价值观的解决办法。

星巴克仍然在向着成功奋进，而且我们今后也将面临诸多问题，某些问题可能远比我们克服过的困难要严重得多。我们不可能一直以年收益增长 50% 的速度发展下去。所有伟大的公司都经历过寻找灵魂和重新考虑发展重点的低潮岁月。将来如何应对这样的局面是考验我们的一块试金石，我希望管理层的人能够从小麻烦试手，积蓄才干，去应对越来越大的问题。

我有一种感觉，决定公司未来命运的出色创意将出自星巴克内部。我们要继续关注创新与自我改变的精神，始终保持一往无前的劲头，我们要尽一切努力在公司内部鼓励一切创新活动。

留住自己的声音

甲壳虫乐队的音乐使我产生一种共鸣，我这一代人中的许多人也有同感，因为它们提醒我别忘记成长岁月中与我相处的人们，别忘记生活过的地方和那些时光。我特别喜欢观看电视里关于甲壳虫乐队的专题节目，听他们讲述自己乐队的历史。在一次访谈节目中，保罗·麦卡特尼披露的一些事情真的击中了我的心。

那是他们在希叶露天体育场的演唱会之后，那次“仅有”5万名观众，他们当时已经对巡回演出感到厌倦了。甲壳虫乐队最后一次巡演是1966年8月29日在旧金山的烛台公园。

在电视节目中，保罗、乔治和林戈围坐在桌旁，回想现场感受——那是他们决定退出巡演的理由。“当那些人都冲着我们尖叫时，感觉越来越差，”保罗说，“他们喜欢我们当然很好，但我们自己都听不到演唱的声音了。”

这句话深深触动了我——他们听不到音乐了。当事情变成这个样子时，他们就失去自己做音乐的意义了。他们只能回到录音棚里去，再次找回自己的声音。

在星巴克——如同在任何企业和生活中一样，当我们在某一天只想专心做好这一件事时，总会有各样各样的琐事、烦心事来搅局：去什么地方救急，去解决哪个具体问题，导致我们总是不能专注于真正应该做的事情。

倘若在接下来的20年里，星巴克以我们的核心价值观为代价，取得我们想要的大规模扩张、强大的存在感和认知度，我可能会崩溃。如果我们丢失了敏锐和责任心，如果我们开始觉得在攀登顶峰时可以把人丢在身后，我认为我们实际上就是失败者。

不管周围有多少喧嚣，我们都必须保证自己仍然能听到音乐之声。我最喜欢的一个作家诺阿·宾西在《心灵的天梯》中写道：“是音符之间的空白造就了音乐。”有时候，我们必须停下来，倾听它。

有些星巴克的新来者能够理解我们谈论的经济数据，可是并不十分欣赏对于我们这些搞企业的人来说非常重要的价值观。对他们、对顾客，我们需要的是使我们的基本观点更富人性化和个性化，我们需要用自己的声音说话，展示自己的个性，这样他人就不至于因对我们了解有限而产生错误的判断。

我们要让星巴克在成为国际化大企业的同时，保持我们在西雅图建立的那个小公司的文化和灵魂。

希望与谁同行?

我意识到，我那些天马行空的理想，与20世纪90年代愤世嫉俗的悲观主义者很难共存。怀疑论者成了成熟的代名词，能说会道被误认为是智慧的象征。一些权威的专家认为，理想主义者要么天真无知，要么精明狡猾。甚至在别人做好了90%的事情时，批评者也会对没做好的10%揪住不放。一个公司把自己的标准定得越高，就越容易招致批评和责难。

在这样的氛围里，为什么还要费心把目标定高呢?

正因为太多的人做不到，所以在美国乃至全世界平庸的公司居多。在千禧年快要到来之际，我们发现自己面临价值观受损的严重危机。

在过去的几年里，我的两个孩子长大成人了，我尽力使他们成长为有责任感和有爱心的人，我要把我生命中有意义的价值观传递给他们。

一天晚上，我们租来一部《阿甘正传》，全家一起看这部影片。孩子们很喜欢这部影片，后来的一个星期里，他们老是在说影片里的一句话，“生活就像一盒巧克力”。我开始思考为什么这部似乎内容并不很深刻的电影会有这样大的吸引力，会在许多人心中激起那么大的反响。影片的主人公智力发育迟缓，却被证明比任何智力正常的人都更有见识，因为他没有被世俗的负面价值观影响，他理解什么是生活中最重要的东西。

几个星期后，我带着儿子去看电影《篮球梦》，这部电影对他也有同样的影响，因为他和我一样喜欢篮球。这是一部很长的取材自真人真事的纪录片，故事发生在一个内陆城市，影片的主题表现了人不屈不挠地抓住一切获胜机会的决心。

这部影片打动我的是主人公那种强烈的渴望。我们所有的人都渴望成为故事中的英雄，这是每个人都有可能实现的目标。我们都十分向往那种乐观向上、真实的事情。

几个星期后，这种发自内心的渴望再次显现出来，当时小瑞普肯打破了棒球比赛连续出场的纪录。当我和儿子在电视机前看他发表讲话时，我的眼睛湿润了。满眼是泪的乔·迪马乔，这个过去50年里英雄中的英雄、和鲁·贾里格一起打过球的人，站在他旁边，在他的影子里。当时小瑞普肯说："我不能把自己的名字和贾里格相提并论。"你可以看见小瑞普肯的父母和妻儿，他们也都是普通人，沉浸在激动人心的时刻中。

为什么有那么多人被小瑞普肯的成功打动？他们并不只是在欢呼他创造了新的纪录，而是在对他勤勉、谦和的品性做出真诚回应。正如他所说的，日复一日，他所做的一切就是棒球，他忘我地投入其中，而且比其他任何人都做得好。在半个赛季里，由于出场费的原因，球员抵制比赛已成风气，那时候我们的心只向着那些不断出场的球员，一次又一次，最终打破纪录。

在这个道德真空的时代，人们渴望着心灵被什么东西触动一下，说来可能只是一场电影、一个电视节目、一杯令人回味的咖啡，但这些正是我们周围喧嚣刺耳的聒噪中的动听之音。当你走进剧院或者翻开一本小说时，需要的就是一段没有噪声的时间。

每周有500万人来到星巴克，排队等候的似乎只是一杯浓缩咖啡，而当顾客每周数次光顾星巴克时，他们所要的就不仅仅是一杯咖啡了，而是为了得到这个空间带给他们的感受。与这种感受直接相关的是：我们不像其他有些人那样苟且于世，我们不放弃用更好的方式服务公众的希望。

与众多胜利者一起抵达终点

像我这样一个在布鲁克林长大的孩子，总是害怕看那个水晶球。在度过自己生命的一半时间之后，我意识到，我们所有的人都有能力决定自己在水晶球中的映像。如果我们想象它能如何发展，好好做一番计划，并付诸行动，我们说不定就能创造令人惊讶的业绩。但我们需要确定的是，这样的前景与生活的价值观是否相符？如果目标高尚，回报就会更大。

成功不应由金钱来衡量，应该关注的是你以何种方式达成目标，你的终极目标在何处。

经商之道教会我们，与他人携手打拼总能获得自己的一份回报。一个人能做的也就是这些，但是，如果他有一个目标相同的团队，他能激发起同伴内在的能量，他们就能一起创造出奇迹。

这需要胆识。也许有人会告诉你这不实际或不可能，他们会叫你放低眼光。他们会告诉你做生意不是行善。

记住，如果你独自一人冲过了终点线，你心里就会感到空虚。只有当你作为团队的一员参加比赛时，你才会发现，共同努力得到的东西比夺取锦标赛冠军得到的奖赏要有价值得多。在抵达胜利的终点时，你的身边应该环绕着一群齐声欢呼的胜利者，而不只是观众朝你一个人欢呼。

如果胜利不只是来自一个人的努力，而是来自许多人的携手打拼，就变得更加富有意义了。当所有的参赛者都追随他们的内心前行，不只是为他们自己，还为了一个高远的目标时，他们将永远沉浸在生命的喜悦之中。

与人共享成功是最甜美的事情。

合写一部个人传记和创办一个企业的故事，彼此间需要有高度的尊重和信任。幸运的是，多莉·琼斯·扬和我从开始写这本书时就培养出了这种尊重和信任，不过其间经历的诸多周折却出乎我们原先的意料。在两年的写作过程中，我们一直都专注于这个强烈的信念——星巴克的成功故事也许能拨动别人的心弦，那背后或许有能够让人受益的东西。

多莉和我要感谢70位星巴克伙伴（有些已经离开了星巴克），在本书的素材搜集阶段，他们不厌其烦地接受了采访；还有读完本书初稿并提供意见的50位人士。没有他们的回忆、叙述、见解和建议，本书不可能完成。而我身边的同事中，乔盖特·艾萨德、南希·肯特和克里丝汀娜·普莱什，在本书写作的两年里也给予我们数不清的帮助。

虽然许多星巴克伙伴的名字已在书中出现，但仍有许多伙伴的名字未能一一提及，他们许多人对公司有过无法估量的贡献，并以自己的行动阐发了“将心注入”的意义。对于他们做出的努力和贡献，我谨在此表示衷心的感谢。

我们也诚挚地感谢我们的出版代理人贝德福德出版事务部的乔埃尔·费休曼，他孜孜不倦地在人们心中播撒知识的种子。我们还要感谢本书的责任编辑——哈普龙出版公司的里克·考特，他以专业的严谨和对文字敏感而深思熟虑的把握，使本书的记叙臻于完美。

最重要的是，我要对雪莉表达我最真挚的感谢，感谢她这些年来伴随我走过的每一步，无论对于我的工作还是家庭，她都表现出了一种完美的平衡能力。

霍华德·舒尔茨

除以上我们共同的致谢外，我还要表达我个人对我父母的感谢，威廉姆·琼斯和玛格丽特·琼斯，在我的青少年时期他们就培养了我对写作的热爱；感谢我珍贵而可信赖的良师益友布鲁斯·纳斯鲍姆；还有洛·扬和史蒂夫·谢泼德，作为《商业周刊》的主编，15年来他们一直信任我；感谢里恩·唐劳为我打印了许多访谈手稿；感谢保罗·扬，他见证了本书的每一个阶段；感谢艾米莉·扬，我的密友、助手和爱女；感谢霍华德·舒尔茨，如其所言，他真的是那样的一个人。

多莉·琼斯·扬